임동석중국사상100

석시현문

昔時賢文

作者未詳 / 林東錫 譯註

象犀珠玉怪珍之物，有悦於人之耳目而不適於用。金石草木絲麻五穀六材，有適於用而用之則弊，取之則竭。悦於人之耳目而適於用，用之而不弊，取之而不竭，賢不肖之所得，各因其才，仁智之所見，各隨其分，才分不同，而求無不獲者，惟書乎。

丁亥菊秋錄東坡李氏山房藏書記 丘堂 呂元九

"상아, 물소 뿔, 진주, 옥, 진괴한 이런 물건들은 사람의 이목은 즐겁게 하지만 쓰임에는 적절하지 않다. 그런가 하면 금석이나 초목, 실, 삼베, 오곡, 육재는 쓰임에는 적절하나 이를 사용하면 닳아지고 취하면 고갈된다. 그렇다면 사람의 이목을 즐겁게 하면서 이를 사용하기에도 적절하며, 써도 닳지 아니하고 취하여도 고갈되지 않고, 똑똑한 자나 불초한 자라도 그를 통해 얻는 바가 각기 그 자신의 재능에 따라주고, 어진 사람이나 지혜로운 사람이나 그를 통해 보는 바가 각기 그 자신의 분수에 따라주되 무엇이든지 구하여 얻지 못할 것이 없는 것은 오직 책뿐이로다!"

《소동파전집》(34) 〈이씨산방장서기〉에서 구당(丘堂) 여원구(呂元九) 선생의 글씨

책머리에

"천지가 생긴 이래 땅이 있고 농지가 있었으며, 이를 팔고 사고 주인이 바뀌기를 몇 천 번에 몇 사람이나 되는지 모른다. 그 땅이 돌고 돌아 지금 나의 소유가 되었다. 게다가 자식이 똑똑하여 이를 능히 지켜낼 수도 있을 것 같다. 그러나 그것을 집안 세세토록 천년만년 잃지 않고 지켜낼 수 있을까? 역시 팔고 사고 하여 정해진 주인은 없을 것이다. 옛말이 맞도다. '천년 전지 8백 번 주인이 바뀌나니, 토지가 주인이요 사람은 객이로다'(千年田地八百主, 田是主人人是客)라 한 말이!"

청대 두문란杜文蘭이라는 사람의 수필 한 토막이다. 여기서 옛말이란 바로 이 《석시현문》에 나오는 구절이다.

소유란 무엇이며 자식이란 무엇인가? 인간 본연의 소유욕을 자극하여 재화창출의 동인動因을 부추긴 것이 자본주의이며, 나아가 그 소유조차 대물림할 수 있는 자식사랑 본능까지 유혹하여 더욱 힘써 축적하도록 하는 것이 노동 원리인지도 모른다. 그러나 지금 중견 직장인이라면 이쯤에서 한 가지 짚어볼 것이 있다. 바로 우리의 미래, 특히 내가 정년을 거쳐 노년이 되었을 때의 상황과 자녀에게 무엇을 남겨주고 어떻게 대접받을 것인가 하는 문제이다.

천하 누구에겐들 늙음이 오지 않는다는 보장이 있겠는가? "세상에 가장 공정한 게임은 백발이다. 귀하고 돈 있는 사람이라고 해서 용서해준 적이 없다"(世間公道唯白髮, 貴人頭上不曾饒)라고 두목杜牧이라는 시인은 노래하였다.

어떤 통계를 보았더니 우리 한국의 모든 변화가 가장 급하다고 하였다. 즉 그 중 노령사회로의 진입 속도가 심각한 문제라고 하였다. 프랑스가

130년, 미국이 70여 년, 일본이 30여 년이었으나 한국은 불과 18년 만에 세계 제일의 노령인구비율의 사회구조가 될 것이라 한다. 이는 출산율 저하와 수명의 장수화 등 여러 가지 요인으로 인하여 더욱 가속화할 것이라 하니 까마득히 먼 훗날의 이야기나 아주 딴 나라 일이 아니다. 지금 대입 정원이 65만 명이지만 2002년 인구 출산은 49만 명이란다. 그러니 지금 우리 세대는 이를 대비하지 않고는 개인이나 사회가 엄청난 부담을 지지 않으면 안 되는 시대가 도래할 것이다. 특히 지금 우리의 어린 자녀들이 경제활동을 시작하는 때쯤에는 우리는 그들의 생산활동에 비하여 부양책임이 너무 버거워 우리의 노년을 슬프게 할지도 모른다. 하물며 자식에게 개별적으로 기댄다는 것은 가족 구조의 변화로 보아 불가능할 것임을 예측하기는 어렵지 않다. 그렇다면 우리는 어떻게 준비하여야 할 것인가? 옛날에는 "곡식을 쌓아 굶주림을 방비하고, 자식을 길러 늙음을 대비한다"(積穀防饑, 養兒代老)라 하였다. 그러나 오늘날 자식에게 부양책임을 지우는 것은 소도 웃을 일이다. 도리어 벌써 지금 우리는 늙도록 자식 가르쳐야 하고 죽도록 자식 먹여 살려야 하는 묘한 책임을 유사 이래 최고로 무겁게 짊어진 세대가 아닌가? 게다가 부모는 교육비에 허리가 휘어 천원 단위로 아끼며 살고 있으나 자식은 소비가 미덕이라고 돈이 어디서 생기는지는 아랑곳없이 만원 단위가 오히려 가볍다. 그들도 그들 나름대로 세상을 살아야 가겠지만 그들에게 내 늙어 구시대 유물로 변할 '효도'라는 거창한 추상명사抽象名詞를 동사화 動詞化하라고 요구할 수는 없다. 효도는 의무이며 자식 사랑은 본능일 뿐이다. 그들이 이룰 핵가족으로 보아 "병은 조금 낫는데서 더 도지고, 효는 아내와 자식 때문에 엷어지게 마련"(病加於小愈, 孝衰於妻子)인 때가 될 수밖에 없다. 게다가 자식을 더욱 총명하게 길러놓았고 그들이 성공했으니 만년에 도움이 될 것이라는 것은 매우 일방적인 기대치이다. 그들이 도덕적으로 나빠서가 아니라 사회구조상 어쩔 수 없는 경우가 더 큰 이유일 것임은 명약관화하다. '굽은 소나무 선산 지킨다'고 하였다. 똑똑할수록 제 할 일이 많아 부모 모실 겨를이 없는 경우가 더 흔해질 것이다. 소동파蘇東坡는 "어느 부모 자식 총명하기를 바라지 않으리오. 그러나 그 총명함이 도리어 서운함만 남겼네"라고 한탄하기도 하였다.

그렇다. "정성을 다해 꽃을 심었건만 그 꽃 피지 않을 수도 있고, 무심코 꽂은 버드나무 쉴 그늘을 이루네"(有意栽花花不開, 無心揷柳柳成蔭)라 하였으니, 뒤집어보면 억지는 고통을 낳고 집착은 번뇌를 낳는다는 뜻이리라. 따라서 자식을 기르면서 나의 본능대로 사랑하고 키워주었으면 된다. "그를 그토록 사랑한다면 어찌 그에게 노고로운 일은 하지 말라고 할 수 있겠는가?"(愛之, 能勿勞乎)라고 《논어論語》에는 갈파하였다. 고통을 대신해주겠다는 본능이야 아름다운 것이지만 그것이 지나쳐 잘못된다면 둘 모두 불행해진다. "자식은 자식대로 타고난 복이 있으니, 자식을 위해 말이나 소가 되지는 말라"(兒孫自 有兒孫福, 莫爲兒孫作馬牛)라는 속담이 어찌 자식 교육을 포기하라는 뜻이겠는가?

이제 그들의 부담을 덜어주기 위해서라도 우리는 우리의 늙음을 개별적으로 대비하자. 자식에게 재물을 물려주기보다는 내 늙음을 위해 내 돈 내가 챙겨야 하는 부모 자식 간에도 이기적인 계산이 도리어 사회를 건강하게 할지도 모른다. 자식에게는 '제 몸에 붙여 살아갈 작은 기능'(隨身薄技) 하나 가르쳐 주고, 세상 살아갈 교육까지만 책임을 다해 마쳐주고, 팔백번 바뀔 재물을 물려줄 생각은 좀 덜자. 그리고 거의 공격적으로 나의 늙음을 지금부터 책임질 준비도 하자. 부지런히 일하여 돈을 모으고, 열심히 살아

건강을 지키자. "나타날 때는 폭풍처럼, 사라질 때는 티끌처럼"(來如暴風, 去似微塵) 멋진 노년의 삶을 과시하기 위해서라도! 그것이 그토록 사랑하는 자식을 돕는 길이며, 자식을 물질적 효도를 하지 않아도 되는 길로 해방시켜 효자로 살게 하는 길일지도 모른다. 이에 이 《석시현문》에 그러한 지혜가 가득 들어 있다.

나이가 들어갈수록 고전이 좋아진다. 왜 그럴까 생각해 보았더니 고전은 내 살아온 삶을 압축한 것과 같아서인 것 같다. 젊은 날에는 모든 것이 새롭고 흥미롭고 나아가 자신감과 도전 의식이 나를 흥분시켰고 게다가 그것이 원동력이 되어 모든 일을 추진하게 해 주었다.

호오好惡의 감정도 분명하였고 천 년 만 년 건장할 것 같은 건강에 대한 자신감과 아울러 물욕과 성취욕도 나를 잠 못 이루게 한 적이 많았다. 그러나 이순耳順에 이르러 보니 세상에 신기한 것이 적어지면서 대신 모든 것이 그러려니 긍정이 되며 초발심도 환희심도 사라지고 그 자리에 평정심이 차지하는 것 같다.

나아가 이齒와 머리카락이 성글어지는 치발소齒髮疎의 몸으로 변환되면서 그저 신외무물身外無物의 정적靜的이 내 삶을 지배하는 것이 아닌가 두려워 질 때도 있다. 이럴 때 다시 잡은 고전의 낱낱 구절은 옛날 젊을 때 보던 문장이 아니었다. "아! 그래, 지금 그 깊은 뜻이 눈앞에 보이네"라고 감탄할 때가 한두 번이 아니다.

나는 우리 어머니 세대가 참으로 위대하였다고 생각되며 그들이 일러준 지혜 때문에 지금의 우리가 이만큼 세계 속에 성장한 것이 아닌가 한다.

그들은 일상 아무것도 아닌 자식 교육 중에 그저 지나가는 말처럼 인용했던 한두 마디가 지금의 나를 형성하였고 그것이 성공의 비결이 아니었던가 하고 느낄 때가 많다.

이를테면 내가 안달하거나 안타까워하는 모습을 보고 "그래, 얘야. 사람마다 벼슬하면 농부 될 자 뉘 있으며, 의원醫員마다 병 고치면 북망산이 왜 생겼나? 안 되는 일도 있단다." 이런 한 마디에 나는 세상에 살면서 욕심이라는 것이 얼마나 큰 독소인가를 배웠다. 그래서 욕심을 줄였더니 전에는 안 되던 일도 이제는 이루어지는 일이 많았다. 위대한 이 원리를 나이 들어 확인하게 되었다.

그렇다. 과연 어른이 되어 이 《석시현문》을 들여다보았더니 "정성을 다해 꽃을 심었건만 그 꽃 피지 않을 수도 있고, 무심코 꽂은 버드나무 쉴 그늘을 이루네"라는 구절이 있었고, 세태의 무지막지한 변화 속에, 나이 때문에 밀려나는 선배를 보았을 때 그 안타까움을 어찌 표현할까 하였더니 바로 "장강의 뒷물결 앞물결 재촉하고, 한 시대 신인이 옛사람 밀어내네"(長江後浪推前浪, 一代新人超舊人)라는 구절도 있었다. 그런가 하면 "천년 전지 8백 번 주인이 바뀌나니, 토지가 주인이요 사람이 객이로다"라는 말은 세상 사는 원리를 곱씹어보게 하는 철학이 담겨 있었다. 그뿐이겠는가? "나타날 때는 폭풍처럼, 사라질 때는 티끌처럼"이라는 말은 세상을 어떻게 살아야 할지 든든한 자신감을 넘어 위안을 받게 하는 말이기도 하였다. 과연 그렇다. 세상이 아무리 힘들어도, 그래도 성실하고 착하게 살아야 한다. 거짓으로 허세를 부리며 이기적으로 살아, 남보다 재물을 많이 모으고, 명예와 부귀를 더 누렸다 해도 무엇이 그리 대단한 것이겠으며, 무엇이 그리 뽐낼 일이겠는가? 계산상으로 하루 수백만 원씩 써도 남을 재산을 가진 자가 하루 아침에 거지신세가 되는 사례를 보았고, 수만 명이 살 수 있는 땅을 가지고도 어느 날 갑작스레 몰락의 나락으로 추락하여, 제 몸 하나 용납할 공간조차 갖지 못하는 사람도 보지 않는가? 세상에 성공이라는 것이 어디 있는가? 그저 성취감이 있을 뿐이다. 하루하루 성취감을 맛보며 사는 것이 복이 아니겠는가? 게다가 아무리 황금이 인격을 앞지르는 세상이라 해도 고매한 인격의 풍요를 누리는 그런 사람을 따라 배우고 스승으로 삼으며, 살얼음 밟듯 여리박빙如履薄氷 조심스럽게 내 일상을 삼가며 영위하는 그러한 생활이 나를 더 값지게 하는 것이 아닐까?

시행착오는 인간에게 영원히 반복되는 상사常事이다. 그러나 조금이라도 줄여보자고 글을 쓰고 책을 남기는 것이다. 먼저 깨달은 사람의 임무라고 강박관념까지 느끼면서 그런 고통의 글들을 남긴 것이다.

힘들어도 성실하게 사는 것이 낫다. 그것은 옛 선현들이 문장 속에서 강조하고 있다. 왜 그렇겠는가? 세상의 원리를 믿고 이유를 믿자. 그것이 편하고 성공의 지름길이며 삶의 가치이다.

특히 여기에 실린 정문일침頂門一鍼의 격언과 속담, 명언 명구는 일상 생활에 있어서 수양의 도구로도 중요하지만 중국인을 이해하는 데에 더없이 귀중한 척도가 됨을 알게 되었다.

지금 우리는 중국을 이해하지 않고는 이 지구촌에 생존하기 어려운 시대를 맞고 있다. 경제 발전의 무서운 속도나 국력의 신장, 그리고 세계 속의 중국의 위상이 이번 세기에는 분명 초강대국으로 자리를 잡을 것임은 누구나 인정하고 있다. 속된 표현으로 이제 중국을 알아야 먹고 살 수 있다. 생존의 개념이다. 그런데 중국을 이해하려면 중국의 민간 정서를 알지 않고는 불가능하다. 그들 밑바닥의 의식구조를 이해하지 못한 채 치밀한 대응도 없이 맞섰다가는 그야말로 일방적 기대치에, 의외의 난관을 만날 수 있을 것이다.

이에 중국인들이 일상적으로 쓰는 화법 속에 소위 속담, 이언, 격언, 시구 중의 정수만 모아놓은 이 《현문》이라는 책은 이러한 문제를 해결할 수 있는 열쇠요 지름길이다.

지금 중국과 대만에서는 《현문》 열풍이 불고 있다. 《어린이 현문》부터 《만화 현문》, 《초략본 현문》, 게다가 방언으로 읽고 활용할 수 있는 것 까지 있다. 더욱 놀라운 것은 꼭 성냥갑 크기로 4cm×5.5cm의 휴대용 책도 있어 이를 아무 장소 아무 때나 뒤져 활용할 수 있도록 되어 있으니, 참으로 기발한 발상이라 아니 할 수 없다. 이는 그만큼 많은 사람들이 읽고 필요로 하기 때문이며, 중국인으로서 자식에게 이 책을 읽히지 않고 소년기를 넘게 한다는 것은 부모로서 의무를 다하지 못했다는 생각을 갖게 하고 있다.

우리나라에도 물론 이와 같은 책이 있다. 바로 《명심보감》과 《채근담》 이라는 책이다. 그 중 《채근담》은 중국과 일본에서 크게 한 차례 열풍이 있었으며 지금도 그 독서열은 식지 않아 작품과 대화에 아주 흔하게 활용 되고 있음을 피부로 느낄 수 있다. 그러나 《명심보감》은 원래 명나라 때 중국인 범립본范立本이라는 사람이 쓴 책이지만 중국에는 이미 사라져 일반인은 모르고 있다. 이 《명심보감》의 구절들은 바로 이 《현문》에도 무수히 동일하게 실려 있다. 그럼에도 중국인은 《명심보감》이라는 책은 모른 채 《현문》을 최고의 속담집俗談集, 격언집格言集, 이언집俚諺集, 금언집金言集, 잠언집箴言集, 수양서修養書, 교양서敎養書, 처세서處世書로 자리매김하고 있는 것이다.

어쨌든 촌철살인寸鐵殺人의 대구로 이루어진 이 책을 펼쳐보면 곧바로 대화에 활용하고 삶의 진리를 배우며 인생의 참맛을 느끼게 될 것이다. 중국인이 입을 열면 "옛말에~", "속담에~", "우리 중국인은 ~"라고 비유하며 끼워 넣는 구절이 거의 모두 여기에 들어 있다. 중국인들의 "현문을 읽지 않고 어른이 된 자는 없다"라는 말을 실감하게 된다. 이러한 대화에서 그 뜻을 이해하지 못한다면 그야말로 낭패도 낭패려니와 그 얼마나 답답한 노릇인가. 상대방의 말을 알아듣고 나면 그렇게 적절한 인용이 얼마나 사물을 정확히 꿰뚫어볼 수 있게 해주고 상대의 숨은 의도를 알아낼 수 있도록 해주는지를 놀라움과 함께 깨닫게 될 것이다. 남이 철학을 내세울 때 나는 상혼만 내세워서 되겠는가? 적어도 남이 상품을 내놓을 때 나는 작품을 내놓을 수 있어야 한다.

게다가 이 책의 구절은 서예가는 서제書題로, 화가는 화제畵題로, 그리고 문필가는 글쓰기에, 일반 가정에서는 가훈으로, 얼마든지 활용할 수 있는 보물들이다. 그보다 내용으로 보아 우리 속담이 그렇듯이 이 격언이나 이언은, 참으로 통속적이지만 수천 년의 지혜와 삶이 압축되고 정리된, 그리하여 맛깔스럽게 표현된 정문일침頂門一鍼의 결정체들이다.

이 책이 사실 조선시대에 우리에게 들어왔다면 아마 우리도 벌써 《명심보감》과 쌍벽을 이루는 중요한 처세서로 자리를 잡았을 것이다. 그러나 저자도 확실치 않은 통속적인 책이어서 수입이 간과되기 쉬웠고, 유학자는 중요한 학술 서적이 아니라는 이유로 지나쳤을 가능성이 있다. 지금이라도 이러한 책이 국내에 소개되어 우리가 읽을 수 있게 된 것을 참으로 다행이라 생각한다. 스스로 작은 위로로 삼고 싶다.

茁浦 林東錫이 負郭齋에서 수정판을 내면서.

일러두기

1. 이 책은 원제목이 《중정증광석시현문重訂增廣昔時賢文》이지만 이를 간단히 줄여 《석시현문昔時賢文》으로 표제를 삼았다.
2. 전체를 뜻에 맞게 분장하여 일련번호를 부여하였으며 《중정증광현문 重訂增廣賢文》671장과 누락된 것 114장을 합쳐 모두 785장으로 하였다.
3. 북경의 중국中國 국가도서관國家圖書館 분관分館 보통고적열람실普通古籍 閱覽室에 소장되어 있는 명明 사종思宗 숭정崇禎 17년(淸 世祖 順治 元年, 1644) 본본《증광석시현문增廣昔時賢文》과 청淸 동치同治 8년(1869)의 《중정 증광현문重訂增廣賢文》을 근거로 일일이 대조하여 번역 주석하였다.
4. 실제 작업은 대만臺灣 삼민서국三民書局의 《신역증광현문新譯增廣賢文》 (馬自毅 注譯, 2002)이 큰 도움이 되었으며 이를 근거로 정리하였다. 그러나 이 〈삼민본三民本〉은 몇 개의 문장을 하나로 묶어 대체적인 주제로 하였으나 본인은 매 문장을 분리하였다. 아울러 이 책에서도 출처를 제대로 찾지 못한 구절은 일일이 각종 공구서(격언사전 등)와 원전을 이용하여 가능한 한 모두 찾아내어 제시하였다.
5. 그러나 길림인민출판사吉林人民出版社에서 펴낸 《증광현문增廣賢文》(郭俊峰, 張菲洲 譯評, 2001)은 〈중정본重訂本〉이 아닌 〈증광본增廣本〉으로 내용과 분량이 아주 적으며, 몇 개의 문장을 묶어 260항으로 하고 있다. 그리고 부록에는 분장 구분 없이 〈중정증광重訂增廣〉본본 원문만 실려 있다. 한편 이 원문조차 〈삼민본三民本〉과는 출입이 있으며 문자의 차이도 있다.
6. 《증광현문增廣賢文》에는 있는 문장이 도리어 그 뒤에 정리되었을 것으로 여겨지는 〈중정본重訂本〉에는 없는 것이 무려 114장이나 된다. 이를 『누락 漏落 구절句節』로 여겨 일련번호를 연속하여(671~785) 모두 실어 번역, 주석하였다.

7. 실제 명대明代 홍자성洪自誠(洪應明)의 《채근담菜根譚》 문장과 범립본范立本의 《명심보감明心寶鑑》에 있는 문장이 이 《현문賢文》에도 들어 있다. 그 중 《채근담》에 있는 문장은 중국인이 이미 주석에 밝혔으나(三民本), 《명심보감》은 중국에 제대로 알려져 있지 않아 이를 언급하지 않고 있다. 이에 특색을 부각시켜 《명심보감》에 실려 있는 같은 구절은 모두 추출하여 주석에 함께 실어 언급하였다.

8. 그 외에 통속적으로 일부만 실어 출판된 《현문》들을 모두 모아 대조하고 정리하였다.(참고 문헌을 볼 것)

9. 출처나 인용된 근거가 있는 구절은 가능한 한 모두 찾아 실어 이를 대조하고 활용할 수 있도록 하였다.

10. 해석은 직역을 위주로 하였으나 뜻을 쉽게 전달하기 위하여 의역한 것도 있다.

11. 이 책을 역주하는 데에 활용한 문헌은 대체로 다음과 같다.

❋ 참고문헌

1. 《增廣昔時賢文》(新刻官板大字集韻增廣) 桂羅 崇義堂, 林老店藏板. 淸 順治 元年(1644) 中國國家圖書館(北京分院) 所藏本

2. 《重訂增廣賢文》 弘農氏, 淸 同治 8年(1869) 中國國家圖書館(北京分院) 所藏本

3. 《增廣賢文》 郭俊峰·張菲洲(譯評) 吉林文史出版社, 2001, 長春

4. 《增廣賢文》 郭俊峰·張菲洲(譯評) 吉林文史出版社, 2001, 長春(4cm× 5.5cm)

5. 《重訂增廣》(外六種) 清 朱希陶(編) 緒玲(點校) 喻岳衡(主編) 岳麓書社 2002. 長沙

6. 《新譯增廣賢文》馬自毅 三民書局 2002, 臺北

7. 《增廣賢文》中國傳統文化讀本編纂委員會, 北京燕山出版社, 1995, 北京

8. 《增廣賢文》朱利(註釋), 上海古籍出版社, 1991, 上海

9. 《增廣昔時賢文讀本》施沛林(註譯) 大正書局, 2001, 臺南

10. 《增廣昔時賢文》開眞(編著, 國臺音, 白話文) 人生書局, 2002, 高雄

11. 《新昔時賢文》陳崇茂(著) 崇文電腦印前設計中心, 2002, 高雄

12. 《新編增廣昔時賢文》魏英滿, 陳泰然, 世峰出版社, 2002, 臺南

13. 《增廣昔時賢文》簡靜惠, 洪建全教育文化基金會, 2000, 臺北

14. 《精編增廣賢文》(賢言賢語) 小知堂文化編著, 小知堂, 2002, 臺北

15. 《增廣賢文》中國傳統蒙學全書, 中國書店, 2007, 北京

16. 《幼學瓊林》明 華一書局編輯委員會, 華一書局, 1988, 臺北

17. 《幼學瓊林》明 程登吉(原著), 鄒聖脉(增補), 胡遐之(點校) 岳麓書社, 1989, 長沙

18. 《幼學故事瓊林》(上下) 明 程登吉 復旦大學出版社 上海

19. 《幼學瓊林》明 程登吉 陝西旅遊出版社 2003, 西安

20. 《新譯幼學瓊林》馬自毅(譯註) 三民書局 2003, 臺北

21. 《呻吟語》明 呂坤(呂新吾) 大夏出版社 1992, 臺北

22. 《祖堂集》南唐 靜筠禪僧(編) 中州古籍出版社 2001, 鄭州

23. 《景德傳燈錄》北宋 道原 中州古籍出版社 2001, 鄭州

24. 《警世通言》(上下) 明, 馮夢龍(著) 嚴敦易(校注) 里仁書局 1991, 臺北

25. 《醒世恒言》(上下) 明, 馮夢龍(著) 顧學頡(校注) 里仁書局 1991, 臺北

26. 《古今小說》(上下) 明, 馮夢龍(著) 許政揚(校注) 里仁書局 1991, 臺北

27. 《明心寶鑑》明, 范立本(撰) 林東錫(譯) 建國大學出版部, 2003, 서울

28. 《菜根譚》明, 洪自誠(洪應明, 撰) 林東錫(譯) 建國大學出版部, 2003, 서울

29. 《治家格言》(治家修養格言十種) 清 朱柏廬 上海古籍出版社, 1991, 上海

30. 《家誡要言》(治家修養格言十種) 明 吳麟徵 上海古籍出版社, 1991, 上海

31. 《心相編》(治家修養格言十種) 宋 陳搏 上海古籍出版社, 1991, 上海

32. 《小兒語》(治家修養格言十種) 明 呂得勝 上海古籍出版社, 1991, 上海

33. 《女小兒語》(治家修養格言十種) 明 呂得勝 上海古籍出版社, 1991, 上海

34. 《續小兒語》(治家修養格言十種) 明 呂坤 上海古籍出版社, 1991, 上海

35. 《女兒經》(治家修養格言十種) 清 賀瑞麟 上海古籍出版社, 1991, 上海

36. 《弟子職》(治家修養格言十種) 周 管仲 上海古籍出版社, 1991, 上海

37. 《弟子規》(治家修養格言十種) 清 李毓秀 上海古籍出版社, 1991, 上海

38. 《中國古代名句辭典》上海辭書出版社 1986 上海

39. 《中國名言辭典》王延梯 山東大學出版社 1986 濟南

40. 《中國古代格言辭典》何長鳳 主編 貴州人民出版社 1985 貴陽

41. 《中國古代格言大全》(本集, 續集) 陳宜民(외) 重慶出版社 1989 重慶

42. 《漢語成語考釋詞典》劉法修 商務印書館 1989 北京

43. 《中國成語大辭典》向光忠(등) 吉林文史出版社 1995 長春

44. 《實用成語辭典》顏崑陽(主編) 故鄉出版社 1981 臺北

45. 《寓言故事》河洛圖書 1979 臺北

46. 《中外嘉言摘錄彙編》趙聚鈺 榮民印刷廠 1972 臺北

47. 《處世箴言》楊弘道 常春樹書坊 1977 臺北

48. 《分類古今詩話》許啓懍 三民書局 1973 臺北

49. 《分類古今聯話》 許啓儁 國立編繹館 1979 臺北

50. 《唐宋名詩索引》 孫公望 湖南人民出版社 1985 長沙

51. 《古典詩詞曲選析》 萬雲駿 主編 廣西人民出版社 1983 南寧

52. 《諺語新編》 王治 廣東人民出版社 1982 惠陽

53. 《俗語五千條》 邱崇丙 陝西人民出版社 1983 西安

54. 《古今格言大全》 北一出版社 1974 臺南

55. 《中國古名家言》 伍非百 中國社會科學出版社 1983 北京

56. 《聯語集成》 丁景雲 順風出版社 1971 臺北

57. 《實用對聯集成》 徐志剛 正言出版社 1980 臺南

58. 《應用對聯大全》 周大同 大孚書局 1982 臺北

59. 《對聯新語》 陸家驥 臺灣商務印書館 1980 臺北

60. 《春聯二千副》 張鶴(等) 常春樹書坊 1980 臺北

61. 《巧聯妙對》(上下) 鄭嘉善 星光出版社 1976 臺北

62. 《絕聯奇文》 李隆 星光出版社 1978 臺北

63. 《古今名勝對聯選注》 蕭望卿(外) 北京出版社 1983 北京

64. 《元人雜劇選注》 中國學術名著叢刊會 成偉出版社 1973 臺北

65. 《唐宋傳奇小說》 河洛圖書出版社 1976 臺北

66. 《宋元話本小說》 河洛圖書出版社 1976 臺北

67. 《明代話本小說》 河洛圖書出版社 1976 臺北

68. 《七俠五義》 清 石玉崑 臺灣文源書局 1977 臺北

69. 《名言警句歌訣》 張大乾(編著) 重慶出版社, 1989, 重慶

※ 기타 工具書 및 諸子百家書, 十三經, 二十五史 등은 생략함.

해제

《중정증광현문重訂增廣賢文》은 《중정증광석시현문重訂增廣昔時賢文》의 줄인
말이며, 이는 다시 《석시현문昔時賢文》을 더 보태고 넓혀 나온 책을 다시
교정한 책이라는 뜻이다. 《석시현문昔時賢文》은 《고금현문古今賢文》이라고도
하며 언제 누가 처음 저술한 것인지는 알려져 있지 않다. 다만 명明 만력萬曆
연간(17세기 말) 《모란정牡丹亭》이라는 희곡 작품의 〈규훈閨訓〉 일절一折의
희문戱文 중에 처음 보인다. 이로 보아 이 책은 명대 후기에 이루어진 것으로
추정할 수 있다. 전하기로는 어떤 유생이 찬집纂集한 것으로, 당시 유학幼學,
몽학蒙學 교재로 사용하기 위한 것이라 하나, 평소 자신이 좋아하던 이언과
격언을 대략적으로 모은 것이 아닌가 한다. 따라서 내용과 순서 등이 조악
하고 산만하며 글자의 오자, 출입 등이 매우 심하다. 이에 청대淸代에 들어
서면서 일부 사인士人들이 증보하거나 모방하여 개편하였으며, 이를 《증광
석시현문增廣昔時賢文》이라 한 것이다. 그리고 민간에서는 여전히 이를 줄여
《증광增廣》, 혹 《현문賢文》으로 간단히 부르기도 하였다. 명청 시기에는
이 책이 민간에 광범위하게 퍼져 집집마다 아이들과 부녀들의 교육에 활용
되어, 통속적이기는 하지만 모르는 자가 없었다 한다. 그 때문에 "현문
일편에 속담 3천(賢文一篇, 古諺三千)", 또는 "증광을 읽고 나야 대화를 할 수
있고, 유학을 읽어야 천하를 다닐 수 있다(讀了增廣會說話, 讀了幼學走天下)"라는
말까지 생겨나게 되었다. 여기서 《증광增廣》은 《증광현문》을 가리키며,
《유학幼學》은 《유학경림幼學瓊林》을 일컫는 말로, 두 책이 몽학 교재로서
쌍벽을 이루었음을 알 수 있다.

그런데 이 책은 청대 들어서 많은 사람들이 관심을 가지고 개편과 수정
작업을 벌였다. 즉 석과산인(碩果山人, 생애는 알 수 없음)이라는 사람은 《훈몽
증광개본訓蒙增廣改本》이라 하여 증보와 수정을 거쳐 차례를 사언四言, 오언

五言, 육언六言, 칠언七言, 잡언雜言 등 5부류로 나누어 재편한 적이 있으며, 동치(同治: 1862~1874) 연간에 한 서당 선생이었던 주희도周希陶라는 이는 내용 중에 저속하고 격조가 낮은 내용이 어린이 교육에 맞지 않는다고 여겨 많은 부분을 없애고 「증기지혜增其智慧, 광기견문廣其見聞」이라는 생각으로 음운별로 재편집하여 평운平韻, 상운上韻, 거운去韻, 입운入韻으로 하였으며, 이름을 《중정증광현문重訂增廣賢文》으로 하였다.(重訂은 重定으로 표기하기도 함) 주씨周氏의 이 책은 청 동치 8년(1869)에 이루어졌으며 같은 고향 하영작 何榮爵이라는 사람이 서문序文을 쓰고, 승려 운봉雲峰이 돈을 대어 각간刻刊 하였다.(이는 北京의 中國國家圖書館 普通古籍閱覽室에 소장되어 있다. 影印 참고)

《증광현문》의 내용은 통속적이며 경서經書와 제자諸子의 글, 또는 시인의 시구詩句에서 널리 알려진 대구對句를 그대로 싣기도 하고, 혹은 그 주제에 맞추어 대구로 재작문再作文한 것도 있으며 혹은 민간의 속언, 속담, 격언을 주로 싣고 있다. 게다가 너무나 통속적인 말도 있어 어느 경우 그저 평상의 말로 자식이나 후손에게 일러주는 것과 같은 평어平語도 상당수 들어 있다. 그리고 같은 명대明代의 《명심보감明心寶鑑》(1393)의 구절과 똑같거나 유사한 구절도 매우 많으며, 또는 《채근담菜根譚》(萬曆 연간, 1600년대 초)의 구절과도 유사한 것도 있다. 이로 보면 이는 《명심보감》이 인명을 밝힌 격언집임에 비해 이 《현문賢文》류의 책은 이름을 알 수 없는 민간인이 세상의 격언, 금언을 모아 기록하기 시작하였을 것이며, 이것이 민간으로 흘러다니며 점차 보태어지고 늘려져 이룩된 것으로 볼 수 있다. 즉 세상을 살아가는 지혜의 단구를 채집하고 이를 평소 삶의 지표로 삼아 생활에 보탬을 얻기 위한 것으로 보인다.

그러나 작자가 뚜렷하지 않고 더구나 편장篇章도 구분하지 않고 있으며, 내용도 지나치게 통속적인 것이어서 지금 전하는 유행본流行本이나 중정본 (重定本, 重訂本)은 그 종류가 많고 문장의 순서와 분장分章도 제각각이며 더구나 같은 구절도 글자가 다르거나 표현을 달리하고 있는 경우도 허다하다. 그리고 먼저 이루어졌을 《석시현문昔時賢文》에는 있으나 그 후에 중정한 〈중정본〉에는 오히려 누락된 구절이 무려 114구절이나 된다.

다만 글을 평운, 상운, 거운, 입운으로 나누어 순서를 잡았으나 그것도 명확하지 않고, 그 운도 고음에 맞지 않아 당시 백화어의 한자음에 따른 것이 아닌가 보여진다. 게다가 분장分章은 전혀 맞지 않아 차라리 낱개의 문장으로 보는 것이 타당할 듯하다.

《중정현문》의 내용은 매우 넓으며, 고대 경사자집經史子集의 대구對句나 경구警句는 물론 민간의 격언, 이언俚諺과 속담 등이 고르게 들어 있다. 특히 민간의 희곡과 소설 등에서도 인용된 민간 속언을 광범위하게 채집하여 소위 지혜의 샘, 처세의 잠언집이라 할 수 있을 정도이다. 외우기 쉽도록 운을 일부 고치기도 하고 대구로 만들어 뜻이 정확하게 이해되도록 문장을 바꾼 것도 있다. 그리고 문언문과 백화어를 적절히 섞어 당시 어린 아이는 물론, 부녀자들까지도 이를 일상생활 속에 터득하고 지혜로 삼을 수 있도록 하였다. 당시 다른 책과 마찬가지로 내용 중에는 노장老莊 사상과 불교 선종禪宗의 영향이 커서 유가儒家 경전經典이나 송대宋代 이학가(理學家, 성리학자)들의 어록까지 폭넓게 인용하는 한편, 그에 못지않게 《노자老子》, 《장자莊子》와 선종 불서佛書인 《경덕전등록景德傳燈錄》, 《속전등록續傳燈錄》, 《오등회원五燈會元》, 《조당집祖堂集》, 《법원주림法苑珠林》 등에서 취록하였고,

그 외에 같은 《현문》 계열이며 그보다 훨씬 앞서 편찬된 수양서 《명심보감明心寶鑑》, 《채근담菜根譚》 등에서도 발췌하였다.

그리고 현실 생활과 핍진한 관계에 있던 원명대元明代의 사곡詞曲과 전기傳奇 등 희곡戲曲의 대화 속에서도 많은 양을 채집하고 있다. 여기에 인용된 책들을 보면 대체로 《서유기西遊記》, 《금병매金甁梅》, 《삼국지연의三國志演義》, 《수호전水滸傳》, 《봉신연의封神演義》, 《살구기殺狗記》, 《경화연鏡花緣》, 《한궁추漢宮秋》, 《소상기瀟湘記》, 《형채기荊釵記》, 《도화녀桃花女》, 《아녀단원兒女團圓》, 《옥경대玉鏡臺》, 《비파기琵琶記》, 《동당로東堂老》, 《유규기幽閨記》, 《아녀영웅전兒女英雄傳》 등 헤아릴 수 없이 많다. 그 외 명대 《삼언양박三言兩拍》 등 제자서와 유가 경서에서도 폭넓게 채록하고 있음을 쉽게 알 수 있다.

그러나 의아한 점도 있다. 《증광현문》에 있는 좋은 구절 114장이 《중정증광현문》에는 누락되었다는 점이다. 그 구절들은 실로 저속하거나 품위가 낮은 것이 아님에도 그 많은 양을 제거한 것은 이유나 원인을 알 수 없다. 게다가 지금의 중정본삼민본에서는 이를 싣지 않고 있으며 언급하지도 않고 있다.

중국 명대는 처세 격언格言에 대한 수집과 정리가 성행한 때였다. 대표적으로 《명심보감》, 《채근담》, 그리고 이 《현문》을 들 수 있다. 그 중 《명심보감》은 명초(明初, 1393) 범립본范立本의 찬撰으로 비교적 격조 있는 문장을 모았으나 중국에는 남아 있지 않아 지금도 일반인은 이에 대하여 잘 알지 못하고 있다. 다만 우리나라에서는 조선 초기부터 매우 넓게 읽혔으며 뒤에 〈초략본抄略本〉으로 재편집되어 지금도 무수한 번역과 판본이 읽히고 있다. 그런가 하면 《채근담》은 홍자성(洪自誠, 洪應明)이 찬집한 것으로 글의 뜻이 매우 심오하고 대구가 길어 비교적 수준이 높은 격언집으로 되어 있다. 이 책은 중국에 2종류의 계통이 남아 있으며, 일본으로 건너간 판본이 알려져 우리나라와 중국, 그리고 일본에서 모두 성황을 이루고 있는 책이다.

그런데 《현문》만은 중국에서 크게 유행하고 있지만 우리나라에는 아직 소개되지 않았다. 조선 초 이 책이 수입되었다면 《명심보감》 못지않게 널리 이용되었을 것으로 여겨진다. 특히 이 책의 많은 부분이 《명심보감》에 올라 있는 구절과 같다. 본인이 조사한 바에 의하면 87구절이나 《명심보감》 구절과 같으며 아울러 《채근담》에서 채록한 것도 91구절이나 된다.

이로 보면 명대 삼대三大 격언집格言集은 바로 《명심보감》과 《채근담》, 그리고 이 《현문》임을 알 수 있다.

한편 중국과 대만에서는 이 책이 명청대 못지않게 지금 널리 보급되어 있다. 특히 몽학교재(蒙學敎材, 어린이 교육용 교재)로 국가 차원에서 직접 지원, 출판을 장려하고 있다. 그만큼 교육적인 내용과 중국 기초 정서와 문화에 맞기 때문임은 말할 것도 없다. 그래서 교재용으로 원문만 추려 큰 글씨로 신거나 그림과 발음을 표기하여 어린이가 읽기 편하도록 배려한 것도 있으며, 심지어 대만에서는 대만 방언閩南語으로 음을 표기하여 민간인이 활용할 수 있도록 한 것도 있다. 또한 최근에는 성냥갑 크기의 4cm×5.5cm의 휴대용 아주 작은 책도 있다. 비록 몽학용蒙學用이라 하지만 내용을 읽어보면 도리어 아주 뛰어난 수양서修養書요 가결歌訣이며 인생비책人生秘策의 명언으로 가득 차 있다. 구절구절마다의 가언은 우리가 세상을 살아가면서 일상에 느끼고 감탄할 경책警策의 지침이요, 욕심을 덜기에 편한 잠언箴言들이 거의 모두이다.

끝으로, 통속적이며 저자도 제대로 알려지지 않은 책이지만 중국인의 심성에 깊은 영향을 주고 있는 이 책을 우리는 간과해서는 안 될 것이다. 그 내용을 통해 그들을 이해하고 문화적 접근을 시도하는 것은 매우 자연스럽고 또한 이상적이라 아니할 수 없다. 아울러 학술적으로도 이를 완벽하게 출처를 밝혀 정리함으로써 수천 년 축적된 중국인의 의식구조를 이해할 수 있고, 나아가 중국문학 연구는 물론 우리 속담과의 비교 연구에도 상당한 가치를 발휘할 것으로 기대한다.

❋ 참고

〈重訂增廣序〉‥‥‥‥‥‥‥‥‥‥‥ 何榮爵

古聖賢千言萬語, 無非敎人爲善耳. 然與流俗人言, 文言之不解. 又俗言以曉之; 直言之不受, 又婉言以通之; 且善言之不入, 又法言以儆之. 世之人, 安得有得意忘言者與之言哉! 至若不屑之敎, 微已, 抑又苦已, 《增廣》之集, 非由是與? 其次以韻者, 非無謂也? 蓋聲音之道, 與性情通. 故聞呦呦之韻, 鹿且呼群, 聽嚶嚶之韻, 鳥猶求友, 況人爲萬物之靈, 入於耳, 必動於心, 將和其聲以鳴國家之盛, 未始非韻語, 引人入勝之一證也. 若《三字經》·《百家姓》·《千字文》·三百篇《詩》, 蓋有韻, 試諷詠之, 何如? 今周子希陶, 本老學究, 課讀之餘, 集古今名言正論, 將增廣而參訂之. 有文言, 有俗言, 有直言, 有婉言, 有善惡言, 勉戒言, 在家出家言, 復有仕宦治世言, 隱逸出世言, 士農工商, 無一不備, 理切身心, 韻分次第, 略備稽考, 微加音解, 誠善本也. 釋子雲峯, 玉成其美, 捐貲壽梓.
是二子, 殆深慮乎世道人心而爲之者. 可與流俗言, 又不僅與流俗言.

　　郡人健齋何榮爵管見.

〈自敘〉·······························周希陶

　　昔舜好問而好察邇言, 蓋言以明道, 未可以其近而忽之也. 夫以大舜之智, 猶必
察焉, 況其下者乎? 若《增廣》一書, 行世已久, 不知集自何人? 節錄雜記, 雅俗
兼收, 雖無統紀, 而言淺意深, 確中人情, 雖邇言而持己接物之道存焉. 但其間
多有語病, 如"欺老莫欺少", "紅粉佳人休便老, 風流浪子莫教貧"之類, 余竊棄之,
補以經傳格言之簡易者, 次以平上去入四韻, 略加音註釋典, 以便俗學. 夫人莫
不欲保身家也, 保身家惟讀書爲最, 而讀書又以體行爲貴. 資質鈍者, 旣不能究
四子六經之奧, 若於《小學》外兼讀此書, 體而行之, 縱不能升堂入室, 亦不失爲
克家之令子. 里黨之正人, 而風俗益臻於淳美, 非特一身一家已也. 苟不量子弟之
智愚賢否, 而徒浮慕經典, 豈數載佔畢, 遂能窺其美富哉! 一旦半途而廢, 未有不
盡棄其前功者. 種五穀不熟, 不如荑稗之爲愈也. 是可爲苗而不秀, 秀而不實者告.
　　同治八年(1869)己巳冬 南至日 希陶山人識於晚香書屋.

桂林 羅老店 崇義堂 藏板《增廣昔時賢文》표지

이는 中國 北京 國家圖書館 分館 普通古籍閱覽室에 소장되어 있으며
清 世祖 順治 元年(明 思宗 崇禎 17년, 1644년)에 판각된 것이다.

求親也琼酒中不語真君子財上分明大丈夫出家如初成佛
有餘積金千萬兩不如明解經書養子不教如養驢養女不教
如養豬有田不耕倉廩虛有書不讀子孫愚倉廩虛兮歲月之
于孫愚兮禮義疎君一夜話勝讀十年書人不通古今馬牛
是襟裾姓近四海人無數那個男兒是丈夫白酒釀成延好客
黃金散盡爲收書殺人一命脈造七級汙屎塔門失火殃及池
魚庭前生瑞草好事不如無欲求生富貴須下死工夫百年成
之不足一旦壤之有餘心似鐵官法如爐善化不足惡化有餘
缺水太清則無魚至察則無徒在家從父從夫妻人長
稀人女敬夫足非終日有不聽自然無寧可正而不足不可邪
而有餘寧可信其有不可信其無竹籬茅舍風光好道院僧房

總不如命裡有時終須有命裡無時莫強求道院迎仙客書堂
隱相儒庭栽接鳳竹池養化龍魚結交須似我不如無俱
者三五日相見不如初人情似水分高下世事如雲任卷舒會
說說郡市不會說自已知當足終身不屈知止知足身不恥有祸偽
財無害福傷已差之毫釐失之千里若登高必自卑若行遠必自
邇三思而行再斯可矣使口不如自走走不如求己小時是
兄弟長大各鄉里妒財莫恕死生莫怨貧見白頭真我見
曰頭喜多少年亡不見白頭翁捉壁有縫壁有耳好事不出門
惡事傳千里是非只爲多開口煩惱皆因强出頭君子閑靜小人
窮自不窮貴多奴从我擇德从以逐爲仇寧向直中取不可

桂林 羅老店 崇義堂 藏板《增廣昔時賢文》의 본문 일부

朱希陶 본《增廣(重訂增廣)》의 표지
역시 中國 北京 國家圖書館 分館 普通古籍閱覽室에 소장되어 있으며
清 穆宗 同治 8年(1869년)에 판각된 것이다.

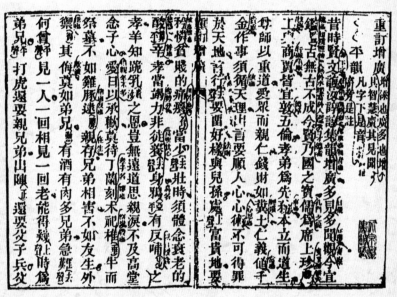

朱希陶 본《增廣(重訂增廣)》의 본문 일부
평상거입(平上去入) 운(韻)별로 나누었으며 본문의 해당 글자에 협주(夾註)를
달아 놓았다.

차 례

❧ 책머리에
❧ 일러두기
❧ 해제

1. 평운平韻

「평운平韻」이란 고대 중국어의 평상거입平上去入 사성四聲 중에 평성平聲에 해당하는 운을 뜻한다. 매 구절의 끝에 이 운자에 해당하는 글자로 되어 있음을 말한다. 예로 "순諄, 문聞, 금今" 등은 모두가 평운의 글자들이다.

　총 448 구절이 들어 있다.

001

"《석시현문昔時賢文》은 너를 순순諄諄하게 깨우치고 있다.
운별韻別로 모아 이를 증보增補하고 더 보태었으니,
많이 보고 많이 듣기를 바란다.
지금을 살피고자 하면 의당 옛것을 거울로 삼아야 하느니,
옛것이 없으면 지금이란 있을 수 없기 때문이니라."

「昔時賢文, 誨汝諄諄.
集韻增廣, 多見多聞.
觀今宜鑑古, 無古不成今.」

【昔時】 과거, 옛날. 그러나 여기서는 책이름《昔時賢文》을 가리킴.
【諄諄】 '정성스럽게 타이르고 깨우쳐 줌'의 뜻.
【集韻】 韻別로 맞추어져 있음을 뜻한다. 본 책은 平韻, 上韻, 去韻, 入韻으로
나뉘어 있다. 예로 본문의 순(諄) 문(聞) 등으로 각 구절의 끝 자는 물론
연결되는 구절은 대체로 같은 韻의 문장끼리 모아져 있음.
【鑑古】 옛것을 거울에 비추어봄. '成今'에 상대되는 표현임.《詩經》大雅 蕩篇
에 「殷鑑不遠, 在夏后之世」라 하였고, 唐, 吳兢의《貞觀政要》求諫篇에는 「以銅
爲鏡, 可以正衣冠; 以古爲鏡, 可以知興替; 以人爲鏡, 可以明得失」이라 함.

(참고 및 관련 자료)

◉ 이는《賢文》류 책의 序文에 해당하는 것으로 전체의 뜻을 압축하여 표현
한 것이다.

002

"어진 이는 나라의 보배요,
 선비는 모임에서 자리를 빛내주는 진객이다."

「賢乃國之寶, 儒爲席上珍.」

【席】어떤 모임에서의 자리를 뜻함. 그러한 자리에서는 儒者(學者)가 가장 높이 존경받음을 말함.《禮記》儒行篇에「哀公命席, 孔子侍曰: "儒有席上之珍以待聘, 夙夜講學以待問, 懷忠信以待擧, 力行以待取."」라 함.

孔丘(孔子, 仲尼) 夢谷 姚谷良(그림)
"我非生而知之者, 好古敏以求之者也."

참고 및 관련 자료

1.《幼學瓊林》珍寶篇에「賢乃國家之寶, 儒爲席上之珍」이라 하다.
2.《增廣賢文》에는「士者國之寶, 儒爲席上珍」으로 되어 있다.

003

"농공農工이나 상고商賈, 어느 직업에 종사하건
 모두가 의당 오륜五倫을 돈독히 할지니라."

「農工與商賈, 皆宜敦五倫.」

【商賈】상업에 종사함을 뜻함. 賈는 '고'로 읽으며 자리를 잡고 앉아 하는 장사라 한다.
【五倫】인간이 지켜야 할 기본적인 다섯 가지 윤리.

《孟子》

참고 및 관련 자료

1.《孟子》滕文公(上)에 「飽食煖衣, 逸居而無教, 則近於禽獸. 聖人有憂之; 使契爲司徒, 教以人倫: 父子有親, 君臣有義, 夫婦有別, 長幼有序, 朋友有信」이라 함.
2.《幼學瓊林》祖孫父子篇에는 「何謂五倫? 君臣, 父子, 夫婦, 兄弟, 朋友」라 함.

004

"효도와 우애는 최우선 임무이다.
근본이 서면 도道가 생기는 법이다.
스승을 존중하여 도를 중히 여기고,
누구에게나 사랑을 베풀되 어진 이를 친히 할지니라."

「孝弟爲先務, 本立而道生.
　尊師以重道, 愛衆而親仁.」

【孝弟】孝悌와 같음. 孝는 부모에게 효를 다함이며, 弟는 悌와 같으며 동기
　간에 우애를 다함을 말함.《論語》學而篇에「其爲人也孝弟, 而好犯上者,
　鮮矣」라 하였음.
【本立而道生】《論語》學而篇에「君子務本, 本立而道生」이라 함.
【尊師以重道】《禮記》學記에「師嚴然後道尊」이라 하였고, 班固의《白虎通》
　王者不臣篇에는「尊師重道, 欲使極陳天人之意也」라 함.
【愛衆而親仁】《論語》學而篇의 구절.

참고 및 관련 자료

◎《論語》學而篇에「子曰: 弟子, 入則孝, 出則弟, 謹而信, 汎愛衆, 而親仁.
行有餘力, 則以學文」이라 하였다.

005

"돈과 재물이란 분토糞土와 같은 것이니,
　인의仁義를 천금으로 여겨라."

「錢財如糞土, 仁義値千金.」

【錢財】돈과 재물.
【糞土】썩은 흙. 가치 없고 하찮은 것임을 비유함.《晉書》殷浩傳에 「有人
問殷浩: "將莅官而夢棺, 將得財而夢糞, 何也?" 殷曰: "棺本腐臭, 故將得官
而夢尸; 錢本糞土, 故將得錢而夢穢."」라 하였음.

참고 및 관련 자료

1. 明 馮夢龍의《警世通言》에 인용되어 있다.
2.《西遊記》(24회)에 「三藏道: 縱有錢沒處買呵. 常言道: 仁義值千金, 他賠
你個禮便罷了」라 하였다.

006

"일을 함에는 하늘의 이치를 따르고,
 말을 내뱉을 때는 사람의 마음을 따르도록 하라."

「作事須循天理, 出語要順人心.」

007

"마음 씀씀이는 하늘과 땅 어디에도 죄를 얻어서는 안 된다.
 언행은 자손에게는 좋은 것을 남겨주고자 하여야 하느니라."

「心術不可得罪於天地, 言行要留好樣與兒孫.」

【好樣】좋은 모습. 좋은 것.
【兒孫】자녀와 자손들.

参고 및 관련 자료

◉ 이는 淸, 金纓의 《格言聯璧》齊家類(405)에 실려 있다.

008

"부귀한 위치라면 빈천한 자의 고통을 불쌍히 여길 줄 알아야 하고,
젊어 건장한 시기에는 모름지기 쇠락할 경우의 쓴 고통을 겪는 듯
염려해야 한다."

「處富貴地, 要矜憐貧賤的痛癢;
　當少壯時, 須體念衰落的酸辛.」

【的】'~의', '~는/은' 등의 뜻으로 백화어 용법이며 고문의 '之'와 같음.
【痛癢】고통스러움과 가려움증. 가난으로 겪는 고생을 말함. 痛痒으로도 씀.
【辛酸】맛이 맵고 심. 세상살이의 고통.

◉《菜根譚》(185)에도「處富貴之地, 要知貧賤的痛癢; 當少壯之時, 須念衰老的辛酸」으로 실려 있으며 문장은 약간 차이가 있다.

009

"효도란 자신의 힘을 다하여 모시는 것이지,
한갓 그저 어버이 몸이나 보양하는 것이 아니다."

「孝當竭力, 非徒養身.」

【養身】 신체적인 의식주만을 해결하는 것을 뜻함.

참고 및 관련 자료

◉《論語》學而篇에 「事父母, 能竭其力」이라 하였다.

洪應明《菜根譚》

010

"까마귀는 늙은 어미에게 먹이를 물어다 주는 효성이 있고,
양은 무릎을 꿇어 젖을 먹여준 어미의 은혜를 알고 있다."

「鴉有反哺之孝, 羊知跪乳之恩.」

【反哺】《本草》에 「此鳥初生, 母哺六十日, 長則反哺六十日, 可謂慈孝矣」라
하였고, 白居易의 〈慈烏夜啼〉 시에 「聲中如告訴, 未盡反哺心」이라 하였음.
【跪乳】 어미 양이 새끼에게 젖을 먹일 때 무릎을 꿇음을 뜻함.《公羊傳》
莊公 24년 注에 「乳必跪而受之」라 하였고,《白虎通》衣裳에 「羔者, 取跪乳
遜順也」라 하였음.

참고 및 관련 자료

1. 淸代 江寧書坊에서 編한 《續神童詩》에 「烏有反哺義, 羊伸跪乳情」이라
하였다.
2. 《增廣賢文》에는 「羊有跪乳之恩, 鴉有反哺之義」라 하였고, 뒤에 다시 「孝順
還生孝順子, 忤逆還生忤逆兒. 不信但看簷前水, 點點滴滴舊窩池」의 구절이
더 있다.

011

"먼 곳에 있으면 어찌 부모 그리워 눈물 흘리는 일이 없으랴마는
그래도 그것이 그대 집에 계신 부모가 그대를 염려하는 마음에는
미칠 수 없도다."

「豈無遠道思親淚, 不及高堂念子心.」

【高堂】 상대의 집을 높여 부르는 말.

012

"시간을 아껴 어버이의 기쁨을 받아주어
정란丁蘭 같은 경우를 당하여서는 안 된다.
소를 잡아 묘에 제사를 지낸다 해도,
살아 계실 때 닭이나 돼지고기로 해드리느니만 못하다."

「愛日以承歡, 莫待丁蘭刻木祀;
椎牛而祭墓, 不如雞豚逮親存.」

【愛日】시간을 아낌. 漢 揚雄의 《揚子法言》孝至篇에 「事父母自知不足者, 其舜乎. 不可得而久者, 事親之謂也. 孝子愛日」이라 함.

【丁蘭】漢나라 때 丁蘭이라는 자가 어머니가 죽자 어머니의 모습을 나무로 조각하여 모신 고사.

【鷄豚】소를 잡아 무덤에 제사지내는 것보다 그만 못하지만 생전에 닭고기나 돼지고기로 봉양해드림이 낫다는 뜻.

참고 및 관련 자료

1. 《搜神記》逸文이다. 《太平御覽》(482)에 《搜神記》를 인용하여 「丁蘭, 河內 野王人. 年十五, 喪母. 乃刻木作母事之, 供養如生. 隣人有所借, 木母顔和則與, 不和不與. 後隣人忿蘭, 盜斫木母, 應刀血出. 蘭乃殯殮, 報讐. 漢宣帝嘉之, 拜中大夫」라 하였다.

2. 魏 曹植의 〈靈芝篇〉에는 「丁蘭少失母, 自傷早孤煢. 刻木當嚴親, 朝夕致三牲」이라 하였다.

3. 《二十四孝》에도 실려 있다.

4. 《韓詩外傳》(권7)에 「曾子曰: 往而不可還者, 親也; 至而不可加者, 年也. 是故孝子欲養而親不待也, 木欲直而時不待也. 是故椎牛而祭墓, 不如雞豕逮親存也」라 하였다.

013

"형제가 서로 해를 끼친다면 친구로 살아감만도 못하다.
남들의 모욕을 막아줌에는 형제만한 이가 없느니라."

「兄弟相害, 不如友生.
  外御其侮, 莫如兄弟.」

【友生】친구.

参고 및 관련 자료

1.《詩經》小雅 常棣篇에「兄弟相害, 不如友生. 兄弟鬩于牆, 外御其務. 凡今
之人, 莫如兄弟」라 함.
2.《增廣賢文》에도 실려 있음.
3.《幼學瓊林》兄弟篇에는「雖曰安寧之日, 不如友生; 其實凡今之人, 莫如兄弟」
라 함.

014

"술 있고 고기 있을 때는 형제 같은 이도 많더니,
  급하고 어려울 때는 어찌 한 사람도 보기 힘든고?"

「有酒有肉多兄弟, 急難何曾見一人?」

参고 및 관련 자료

1. 이는 民間格言이며 明 馮夢龍의《古今小說》吳保安棄家贖友에「平時酒

杯往來若兄弟, 一遇虱大的事, 才有些利害習上官, 便爾我不相顧了. 眞是個酒肉兄弟千個有, 落難之中無一人」이라 하였다.

2. 《濟公全傳》(126)에도 「酒肉兄弟千個有, 急難之時一個無」라 하였다.

3. 《增廣賢文》에는 「有茶有酒多兄弟, 及難何曾見一人」으로 되어 있다.

4. 《明心寶鑑》 交友篇에는 「酒食兄弟千個有, 急難之時一個無; 不結子花休要種, 無義之朋切莫交」라 하였다.

015

"한번 볼 때마다 그만큼 늙어가니
 형제라고 그 얼마나 오래두고 만날 수 있을까?
 호랑이와 싸울 때는 형제가 가장 가깝고,
 전쟁에 나가서는 부자병父子兵이 가장 먼저 서로 살려주는 법이다."

「一回相見一回老, 能得幾時爲弟兄?
 打虎還要親兄弟, 出陣還要父子兵.」

【打虎】 호랑이와 싸움. 위급한 상황에서는 형제가 서로 도와줌.
【父子兵】 고대 전쟁터에 나갈 때 부자를 함께 출전시켜 서로 구해주어
 안정감을 얻고 전과를 올리도록 하였음.

참고 및 관련 자료

◎ 뒤의 구절은 《西遊記》(제81회)에 「打虎還得親兄弟, 上陣須教父子兵」이라
하였다.

016

"부자지간에 화목하면 집이 깨어지는 법이 없고,
형제간에 화목하면 집이 갈라지지 않는다.
마을이 화목하면 소송이 사라지고,
부부가 화목하면 가풍이 흥하게 된다."

「父子和而家不敗, 兄弟和而家不分.
鄕黨和而爭訟息, 夫婦和而家道興.」

【鄕黨】 고대 중국의 마을 행정 명칭. 마을을 뜻함. 周나라 제도에 1만 5천
家를 鄕이라 하고, 5백 가를 黨이라 하였음.

참고 및 관련 자료

◎《增廣賢文》에는 「父子親而家不退, 兄弟和而家不分」이라 하여 표현이
다르다.

017

"단지 꽃 같은 여인들의 교묘한 말이
드디어 형제 사이의 의가 흩어지게 하는 것이니,
지금 집안을 평등하게 다스리는 법을 배우고자 한다면
오직 부녀자의 말에 휩쓸리지 않으면 되리라."

「祗緣花底鶯聲巧, 遂使天邊雁影分.
　而今學得齊家法, 祗是妻孥話不聽.」

【祗】‘只’와 같음.
【花】여기서는 여인들을 가리킴.
【鶯聲】원래 꾀꼬리 우는 소리를 뜻하나 흔히 처첩의 베갯머리 속삭임을
　가리키는 말로 비유한 것.
【雁】기러기. 여기서는 형제를 비유함.《禮記》王制에 「兄之齒, 雁行」이라
　하였음.
【妻孥】아내와 딸. 부녀자를 뜻함.
【齊家法】《大學》에 「欲齊其家者, 先修其身」이라 함.

　　　　참고 및 관련 자료

◎ 본 《賢文》(200)의 「小窓莫聽黃鸝語, 踏破荊花滿院飛」와 같은 주제이다.

018

"악행은 어떤 것이라도 짓지 말라.
　여러 가지 선한 일을 받들어 실행하라."

「諸惡莫作, 衆善奉行.」

1. 佛經《大智度論》(18)에「諸惡莫作, 諸善奉行, 自淨其意, 是諸佛教」라
하였다.

2. 明, 范立本의《明心寶鑑》序에「諸惡莫作, 衆善奉行, 留於其意, 存於其心,
自然言行相顧, 貫串無疑所爲, 焉從差誤矣?」라 하였다.

019

"자신을 아는 것으로써 남을 이해해 주며,
 자신의 마음으로써 남의 마음을 비교하여 살펴주어라."

「知己知彼, 將心比心.」

【知己知彼】《孫子兵法》謀攻篇에「知彼知己, 百戰不殆」라 함.
【將心比心】《四書集註》中庸 朱熹 주에「以己之心, 度人之心」이라 함.

1.《堅瓠集》(辛集)에 인용된 張亦山의《銘心訓》에 처음 보인다.
2.《增廣賢文》에도 실려 있다.

020

"남을 책하는 마음으로 자신을 책하고,
 자신을 사랑하는 마음으로 남을 사랑하라."

「責人之心責己, 愛己之心愛人」

참고 및 관련 자료

1. 淸, 金纓의 《格言聯璧》持躬類에 「以恕己之心恕人, 則全交; 以責人之心責己, 則寡過」라 하였다.

2. 《明心寶鑑》存心篇에 「范忠宣公誡子弟曰: "人雖至愚, 責人則明. 雖有聰明, 恕己則昏. 爾曹但當以責人之心責己. 恕己之心恕人. 不患不到聖賢地位也."」라 하였다.

3. 《增廣賢文》에는 「責人之心責己, 恕己之心恕人」이라 하여 '愛己'는 '恕己'로 되어 있다.

021

"두 번 세 번 뜻을 신중히 하라.
 그 중 첫째는 마음을 속이지 않도록 하라."

「再三須愼意, 第一莫欺心.」

참고 및 관련 자료

◉《增廣賢文》에는 「再三須重事, 第一莫欺心」으로 되어 있다.

022

"차라리 남이 나에게 부담을 주는 일을 당할지언정,
내가 남에게 부담 주는 일을 하지 말라."

「寧可人負我, 切莫我負人.」

【負】'부담을 주다', 혹은 '속이다'의 뜻.

참고 및 관련 자료

1.《晉書》(129),《資治通鑑》(234),《北齊書》(3),《梁書》(56) 등에는 「寧人負我,
無我負人」이라 하였다.
2.《三國志》(1) 裴松之 주와 《南史》(38)에는 「寧我負人, 毋人負我」라 하였다.
3. 明 葉子奇의 《草木子》 雜俎篇에 「諺云: 寧人負我, 推而大之, 忠恕之事也;
毋我負人, 守而固之, 知命之事也, 忠厚之道也」라 하였다.
4.《增廣賢文》에도 실려 있다.

023

"탐욕과 애욕에 빠져드는 것이 바로 고해苦海요,
  이익과 욕심이 불타오름이 바로 불구덩이이니라."

「貪愛沈溺卽苦海, 利欲熾燃是火坑.」

【苦海】 불교에서 말하는 이승의 삶의 고통을 뜻함.
【火坑】 불구덩이. 고통의 극치를 뜻함.

참고 및 관련 자료

◉《菜根譚》(330)에「人生福境禍區, 皆念想造成. 故釋氏云: 利欲熾然, 卽是
火坑. 貪愛沉溺, 便爲苦海; 一念淸淨, 烈焰成池. 一念警覺, 船登彼岸. 念頭
稍異, 境界頓殊. 可不愼哉!」라 하였다.

024

"때를 따르면 그뿐, 때를 쫓아가려는 마음이 생기지 않도록 하라.
  세속을 벗어나면 그뿐, 세속의 인심을 고치겠다고 나서지는 말라."

「隨時莫起趨時念, 脫俗休存矯俗心.」

참고 및 관련 자료

◉《菜根譚》(455)에는 「愛是萬緣之根, 當知割舍; 識是衆欲之本, 要力掃除. 作人要脫俗, 不可存一矯俗之心; 應世要隨時, 不可起一趨時之念」이라 하였다.

025

"횡역과 곤궁은 곧바로 그것이 일어난 곳에서 원인을 따져보면
원망과 탓함이 저절로 사라진다.
공명과 부귀는 곧바로 그것이 멸할 때에 그 궁극을 관찰하면
탐욕과 연연함이 저절로 가벼워진다."

「橫逆困窮, 直從起處討由來, 則怨尤自息;
功名富貴, 還向滅時觀究竟, 則貪戀自輕.」

【貪戀】탐욕과 미련.

참고 및 관련 자료

◉ 이는《菜根譚》의 구절과 도치되어 있다. 즉《菜根譚》(419)에는 「功名富貴, 直從滅處觀究竟, 則貪戀自輕; 橫逆困窮, 直從起處窮由來, 則怨尤自息」이라 하였다.

026

"낮에 앉아 있을 때는 그늘을 아낄 줄 알고,
 밤에 앉아 있을 때는 등불을 아까워할 줄 알아야 한다."

「晝坐惜陰, 夜坐惜燈.」

참고 및 관련 자료

1.《淮南子》原道訓에「故聖人不貴尺之璧, 而重寸之陰, 時難得而易失也」라
하였다.

2.《晉書》陶侃傳에「大禹聖人, 乃惜寸陰, 至衆人, 當惜分陰」이라 하였다.

《惜陰》丘堂 呂元九(현대)

027

"독서는 모름지기 뜻으로써 할 것이니,
한 글자가 천금의 값을 가지고 있음이라."

「讀書須用意, 一字値千金.」

【一字千金】 원래는 呂不韋가 《呂氏春秋》를 지은 후 한 글자라도 잘못된 곳이 있으면 천금을 주겠다는 호언에서 유래되었으나, 여기서는 글자마다 깊은 뜻이 있음을 뜻함.

참고 및 관련 자료

◉《增廣賢文》에도 실려 있다.

028

"고통 속에 더 큰 고통을 겪어보아야
비로소 사람 중의 윗사람이 될 수 있다."

「受得苦中苦, 方爲人上人.」

1. 민간 격언으로 「吃得苦中苦, 方爲人上人」으로 널리 알려져 있다.
2. 元 秦簡夫의 《東堂老》 第3折에 「不受苦中苦, 難爲人上人」이라 하였다.
3. 《增廣賢文》에도 실려 있다.

029

"술은 자신을 알아주는 자를 만나 마실 것이요,
시詩는 알아주는 사람을 향하여 읊을 것이니라.
서로 알고 지내는 자가 천하에 가득하다 해도
마음까지 알아주는 자가 그 몇이나 되겠는가?"

「酒逢知己飮, 詩向會人吟.
　相識滿天下, 知心能幾人?」

【酒逢知己飮】 민간 속어에 「酒逢知己千杯少」라 한 것과 같음.
【詩向會人吟】 이는 南宋 普濟의 《五燈會元》에 실려 있음.

1. 앞 구절은 《古尊宿語錄》(46)과 《事林廣記》(9), 《新編五代史平話》 周史(上) 등에 실려 있으며, 뒤의 「相識~幾人」의 구절은 南宋 普濟의 《五燈會元》 (권15)에 「僧問: "佛來出世時如何?" 師曰: "天." 曰: "出世後如何?" 師曰: "地." 上堂: "高不在絶頂, 富不在福嚴, 樂富在天堂, 苦不在地獄." 良久曰: "相識滿天下, 知心有幾人."」이라 하였다.

2.《祖堂集》(10),《警世通言》(1)에도 인용되어 있다. 희곡과 소설에 널리
인용되는 구절이다.

3.《增廣賢文》에도 실려 있다.

030

"서로 만남에 마치 처음 알게 된 사람처럼 여긴다면,
　늙도록 끝내 원한의 마음을 갖는 경우란 없으리라."

「相逢好似初相識, 到老終無怨恨心.」

참고 및 관련 자료

◉《增廣賢文》에도 실려 있다.

031

"평소 남에게 눈살 찌푸릴 일을 하지 않았다면,
　세상에 응당 이를 갈며 원망하는 사람이 없을 것이다."

「平生不作皺眉事, 世上應無切齒人.」

【皺眉】 눈썹을 찌푸림. 남을 싫어하는 감정을 표출함을 뜻함.
【切齒】 이를 갈며 원한을 품음.

참고 및 관련 자료

1. 원래 北宋 理學家 邵雍(堯夫, 康節)의 《伊川擊壤集》(7)에 실려 있다.

2. 南宋 吳曾의 《能改齋漫錄》 逸文에 「邵堯夫居 洛四十年, 安貧樂道, 自云未嘗皺眉, 故語云: "平生不作皺眉事, 世上應無切齒人."」이라 하였다.

3. 明 馮夢龍의 《警世通言》 崔待詔生死冤歌에 실려 있다.

4. 《永樂大全》(42), 《京本通俗小說》(10)에도 실려 있다.

5. 《明心寶鑑》 省心篇에 「《擊壤詩》云: "平生 不作皺眉事, 世上應無切齒人."」이라 하였다.

6. 《增廣賢文》에는 「平生莫做皺眉事, 世上應無 切齒人」이라 하여 '不作'이 '莫做'로 되어 있다.

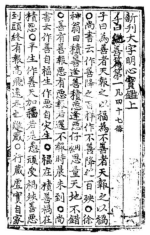

《明心寶鑑》初刊本(朝鮮)

032

"오두막에 살고 있어 비록 이목耳目이 묶여 있다 해도
신정神精은 스스로 확 트여 있게 하고,
산옹山翁을 친구로 삼아 사귀고 있어 의문儀文이 비록 소략하다 해도
의념意念은 항상 진솔하게 가져라."

「棲遲蓬戶, 耳目强拘而神情自曠;

結納山翁, 儀文强略而意念常眞.」

【棲遲】 조급함이 없이 느긋하게 삶을 이어감. 《詩經》 陳風 衡門에 「衡門
之下, 可以棲遲」라 하였음.
【儀文】 남에게 갖추어야 할 여러 가지 예의나 인간관계에서의 격식을 뜻함.

> 참고 및 관련 자료

◎ 이는 《菜根譚》(538)에 「棲遲蓬戶, 耳目雖拘而神精自曠; 納結山翁, 儀文雖略
而意念常眞」으로 실려 있다.

033

"반딧불은 겨우 자신만 비춰 볼 수 있지만,
기러기는 홀로 나는 법이 없다."

「螢僅自照, 雁不孤行.」

【螢僅】 일부 판본에는 '螢儀'로 되어 있음.

034

"싹은 싹눈의 꼭지에서 나오고,
 연뿌리는 연꽃에서 나온다."

「苗從蒂發, 藕自蓮生.」

【蒂】 초목의 싹눈이 나는 꼭지.
【藕】 연뿌리. 蓮根.

참고 및 관련 자료

1. 세상 만물은 모두 근원이 있음을 뜻하는 것이다.
2.《增廣賢文》에는 「苗從地發, 樹由枝分」이라 하여 표현이 다르다.

035

"물 가까이 사는 사람은 물고기의 습성을 알게 되고,
 산 가까이 사는 사람은 새 우는 소리를 알아듣게 된다."

「近水知魚性, 近山識鳥音.」

1. 누구나 자신 주위에 대하여는 익숙하게 적응하여 알고 있음을 뜻한다.
2. 《增廣賢文》에도 실려 있다.

036

"길이 멀어야 말의 힘을 알 수 있고,
 일을 오래 겪어야 사람의 마음이 드러나는 법이다."

「路遙知馬力, 事久見人心」

참고 및 관련 자료

1. 이는 宋 陳元靚의 《事林廣記》前集 九(下) 「結交警語」에 실려 있다.
2. 그 외에 元 無名氏의 雜劇 《爭報恩》第1折에도 인용되어 있다.
3. 《古尊宿語錄》(46)에는 뒤의 구절이 「歲久知人心」으로 되어 있다.
4. 《明心寶鑑》交友篇에는 《通俗篇》을 인용하여 「路遙知馬力, 日久見人心」
이라 하였으며, 일부 판본에는 「路遠知馬力, 時久知人心」으로 되어 있다.
5. 《增廣賢文》에도 실려 있다.

037

"집안이 망하려면 종이 주인을 속이고,
 시운이 쇠락하면 귀신이 사람을 희롱한다."

「家敗奴欺主, 時衰鬼弄人.」

참고 및 관련 자료

1. 李山甫의 〈自嘆拙〉(《全唐詩》643)에 「世亂僮欺主, 年衰鬼弄人」이라 하였다.
2. 元 無名氏의 《白兎記》 私會에 「畜生, 你見我哥嫂磨滅我, 你也來戲要我. 自古道得好: "勢敗奴欺主, 時乖鬼弄人."」이라 하였다.

038

"운세가 떠나가니 황금이 값싼 쇳덩어리로 변하고,
 때가 찾아오니 쇳덩어리가 비싼 금처럼 되는구나."

「運去金成鐵, 時來鐵似金.」

1. 明 凌濛初의 《初刻拍案警奇》(권1)에 「運去黃金失色, 時來頑鐵生輝」라
하였다.

2. 《西湖二集》(3)에는 「運退黃金失色, 時來頑鐵生光」이라 하였다.

3. 《醒世恒言》(3)에는 뒤의 구절이 「時來鐵也生光」으로 되어 있으며, 《桃花扇》
(13)과 《隋唐演義》(14)에는 앞 구절이 「運去黃金減價」로 되어 있다. 그리고
《千金記》에는 「運乖金失色, 時至鐵生光」이라 하였다.

4. 《增廣賢文》에도 실려 있다.

039

"말의 걸음에 힘이 없는 것은 말이 말랐기 때문이요,
 사람이 풍류가 모자라는 것은 단지 가난하기 때문이다."

「馬行無力皆因瘦, 人不風流只爲貧.」

1. 《明心寶鑑》 省心篇에 「馬行步慢皆因瘦, 人不聰明只爲窮」이라 하여 표현이
약간 다르다.

2. 《增廣賢文》에도 실려 있다.

"물 가까이 있는 누대가 먼저 달을 보는 법이요,
양지를 향해 뻗은 꽃나무가 먼저 봄을 맞게 되는 것이다."

「近水樓臺先得月, 向陽花木早逢春.」

【近水樓臺】 대개 누각은 물가 탁 트인 높은 곳에 짓기 때문에 달구경을
제일 먼저 할 수 있음을 뜻함.

참고 및 관련 자료

1. 宋 兪文豹의 《淸夜錄》에 「范文正公(范仲淹)
鎭錢塘, 兵官皆被薦, 獨巡檢蘇麟不見錄, 乃獻
詩云: "近水樓臺得先月, 向陽花木易爲春."公卽
薦之」라 하여 고관 주위 사람이 쉽게 추천을
받음을 비유한 말에서 유래되었으며, 「近水
樓臺」의 성어가 생겼다.

2. 《新編分門古今類事》(8) 元珍贈詩에는 「高樓
先見月」이라 하였다.

3. 《增廣賢文》에도 실려 있다.

041

"사람을 용서하는 것은 바보이기 때문이 아니다.
바보는 남을 용서할 줄을 모른다."

「饒人不是癡漢, 癡漢不會饒人」

【饒】 '용서하다, 너그럽게 이해해주다'의 뜻.
【癡漢】 바보. 멍청한 사람.

참고 및 관련 자료

1. 원래 민간 속언이다.
2. 明 顧其元의 《客坐贅語》 諺語에 「饒人不是痴, 過後得便宜. 此語雖俚, 然於
人情世事, 有至理存焉」이라 하였다.
3. 《明心寶鑑》 省心篇에 「饒人不是痴, 過後得便宜」라 하여 표현이 다르다.
4. 《增廣賢文》에도 실려 있다.

042

"자신의 두레박 끈 짧은 것은 탓하지 않고,
남의 집 우물 깊은 것만 원망한다."

「不說自己桶索短, 但怨人家箍井深.」

【桶索】 두레박의 줄. 끈.
【箍井】 우물을 파서 둘레를 친 상태.

참고 및 관련 자료

◉ 이는 《明心寶鑑》 省心篇에는 「不恨自家
蒲繩短, 只恨他家苦井深」이라 하여 표현이
다르다.

桔橰

043

"달고 달지 않음을 떠나 고향의 물은 단 법이요,
    친하고 친하지 않음을 물론하고 고향사람만큼 가까우랴."

「美不美, 鄉中水;
    親不親, 故鄉人」

【美】 물맛이 훌륭함. 고향에 대한 안정감을 뜻함.

1. 明 蘭陵笑笑生의 《金甁梅詞話》(제92회)에 「常云: 親不親, 故鄉人; 美不美,
鄉中水. 雖然不是我兄弟, 也是女婿人家」라 하였다.
2. 《西遊記》(5), 《西洋記》(2), 《兒女英雄傳》(23)에도 실려 있다.
3. 《增廣賢文》에도 실려 있다.

044

"끊을래야 끊을 수 없는 것이 혈친이요,
떠날래야 떠날 수 없는 것이 이웃이다."

「割不斷的親, 離不開的隣.」

045

"서로 우연히 만나는 사이라도 쉽게 친해질 수 있지만,
오래 곁에 살다보면 서로 불편함이 생길 수 있다."

「相見易得好, 久住難爲人」

046

"손님이 왔는데 주인으로서 살펴주지 않는다면,
　이는 틀림없이 바보가 아닌가 한다."

「客來主不顧, 應恐是癡人.」

【恐】 '~이 아닌가 한다'의 표현임.

참고 및 관련 자료

◎《增廣賢文》에도 실려 있다.

047

"집안에 손님맞이를 해보지 않으면,
　길에 나서 보고서야 나를 맞아주는 사람이 적음을 알게 된다."

「在家不會迎賓客, 出路方知少主人.」

【主人】 남이 주인이 되어 자신을 빈객으로 맞아줌.

1. 《事林廣記》(9)에「在家不會迎賓客, 出路方知少主人」이라 하였다.
2. 《明心寶鑑》省心篇에「在家不會邀賓客, 出外方知少主人」이라 하였다.

048

"여러 사람과 함께 할 때는 입을 지키고,
홀로 앉아서는 내 마음을 방비하라."

「群居守口, 獨坐防心.」

◉ 淸 金纓의 《格言聯璧》惠吉類에「崇德效山, 藏器學海. 群居守口, 獨坐防心」이라 하였다.

049

"좋은 음식 맛 때문에 뜻을 잃게 되고,
담박함으로 인해 마음이 밝아진다."

「志從肥甘喪, 心以淡泊明.」

【肥甘】 달고 맛있는 음식, 혹은 그러한 상황.

참고 및 관련 자료

1.《菜根譚》(011)에「藜口莧腸者, 多氷淸玉潔; 袞衣玉食者, 甘婢膝奴顔. 蓋志以澹泊明, 而節從肥甘喪也」라 하였다.
2. 諸葛亮의〈戒子書〉에「非淡泊無以明志, 非寧靜無以致遠」이라 하였다.
3.《孟子》梁惠王(上)에「爲肥甘不足於口與, 輕暖不足於體與」라 하였다.

050

"돈이 있어야 사람들 앞에 나설 수 있는 것이다.
 어려움을 만나고 나서 친척을 찾으려 하지 말라."

「有錢堪出衆, 遭難莫尋親.」

참고 및 관련 자료

◉《增廣賢文》에는「無錢休入衆, 遭難莫尋親」이라 하여 표현이 다르다.

051

"멀리 있는 물은 가까이 난 불을 끌 수 없고,
 멀리 있는 친척은 가까운 이웃만 못한 법이니라."

「遠水難救近火, 遠親不如近隣.」

참고 및 관련 자료

1. 《韓非子》 說林(上)에 「失火而取水于海, 海水
雖多, 火必不滅矣. 遠水不救近火也」라 하였다.
2. 元 秦簡夫의 《東堂老》(第4折)에 「豈不聞遠親
呵不似我近隣」이라 하였다.
3. 《續傳燈錄》(28), 《五燈會元》(19), 《水滸傳》(24)
등에도 실려 있다.
4. 元曲 《凍蘇秦》(4)에는 「遠親近隣, 不如對門」이
라 하였다.
5. 《明心寶鑑》 省心篇에 「遠水不救近火, 遠親不如近隣」이라 하였다.
6. 《增廣賢文》에도 실려 있다.

韓非子(韓非)

052

"두 사람 마음이 한마음이라면 황금을 살 돈을 벌 수 있지만,
사람마다 모두 자신의 한 가닥 마음만 갖는다면
바늘 하나 살 돈도 벌 수 없다."

「兩人一般心, 有錢堪買金;
一人一般心, 無錢堪買針.」

참고 및 관련 자료

1. 《殺狗記》(第19出)에 「家有一心, 有錢買金; 家有二心, 無錢買針」이라 하였다.
2. 《周易》繫辭(上)에는 「二人同心, 其利斷金」이라 하였다.
3. 《增廣賢文》에도 실려 있다.

053

"힘이 약하거든 무거운 짐을 질 생각을 하지 말고,
자신의 말이 경솔하거든 남에게 권하려 들지 말라."

「力微休負重, 言輕莫勸人.」

참고 및 관련 자료

◉《增廣賢文》에도 실려 있다.

054

"남의 말을 듣거든 마치 국물을 맛보듯이 자세히 살펴라.
 재물을 주고 받아봐야 사람의 마음이 드러난다."

「聽話如嘗湯, 交財始見心.」

055

"쉽게 불어나고 쉽게 물러나는 것은 산골짜기의 물이요,
 쉽게 뒤집히고 쉽게 엎어지는 것은 소인의 마음이로다."

「易漲易退山溪水, 易反易覆小人心.」

참고 및 관련 자료

◉《增廣賢文》에도 실려 있다.

056

"용이나 범을 그려낼 수 있지만 그 뼈는 그릴 수 없듯이,
사람을 알고 얼굴까지 안다고 해도 그 마음은 알 수 없도다."

「畵虎畵皮難畵骨, 知人知面不知心.」

참고 및 관련 자료

1. 元代 孟漢卿의 《張孔目智勘魔合羅雜劇》(제1절)에 실려 있다.
2. 明 施耐庵의 《水滸志》(제45회), 《古今小說》(1), 《警世通言》(2), 《金瓶梅詞話》(76), 《單鞭奪槊》(2) 등에도 실려 있다.
3. 《明心寶鑑》 省心篇에도 같은 문장이 실려 있다.
4. 《增廣賢文》에도 실려 있다.

057

"누군들 등 뒤에서 내 말 하는 자가 없겠으며,
누군들 사람 앞에서 남의 말 하는 자가 없겠는가?"

「誰人背後無人說, 那個人前不說人?」

【那】의문사. 哪와 같으며 백화어 용법에 쓰임.

참고 및 관련 자료

1.《飲虹簃所刻曲》李開先의〈仙呂南曲傍妝臺〉(79)에 인용되어 있다.
2.《增廣賢文》에도 실려 있다. 다만 '那'자가 '哪'자로 되어 있다.

058

"사람을 만나서는 그저 서푼 정도만 말하라.
내 마음 전체를 모두 던져줄 것은 못된다."

「逢人且說三分話, 未可全抛一片心.」

【三分】삼할, 10분의 3 정도.

참고 및 관련 자료

1. 南宋 普濟의《五燈會元》(권15)에 「逢人祇說三分語, 未可全抛一片心」이라
하였다.
2.《朱子語錄》에는 「如今俗語云: "逢人只說三分話". 只此便是不忠」이라 하여
반대의견을 제시하기도 하였다.
3. 明 蘭陵笑笑生의《金瓶梅詞話》와《事林廣記》(9)에도 실려 있다.
4.《淸平山堂話本》에 「人前只說三分話, 未可全抛一片心」으로 되어 있다.
5.《增廣賢文》에도 실려 있다.

059

"좋은 일이라면 그저 행할 뿐,
뒷일이 어찌 될지는 묻지도 말라."

「但行好事, 莫問前程.」

참고 및 관련 자료

1.《全五代詩》(9)에 실려 있다.

2. 唐 馮道의 〈天道〉詩에 「窮達皆由命, 何勞發嘆聲. 但知行好事, 莫要問前程.
冬去氷須泮, 春來草自生. 請君觀此理, 天道甚分明」이라 하였다.

3. 宋 陳錄의 《善誘文》〈趙淸獻公座右銘〉에는 「但行好事, 莫問前程」이라
하여 본문과 같다.

4. 淸 李汝珍《鏡花緣》(第71回)에도 인용되어 있다.

5. 明 洪楩의 《淸平山堂話本》五戒禪師私紅蓮記에는 「日日行方便, 時時發
道心. 但行平等事, 不用問前程」이라 하였다.

6. 宋 陳錄의 〈善誘文〉에는 「但行好事, 莫問前程」이라 하였다.

7.《事林廣記》(9)에는 「但存心裡正, 不用問前程; 但能依本分, 前程不用問」
이라 하였다.

8.《明心寶鑑》繼善篇에는 「但存心裏正, 不用問前程; 但能依本分, 前程不
用問」이라 하여 실려 있다.

9.《增廣賢文》에도 실려 있다.

060

"우둔한 새일수록 먼저 날아야 하고,
큰 그릇은 늦게 이루어진다."

「鈍鳥先飛, 大器晚成.」

〈老子騎牛圖〉宋 晁補之(畫)

참고 및 관련 자료

1. 元 關漢卿의 《陳母敎子》(제1절)에 「二哥, 你得
了官也. 我和你有箇比喩, 我似那靈禽在後, 你這
等笨鳥先飛」라 하였다.

2. 한편 "大器晚成"은 《老子》(41장)의 「大方
無隅, 大音希聲, 大器晚成, 大象無形」의 구절
이며, "진짜 큰 그릇이란 이루어짐이 없이 계속
되는 것"이라는 뜻이지만 일반적인 의미에
따라 풀이하였다.

"大器晚成" 전각작품 呂元九(현대)
《丘堂印存》

061

"천리 먼 밖에서도 상대가 고아라고 해서 속여서는 안 된다.
 홀로 있는 나무는 숲을 이루지 못한다."

「千里不欺孤, 獨木不成林」

【千里不欺孤】 '孤'는 외롭고 약한 사람. 아무리 먼 곳에서도 도덕적으로
나쁜 짓을 해서는 안 됨을 뜻함.

참고 및 관련 자료

1. 曹植의 〈代劉勳妻王氏雜詩〉와 《全唐詩》(77) 駱賓王의 〈艶情代郭氏贈盧
照隣〉 시에 「千里不唾井」이라 하였다.
2. 《後漢書》 崔駰傳에 「蓋高樹靡陰, 獨木不林, 隨時之宜, 道貴從凡」이라
하였다.
3. 한편 위의 두 구절은 對를 이루는 의미는 아닌 듯하다.

062

"가난하게 살 때는 번화한 시장에서도 안부 묻는 자가 없더니,
 부자가 되고 나니 깊은 산 속에 살아도 먼 친척이 찾아오네."

「貧居鬧市無人問, 富在深山有遠親.」

【鬧市】 시끄럽고 왁자지껄한 저자거리. 번화한 곳을 뜻함.

> 참고 및 관련 자료

1. 《愼子》 內篇에 「家富則疎族聚, 家貧則兄弟離」라 하였다.
2. 羅貫中의 《平妖傳》(18회)에 「自古道: "貧居鬧市無人問, 富在深山有遠親." 就是說舊時相識總以爲他有錢有鈔, 才相扳來往的, 那裡有個管鮑心腹之交?」라 하였다.
3. 《事林廣記》(9), 《永樂大全》(6) 등에도 실려 있다.
4. 《明心寶鑑》 省心篇에 「貧居鬧市無相識, 富住深山有遠親」이라 하였다.
5. 《增廣賢文》에도 실려 있다.

063

"인정은 마치 종이와 같아 장마다 얇아 쉽게 찢어지고,
세상일이란 마치 바둑과 같아 매 대국마다 새롭게 시작하는 꼴이로다."

「人情似紙張張薄, 世事如棋局局新.」

1. 里汗의 《新綠林傳》에 「人情似紙張張薄, 世事如棋局局新. 年年難過年年過, 處處無家處處家」라 하였다.

2. 《兒女英雄傳》(9)에는 「世情如紙」라 하였다.

3. 《增廣賢文》에도 실려 있다.

064

"믿지 못하겠거든 잔치 자리에서 술잔을 보라.
잔마다 먼저 술잔을 올려 공경하는 이는 돈 있는 자로다."

「不信但看筵中酒, 杯杯先敬有錢人」

◉ 《增廣賢文》에는 이 문장이 「有錢道眞語, 無錢語不眞. 不信但看筵中酒, 杯杯先敬有錢人」으로 對를 이루는 것으로 되어 있고, 일부 판본에는 앞 구절 (063)과 대를 이루는 것으로 되어 있다.

065

"세상 사람들은 반드시 황금으로써 친구를 사귀는구나.
황금이 많지 않으면 사귐도 깊지 못하구나.
비록 그 때 그렇게 하겠노라 잠시 허락했지만
끝내 유유히 제 갈 길로 가는구나."

「世人結交須黃金, 黃金不多交不深.
縱令然諾暫相許, 終是悠悠行路心.」

【縱令】 '비록 ~라 하였지만'의 뜻.
【行路心】 길가는 사람의 마음. 서로 상관하지 않는 모르는 사람의 마음.

참고 및 관련 자료

◎ 이는 唐 張渭의 〈題長安主人壁〉 시의 구절이며 《全唐詩》(197)에 실려 있다.

066

"직접 장기 두는 사람은 오히려 어둡고,
옆에서 구경하는 사람이 밝게 본다."

「當局者昧, 旁觀者明.」

참고 및 관련 자료

◉《唐書》元行沖傳에「當局稱迷, 傍觀必審」이라 하였으며, 흔히「當局者迷, 傍觀者淸」이라고도 하며,「局外者明」이라는 말과 같다.

067

"술은 능히 담이 커지게 하고,
돈은 귀신과도 통할 수 있다."

「酒能壯膽, 錢可通神.」

참고 및 관련 자료

1. 이는《增廣賢文》에는 실려 있지 않다.
2. 뒤 구절의 고사는 唐 張固의《幽閑鼓吹》에「錢至十萬, 可通神矣. 無不可回之事」라 한 데서 비롯되었다.

068

"황하가 협곡을 만나면 물결이 거세지고,
　사람이 급해지면 제 살길을 도모한다."

「河狹水急, 人急計生.」

참고 및 관련 자료

1. 明 柯丹邱의 《荊釵記》(第26齣)에 「河狹水緊, 人急計生」이라 하였다.
2. 《永樂大全》(19)과 《殺狗記》(29)에도 실려 있다.
3. 《增廣賢文》에는 「河狹水激, 人急計生」으로 되어 있다.

069

"돈 있는 자의 말은 진실 된 듯하고,
　돈 없는 자의 말은 진실이 아닌 것 같아 보이게 마련이다."

「有錢道眞語, 無錢語不眞.」

◈《增廣賢文》에도 실려 있다.

070

"배부르고 등 따스하면 음일한 마음이 생기고,
춥고 배고프면 도적의 마음이 일어난다."

「飽暖思淫逸, 飢寒起盜心.」

참고 및 관련 자료

1. 明 凌濛初의《二刻拍案驚奇》(권21)에「自古道: 飽暖思淫欲」이라 하여 민간
격언이다.

2. 본《賢文》(142)의「禮義興於富足, 盜賊出於貧窮」과 같은 뜻이다.

3. 그러나《明心寶鑑》省心篇에「飽煖思淫慾, 飢寒發道心」이라 하여 '盜心'이
'道心'으로 되어 있어 뜻이 전혀 상반된다.

071

"부나비는 등불에 덤벼들어 타죽을 솥으로 달려들고,
봄누에는 고치를 짓느라 자신의 몸을 칭칭 감는다."

「飛蛾撲燈甘就鑊, 春蠶作繭自纏身.」

【蛾】 부나비, 나방.
【鑊】 솥. 여기서는 옛날 등잔의 기름구덩이.
【繭】 누에고치.

1. 晉 支曇諦의 〈赴火蛾賦〉에 「悉達有言曰: "愚人貪身, 如蛾投火. 誠哉斯言, 信而有徵也. ……燭耀庭宇, 燈朗幽房, 紛紛群飛, 翩翩來翔, 赴飛焰而體焦, 投煎膏而身亡」이라 하였으며, 「飛蛾投火」의 성어를 낳았다.
2. 邵雍의 《伊川擊壤集》(9)에는 「魚爲貪鉤得, 蛾因赴火焦」라 하였다.
3. 《水滸傳》(27)에는 「燈蛾撲火, 惹焰燒身」이라 하였다.

072

"장강長江 뒷 물결은 앞 물결 재촉하고,
세상 새사람은 옛사람을 밀어낸다."

「江中後浪催前浪, 世上新人趕舊人.」

1. 《三寶大監西洋記》(제75회)에 「唐壯元道: 我這三箭, 叫做"長江後浪推前浪, 世上新人趲舊人." 禪師道: 多謝指教了」라 하였다.
2. 宋 文詞의 〈過苕溪〉 시에는 다시 「祇看後浪催前浪, 當悟新人換舊人」으로 문장이 바뀌었다.
3. 宋 劉斧의 《靑瑣高議》(권7)에는 「長江後浪催前浪, 浮世新人換舊人」으로 표현되기도 하였다.
4. 《永樂大全》(48), 《元曲選外編》 등에는 뒤의 구절이 「一替新人趲舊人」으로 표현하기도 하였으며, 《飮虹簃所刻曲》, 明 李開先의 《仙呂南曲傍妝臺》(권6) 등에도 실려 있다.
5. 《增廣賢文》에는 「長江後浪推前浪, 世上新人趕舊人」으로 되어 있으며, 「長江後浪催前浪, 世上新人換舊人」, 「强酸代有才人出, 長江後浪推前浪」, 「長江後浪推前浪, 一輩新人換舊人」 등 여러 가지 표현으로 민간에 널리 인용되고 있다.

073

"사람은 나서 한 세상을 살고,
풀은 나서 봄 한 철 산다."

「人生一世, 草生一春.」

1. 施耐庵의 《水滸傳》(제15회)에 「人生一世, 草木一秋」라 하였다.
2. 《增廣賢文》에는 「人生一世, 草木一春」이라 하였다.

074

"올 때는 비바람처럼 나타나고,
 떠날 때는 티끌처럼 소리 없이 사라져라."

「來如風雨, 去似微塵.」

참고 및 관련 자료

1. 사람은 세상에 비바람처럼 급히 나타났다가 티끌처럼 소리 없이 사라진
다는 뜻이다. 혹 어떤 일에 자신의 존재를 이와 같이 시원하게 하라는 뜻으
로도 쓰인다.
2. 《增廣賢文》에도 실려 있다.

075

"왁자지껄한 자리는 돈이 있어 그런 곳이요,
 고요한 곳은 몸을 편안히 할 수 있는 곳이기 때문이다."

「鬧裏有錢, 靜處安身.」

참고 및 관련 자료

◎ 《增廣賢文》에도 실려 있다.

076

"산에 호랑이가 있다는 것을 알았다면,
그 호랑이 있는 산으로 가지 말라."

「明知山有虎, 莫向虎山行.」

참고 및 관련 자료

1. 중국 민간 격언으로는 오히려 「明知山有虎, 偏向虎山行」이라 하여 담대
함을 뜻하는 성어가 있어 이와 상반된 뜻을 가지고 있다.
2. 《說岳全書》(16)에는 「明知山有虎, 故作採樵人」이라 하였다.
3. 《增廣賢文》에도 실려 있다.

077

"기녀妓女도 오히려 늙어 감을 두려워하거늘,
어찌 공부하는 사람으로서 청춘을 헛되이 보낼 수 있겠는가?"

「鶯花猶怕風光老, 豈可敎人枉度春?」

【鶯花】 꾀꼬리와 꽃. 흔히 妓女를 지칭하는 말로 쓰임.

◉《增廣賢文》에는「鶯花猶怕春光老, 豈可敎人枉度春? 紅粉佳人休使志, 風流浪子莫敎貧」의 대구로 되어 있다.

078

"서로 만나 마시지 않고 헛되이 돌려보낸다면,
동구 밖 복사꽃도 비웃으리라."

「相逢不吟空歸去, 洞口桃花也笑人」

【洞口】 여기서는 도인의 수양하는 곳의 입구를 말하며, 아무리 도를 닦는 도인일지라도 친구를 만나 그냥 보낼 수 없음을 강조한 것.

◉《增廣賢文》에도 실려 있다.

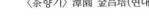

〈茶향기〉潭園 金昌培(현대)

079

"어제 꽃 피더니 오늘 지고 마네.
 인생 백년에 만년 살 것처럼 마음먹는구나."

「昨日花開今日謝, 百年人有萬年心.」

【謝】꽃이 시듦을 뜻함.

080

"북망산北邙山 황량한 무덤은 빈부 차이 없고,
 옥루산玉壘山도 뜬구름 속에 고금이 변하였네."

「北邙荒冢無貧富, 玉壘浮雲變古今.」

【北邙】洛陽의 북쪽에 있는 고대 공동묘지.
【荒冢】荒塚과 같음. 묵어 황량해진 무덤.
【玉壘】산 이름. 지금의 四川省 茂汶羌族自治縣에 있음. 그러나 다른 판본
에는 「玉樓」로 되어 있음.

1. 唐 王建의 〈北邙行〉에 「北邙山頭少閑土, 盡是洛陽人舊墓. 朝朝車馬送葬回,
還起大宅與高臺」라 하였다.

2. 杜甫의 〈登樓〉 시에는 「花近高樓傷客心, 萬方多難此登臨. 錦江春色來天地,
玉壘浮雲變古今」이라 하였다.

杜甫(字子美)《三才圖會》

杜甫

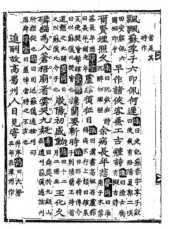

《杜詩集》(杜工部集)

081

"요행으로 명예만 있고 덕이 없음은 좋은 징조가 아니다.
난세에 재산 많음은 이것이 곧 화근이다."

「倖名無德非佳兆, 亂世多財是禍根.」

【倖】 일부 판본에는 '幸'으로 되어 있음.

082

"세상일이 망망하여 헤아릴 수 없으니,
맑은 바람, 밝은 달처럼 냉철한 눈으로 사람을 보라."

「世事茫茫難自料, 清風明月冷看人.」

【冷看人】 냉철한 눈으로 세상을 살펴봄.

참고 및 관련 자료

◎ 唐 韋應物의 〈寄李儋元錫〉 詩에「去年花裡逢君別, 今日花開已一年. 世事
茫茫難自料, 春愁黯黯獨成眠. 身多疾病思田里, 邑有流亡愧奉錢. 聞道欲來
相問訊, 西樓望月幾回圓」이라 하였다.

083

"그대에게 권하노니 재물 지키는 포로가 되지 말라.
죽어 가면서 단 한 푼이라도 지니고 간 자가 있었는가?"

「勸君莫作守財虜, 死去何曾帶一文?」

【文】 고대 돈을 세는 단위. 아주 작은 값의 일푼

084

"혈육과 내 몸도 오히려 물거품과 그림자이거늘,
하물며 그림자 밖의 그림자임에랴!
산하 대지도 이미 티끌먼지에 속하거늘,
하물며 티끌 속의 티끌임에랴!"

「血肉身軀且歸泡影, 何論影外之影;
山河大地尚屬微塵, 而況塵中之塵?」

【泡影】 거품과 그림자. 진실한 본체가 아님을 뜻함. 《金剛經》 應化非眞分에
「一體有爲法, 如夢幻泡影」이라 함.

◉《菜根譚》(234)에「山河大地, 已屬微塵, 而況塵中之塵! 血肉身軀, 且歸泡影, 而況影外之影! 非上上智, 無了了心」으로 되어 있다.

085

"급히 성과가 나타나기를 바라지 말며,
　작은 이익을 두고 다투지 말라."

「速效莫求, 小利莫爭.」

【速效】《論語》子路篇에「子夏爲莒父宰, 問政. 子曰: "無欲速, 無見小利.
　欲速, 則不達; 見小利, 則大事不成."」이라 하였음.

참고 및 관련 자료

◉《增廣賢文》에는「合理可作, 小利莫爭」이라 하여 표현이 다르다.

086

"명예가 높으면 질투를 받게 마련이요,
총애가 극에 달하면 훼방이 생기게 마련이다."

「名高妒起, 寵極謗生.」

참고 및 관련 자료

◉ 唐 劉禹錫의 〈萋兮吟〉에 「名高毁所集」이라 하였다.

087

"많은 사람이 노하면 범접하기 어렵고,
오로지 자신만의 욕심으로 하다가는 어떤 일도 이루기 어렵다."

「衆怒難犯, 專欲難成.」

참고 및 관련 자료

◉ 《左傳》(襄公 10년)에 「子産曰: "衆怒難犯, 專欲難成. 合二難以安國, 危之道也."」라 하였다.

088

"만물은 극에 달하면 반드시 되돌아오며,
그릇은 가득 차면 엎어지게 마련이다."

「物極必反, 器滿則傾.」

【器】'欹器'를 가리킴.《荀子》宥坐篇의 座右銘과 관련된 그릇. 참고란을 볼 것.

참고 및 관련 자료

1.《鶡冠子》環流篇에 「物極則反, 名曰環流」라 하였다.

2.《荀子》宥坐篇에 「孔子觀於魯桓公之廟, 有欹器焉. 孔子問於守廟者曰: "此爲何器?" 守廟者曰: "此蓋爲宥坐之器." 孔子曰: "吾聞宥坐之器者, 虛則欹, 中則正, 滿則覆." 孔子顧謂弟子曰: "注水焉." 弟子挹水而注之, 中而正, 滿而覆, 虛而欹. 孔子喟然而歎曰: "吁, 惡有滿而不覆者哉?" 子路曰: "敢問持滿有道乎?" 孔子曰: "聰明聖知, 守之以愚; 功被天下, 守之以讓, 勇力撫世, 守之以怯; 富有四海, 守之以謙. 此所謂挹而損之之道也."」라 하였다.

3.《韓詩外傳》과《說苑》에도 실려 있다.

4.《明心寶鑑》省心篇에 「語云: "物極則反, 樂極則憂, 六合必離, 勢盛必衰."」라는 구절과 「物極則反, 否極泰來」라는 구절이 있다.

089

"세 갈래 길에서 망설이거든,
모름지기 오가는 사람에게 물어 보라."

「欲知三叉路, 須問去來人」

참고 및 관련 자료

1. 明 吳承恩의 《西遊記》(제21회)에 「常言道: "要知山下路, 須問去來人", 你只
前去問他一聲, 如何?」라 하였다.
2. 《續傳燈錄》(12)에는 「要知江上路, 須問渡頭人」이라 하였다.
3. 《荊釵記》(14), 《千金記》(12)에는 「要知山下路, 須問過來人」이라 하였다.
4. 《西遊記》(21)에는 '過來'가 '去來'로 되어 있으며, 《古今小說》(20)에는
「要知山下事, 請問過來人」으로 되어 있다.

090

"서른 살 이전에는 사람이 병을 찾고,
서른 살 이후에는 병이 사람을 찾아온다."

「三十年前人尋病, 三十年後病尋人」

◉ 사람이 30세 이전에는 음식과 양생에 주의하지 않음으로써 병이 찾아
오게 하는 셈이고, 30세 이후에는 아무리 양생에 주의를 기울여도 노화와
쇠약함을 인해 여러 가지 병이 나타남을 뜻한다.

091

"큰 부자는 명에 달려 있고,
　작은 부자는 부지런함에 달려 있다."

「大富由命, 小富由勤.」

참고 및 관련 자료

◉《明心寶鑑》省心篇에 「大富由天, 小富由勤」이라 하였다.

092

"자신의 가지에 잎이 무성하지 않음을 한탄할 일이지,
　뜨거운 태양에 그늘이 없다고 말하지 말라."

「自恨枝無葉, 莫謂日無陰.」

【葉】 자손을 번성하게 하여 집안을 빛냄을 비유함.

참고 및 관련 자료
◉《增廣賢文》에는 「自恨枝無葉, 莫怨太陽傾」이라 하여 표현이 다르다.

093

"일 년의 계획은 봄에 있고, 하루의 계획은 인시寅時에 있으며,
한 집안의 계획은 화목에 있고, 일생의 계획은 부지런함에 달려 있다."

「一年之計在於春, 一日之計在於寅.
一家之計在於和, 一生之計在於勤.」

【寅】 새벽 3시부터 5시 사이. 이른 아침을 뜻함.

참고 및 관련 자료
1. 明 無名氏의《白兔記》牧牛에도 「一年之計在于春; 一生之計在于勤; 一日之
計在于寅. 春若不耕, 秋無所望; 寅若不起, 日無所辦. 少若不勤, 老無少歸」라
하였다.

2. 明 婁元禮의 《田家五行》, 《事林廣記》(9), 邵雍의 《伊川擊壤集》(16) 등에 널리 인용되어 있다.

3. 《明心寶鑑》 立教篇에는 「孔子《三計圖》云: "一生之計, 在於幼; 一年之計, 在於春; 一日之計, 在於寅. 幼而不學, 老無所知; 春若不耕, 秋無所望; 寅若不起, 日無所辦."」이라 하였다.

4. 《增廣賢文》에도 실려 있다.

094

"사위를 고를 때는 그가 어떤 것에 두각을 나타내는가를 볼 것이요,
 아내를 구함에는 그가 어떤 그윽한 정절을 가지고 있는가를 찾아보라."

「擇婿觀頭角, 娶女訪幽貞.」

【幽貞】 고결한 성품과 지조. 정절. 절조.
《周易》 履卦에 「履道坦坦, 幽人
貞吉」이라 함.

참고 및 관련 자료

◉ 淸 隨緣下士 《林蘭香》(48)에 「娶婦
娶賢不娶貴, 擇婿擇人不擇家」라 하였다.

〈淸人嫁娶圖〉(부분)

095

“그저 근골이 튼튼하면 됐지,
 부귀 빈천은 논의거리로 삼지 말라.”

「大抵就他筋骨好, 富貴貧賤非所論.」

【筋骨】 근육과 골격. 세상을 살아갈 체력.

참고 및 관련 자료

◉ 이는 앞 구절과 대를 이루는 문장으로 사위를 고를 때의 기준으로 보고
있다.

096

“그 많은 부잣집 후손도 굶어 죽는 이가 있다.
 얼마나 많은 가난한 집에 공경公卿이 났던고?”

「無限朱門生餓殍, 幾多白屋出公卿.」

【朱門】 고대 공경대부의 집은 거의 붉은 색으로 되어 있었음. 부잣집을
 지칭하는 말. 杜甫의 〈自京赴奉先咏懷五百字〉에「朱門酒肉臭, 路有凍死骨」
 이라 함.

【餓殍】굶어죽음. 굶어죽은 시신.

【白屋】가난한 집. 朱門과 상대되는 표현.《漢書》吾丘壽傳에「三公有司,
或由窮巷, 起白屋, 裂地而封」이라 함.

참고 및 관련 자료

1. 明 戚繼光의《練兵實記》(권9)에「況天地間運氣流行, 未有富而不貧, 盛而
不衰者. 諺云: "朱門生餓殍, 白屋出公卿."」이라 하였다.

2.《增廣賢文》에도 실려 있다.

097

"하늘을 찌를 높은 저택이라도 새 주인으로 바뀌고,
　뛰어난 명승지의 이름난 장원도 옛 주인 그대로가 아니로다."

「凌雲甲第更新主, 勝槪名園非舊人」

【甲第】아주 큰 집. 대궐 같은 큰 저택.

참고 및 관련 자료

◉ 杜甫의〈秋興八首〉에「王侯第宅皆新主, 文武
衣冠異昔時」라 하였다.

098

"여러 사람의 입은 맞서 변론하기가 어렵고,
한 손바닥으로는 소리내기 어렵다."

「衆口難辯, 孤掌難鳴.」

참고 및 관련 자료

1.《鄧析子》轉辭篇에 「衆口鑠金, 三人成虎」라 하였다.

2. 陸賈《新語》辯惑篇에는 「衆口毀譽, 浮石沈木; 群邪所抑, 以直爲曲」이라
하였다.

3.《韓非子》功名篇에는 「人主之患在莫之應, 故曰: 一手拍, 雖疾無聲」이라
하였다.

4.《五燈會元》(8)에는 「獨掌不浪鳴」이라 하였다.

5. 「衆口難辯」은 흔히 「衆口難防」으로도 쓰인다.

099

"당장 그 자리에서는 싸우지 말고,
지나간 후에 병사를 일으켜라."

「當場不戰, 過後興兵.」

◎ 이는 격렬한 때에는 잠시 피하고 기회를 찾아 대응하라는 뜻으로, 흔히
「君子報仇, 十年不晚」이라는 말과 같은 뜻으로 보고 있다.

100

"한 가지 잘난 점이 백 가지 못난 점을 덮어주고,
  네 냥兩밖에 되지 않는 것이 천근을 끌고 갈 수 있다."

「一肥遮百醜, 四兩撥千斤.」

【肥】 아주 잘난 장점.
【兩】 고대 무게를 재는 단위로 아주 작음을 비유함. 1斤이 16兩이라 함.

참고 및 관련 자료

◎ 이는 우리 격언에 "대못 하나 천근 기둥 떠받친다"와 같은 뜻이다.

101

"병이 없으면 몸이 말랐다고 걱정하지 말라.
  몸이 편하면 됐지 가난을 원망하지는 말라."

「無病休嫌瘦, 身安莫怨貧.」

102

"어찌 능히 사람 뜻대로 다 되랴?
 단지 마음에 부끄러움 없기를 구하면 그뿐."

「豈能盡如人意? 但求不愧我心.」

참고 및 관련 자료

1. 淸 金纓의 《格言聯璧》 接物類에 실려 있다.
2. 《孟子》 盡心(上)에 「仰不愧於天, 俯不怍於人」이라 하였다.

103

"비와 이슬일지라도 뿌리 없는 풀을 살려줄 수 없고,
 주인 없는 재물일지라도 명이 궁한 사람을 부자로 만들어 줄 수는 없다."

「雨露不滋無本草, 混財不富命窮人」

참고 및 관련 자료

1. 明 馮夢龍의 《醒世通言》施潤澤灘闕遇友에 「自古道: "橫財不富命窮人." 倘然命裡沒有時, 得了他反生災作難, 倒未可知」라 하였다.
2. 《明心寶鑑》省心篇에 「梓潼帝君《垂訓》: "妙藥難醫寃債病, 橫財不富命窮人. 虧心折盡平生福, 幸短天敎一世貧. 生事事生君莫怨, 害人人害汝休嗔. 天地自然皆有報, 遠在兒孫近在身."」이라 하였다.

104

"갈무리를 태만히 하였다가는 도적을 부르게 되고,
얼굴을 너무 꾸미면 음란한 놈을 부르게 된다."

「慢藏誨盜, 冶容誨淫」

【誨】 '誘引하다'의 뜻.
【冶容】 얼굴 화장을 지나치게 妖邪하게 꾸밈을 말함.

참고 및 관련 자료

◎ 《周易》 繫辭(上)에 「慢藏誨盜, 冶容誨淫」이라 하였으며, 孔穎達의 疏에

「若慢藏財物, 守掌不謹, 則教誨于盜者, 使來取此物; 女子妖冶其容, 身不精愨, 是教誨淫者, 使來淫己也」라 하였다.

105

"한 쪽 말만 들으면 어둡게 되고,
 양쪽 말을 다 들어보아야 분명해진다."

「偏聽則暗, 兼聽則明.」

참고 및 관련 자료

1.《史記》(83) 鄒陽傳에 「偏聽生姦, 獨任成亂」이라 하였다.
2.《資治通鑑》(唐太宗貞觀二年)에 「上問魏徵曰: "人主何爲而明, 何爲而暗?" 對曰: "兼聽則明, 偏信則暗."」이라 하였다.
3.《管子》君臣篇(上)에 「夫民別而聽之則愚, 合而聽之則聖」이라 하였다.
4. 東漢 王符의 《潛夫論》明暗篇에는 「君子之所以明者, 兼也; 其所以暗者, 偏信也」라 하였다.

106

"귀로 듣는 것은 허상이며,
 눈으로 본 것이 진실이다.

개 한 마리가 그림자를 보고 짖으면
온갖 다른 개들은 그 소리를 따라 짖는다."

「耳聞是虛, 眼見是實.
一犬吠影, 百犬吠聲.」

참고 및 관련 자료

1.《說苑》政理偏에「夫耳聞之, 不如目見之; 目見之, 不如足踐之」라 하였으며,
흔히「耳聞不如目見」이라 하기도 하고,「耳聽是虛, 眼見爲實」이라고도 하였다.
2.《綴白裘》(五集)에는「耳聞是虛, 眼見是實」이라 하였다.
3. 宋 釋 道原의《景德傳燈錄》에 실려 있다.
4. 뒤 구절은 東漢 王符의《潛夫論》賢難篇에「諺曰: 一犬吠形, 百犬吠聲.
世之疾此固久矣. 吾傷世之不察眞僞之情也」라 하였다.

107

"곧은 가운데 더욱 곧다고 주장하는 자도 믿지 말고,
어지니 어질지 않으니 하는 자도 방비하라."

「莫信直中直, 須防仁不仁.」

1. 明 吳承恩의 《西遊記》(제37회)에 「莫信直中直, 須防仁不仁」이라 하였다.

2. 元 高文繡의 《澠池會》(제1折)에는 「莫信直中直, 提防人不仁. 頗奈趙國相無禮. 他推說今日畫城子樣圖, 換取玉璧 ……黃夜潛盜出關, 把玉璧帶回本國去了」라 하여 「須防仁不仁」이 「提防人不仁」으로 되어 있다.

3. 《事林廣記》(9), 《水滸志》(45), 《西遊記》(81), 《初刻拍案驚奇》(16) 등에는 「莫信直中直, 須防仁不仁」으로 되어 있어 본문과 같다.

4. 《增廣賢文》에도 실려 있다.

108

"살아 있는 호랑이는 가까이할 수 있어도,
독기를 품은 사람은 가까이할 수 없다."

「虎生猶可近, 人毒不堪親」

◉ 《增廣賢文》에는 「虎身猶可近, 人毒不堪親」이라 하여 표현이 다르다.

109

"찾아와 시비를 화제로 삼는 자,
그자가 바로 시빗거리인 사람이다."

「來說是非者, 便是是非人」

참고 및 관련 자료

1. 南宋 釋 普濟의 《五燈會元》에 실려 있다.
2. 《三寶大監西洋記》에 「老爺道: "來說是非者, 就是是非人." 就在侯公公身上, 要個圓夢先生」이라 하였다.
3. 《明心寶鑑》 省心篇에도 「來說是非者, 便是是非人」이라 하였다.
4. 《增廣賢文》에도 실려 있다.

110

"세상길이 남 때문에 험하다 해도
마음가짐은 나에게 맡겨 평안히 여겨라."

「世路由他險, 居心任我平」

참고 및 관련 자료

◉ 唐 劉禹錫의 〈九日登高〉에 「世路山河險, 君門烟霧深」이라 하였다.

111

"똑똑한 사람도 항상 모자라는 경우가 있을 수 있고,
 흐리멍덩한 듯한 자도 공경公卿이 될 수 있다."

「惺惺常不足, 懞懞作公卿.」

【惺惺】 영리하고 똑똑함.
【懞懞】 어리석고 흐리멍덩함.

참고 및 관련 자료

1.《愼子》內篇(《太平御覽》496)에「諺云: 不聰不明, 不能爲王; 不瞽不聾,
不能爲公」이라 하였다.
2. 그러나《增廣賢文》에는 "세상에 똑똑한 사람 언제나 모자라는지, 흐리
멍덩한 사람이 공경이 되네"로 풀이하고 있다.

112

"온몸 두루 비단으로 옷 해 입은 자는
 누에치는 사람이 아니더라."

「遍身綺羅者, 不是養蠶人」

【遍身綺羅者】온몸 두루 비단으로 옷을 해 입은 사람. 부자나 공경대부.

참고 및 관련 자료

1.《宋元詩話》(7)에 실려 있는 唐 張兪의 〈蠶婦〉시「昨日到城郭, 歸來淚滿巾.
遍身綺羅者, 不是養蠶人」의 구절이다.
2.《古文眞寶》(1)에는 無名氏의 작으로 되어 있다.

113

"만 가지 경우가 모두 명命이 정해 놓은 것,
반점半點도 사람으로 말미암지 않는다."

「萬般都是命, 半點不由人」

참고 및 관련 자료

1.《增廣賢文》에는「大家都是命, 半點不由人」이라 하여 표현이 다르다.
2.《論語》顔淵篇「死生由命, 富貴在天」이라 하였다.

114

"사사로운 작은 혜택을 위하여 대체大體를 그르치는 일이 없도록 하고,
공론公論을 빌려 내 사사로운 감정에 쾌감을 느끼는 일이 없도록 하라.
나의 장점을 가지고 남의 단점을 들추어내는 일이 없도록 하고,
자신의 졸렬함은 모르는 채 남의 재능을 시기하지 말라."

「毋私小惠而傷大體, 毋借公論而快私情.
　毋以己長而形人之短, 毋因己拙而忌人之能.」

【大體】천지 자연의 큰 도리. 원리.
【公論】공개적인 논거.

참고 및 관련 자료

◎《菜根譚》(131)에「毋因群疑而阻獨見, 毋任己意而廢人言; 毋私小惠而傷大體,
毋借公論而快私情」이라 하였다.

115

"세력을 믿고 고아나 과부를 능멸하는 일이 없도록 하고,
입맛의 탐욕을 위하여 살아 있는 짐승을
마구 죽이는 일이 없도록 하라."

「勿恃勢力而凌逼孤寡, 勿貪口腹而恣殺牲畜.」

【孤寡】고아나 과부. 보호해 주어야 할 대상.
【牲畜】가축. 그러나 일부 판본에는 '牲禽'으로 되어 있음.

참고 및 관련 자료

◎《論語》衛靈公篇에「群居終日, 言不及義, 好行小惠, 難矣哉!」라 하였다.

116

"세력에 의지하여 남을 능멸했다가는
세력이 사라지면 남이 나를 능멸한다.
막힌 골목에서 개를 쫓다가는
막다른 골목에서는 개가 사람을 문다."

「倚勢凌人, 勢敗人凌我;
  窮巷追狗, 巷窮狗咬人」

참고 및 관련 자료

◎ 뒤 구절은 「窮鼠嚙人」(쥐도 막다른 구멍에서는 사람을 문다)의 성어와
같은 뜻이다.

117

"색을 보고 음심을 일으키면
그 응보가 나의 처와 딸에게 온다.
원한을 숨기고 몰래 화살을 쏘았다가는
그 화근이 나의 자손에게까지 이어진다."

「見色而起淫心, 報在妻女;
  匿怨而用暗箭, 禍延子孫.」

참고 및 관련 자료

1. 이상의 구절은 朱用純의 《治家格言》에 실려 있다.
2. 《論語》 公冶長에 「匿怨而友其人, 左丘明恥之, 丘亦恥之」라 하였다.
3. 宋 劉炎의 《邇言》(권6)에 「暗箭中人, 其深次骨, 人之怨之. 亦必次骨, 以其掩人所不備也」라 하였다.

118

"먼저 닿으면 임금이 되고,
뒤에 이르면 신하가 된다."

「先到爲君, 後到爲臣.」

◎ 이는 춘추시대 齊나라 桓公의 고사와 관련이
있다. 齊나라에 난이 일어나 管仲은 公子 糾를
모시고 魯나라로 피신하였고, 鮑叔은 小白을
모시고 거(莒) 땅으로 피신하였다. 그 뒤 제나라
에 임금 자리가 비자 둘 중 먼저 제나라에 이르
는 자가 임금이 되게 되어 있었다. 이에 먼저
나선 공자 규의 일행이 소백(포숙)의 일행을 맞아
활로 소백을 쏘았을 때 소백은 죽은 척하고 쓰러
졌다가 지름길로 제나라에 이르러 임금이 되
었다. 이가 환공이며 春秋五霸의 首長이었다.
《史記》齊太公世家를 볼 것.

〈齊桓公〉

119

"그대가 먼저 도착했다고 말하지 말라.
그대보다 먼저 출발한 자가 있도다."

「莫道君行早, 便有早行人」

1. 宋 道原의 《景德傳燈錄》(권22)에 「謂言侵早起, 更有夜行人」이라 하였다.

2. 南宋 普濟의 《五燈會元》(권3)에는 「五更侵早起, 更有夜行人」이라 하였다.

3. 《三俠五義》(30회)에는 「莫道人行早, 還有早行人」이라 하였다.

4.《增廣賢文》에는 「莫道君行早, 更有早行人」으로 되어 있다.

5. 전체의 뜻은 "강한 자 속에 더 강한 자가 있고"(强中更有强中手) "뛰는 자 위에 나는 자가 있다"는 말과 같다.

120

"마음속의 화기를 없애버리고,

다 탄 심지 다시 잘라 불전에 등을 밝혀라."

「滅却心頭火, 剔起佛前燈.」

【剔】 고대에 등잔의 심지가 다 타고 검어지면 이를 잘라 주어야 하며, 이를 '剔'이라 함.

白居易(樂天)

참고 및 관련 자료

1. 唐 白居易의 〈感春〉 시에 「憂喜皆心火, 榮枯是眼塵」이라 하였다.

2. 北宋 晏幾道의 〈南鄕子〉 詞에 「細剔銀燈怨漏長」이라 하였다.

3.《增廣賢文》에도 실려 있다.

121

"평소 남에게 마음 상할 일을 저지르지 않았다면,
 한밤중에 문을 두드리는 자가 있어도 놀라지 않을 것이다."

「平日不作虧心事, 半夜敲門心不驚.」

【虧心】 남을 상하게 할 마음가짐.

참고 및 관련 자료

1. 元 無名氏의 《盆兒鬼》(제2折)에 「爲人本分作經營, 淡飯糟茶心自寧. 平日 莫作虧心事, 半夜敲門不吃驚」이라 하였다.

2. 《京本通俗小說》(15)와 元曲 《陳州糶米》(3), 《古今小說》(38)에는 「日間不 做虧心事, 半夜敲門不吃驚」이라 하였다.

3. 元曲 《黃花峪》(4)에는 「白日不做虧心事, 半夜敲門不吃驚」이라 하였다.

4. 元曲 《盆兒鬼》(2)에는 「平生莫做虧心事, 半夜敲門不吃驚」이라 하였다.

5. 《增廣賢文》에는 「爲人莫作虧心事, 半夜敲門心不驚」이라 하여 표현이 다르다.

6. 흔히 민간 격언으로는 「平日不作虧心事, 半夜不怕鬼敲門」으로 더 알려져 있다.

7. 《明心寶鑑》 天命篇에는 「湛湛青天不可欺, 未曾舉意早先知. 勸君莫作虧心事, 古往今來放過誰?」라 하였다.

122

"모란꽃이 예쁘다 해도 그저 눈으로 들어오는 것일 뿐이요,
 대추나무 꽃이 작다고 해도 열매를 맺는다."

「牡丹花好空入目, 棗花雖小結實成.」

참고 및 관련 자료

1. 五代末 宋初 王溥의 〈咏牡丹〉 시에 「棗花至少能結實, 桑葉雖柔解吐絲.
堪笑牡丹如斗大, 不成一事又空枝」라 하였다.
2. 《增廣賢文》에도 실려 있다.

123

"많은 별이 반짝반짝 빛을 낸다 해도
 외로운 달 하나 홀로 비추느니만 못하고,
 탑에 층층마다 불을 밝힌다 해도
 어두운 곳에 등불 하나 켜느니만 못하다."

「衆星朗朗, 不如孤月獨明;
　照塔層層, 不如暗處一燈.」

1. 《增廣賢文》에 「點塔七層, 不如暗處一燈. 衆星朗朗, 不如孤月獨明」이라
하여 표현이 다르다.

2. 위의 구절은 우리 속담의 "호박 한 번 구르는 것이 좁쌀 백 번 구르는 것
보다 낫다"와 같다.

124

"북을 천 번 친다 해도
 우레 소리 한 번만 못하고,
 좋은 농토 백 마지기가 된다 해도
 얇은 기술 하나 내 몸에 지니고 있느니만 못하다."

「鼓打千椎, 不如轟雷一聲;
 良田百畝, 不如薄技隨身.」

【薄技隨身】 허황된 이론보다 제 몸에 붙어 있는 작은 기술이 낫다는 뜻.
'薄技'는 '薄伎'로도 표기함.

◉ 北齊 顔之推의 《顔氏家訓》 勉學篇에 「夫明六經之指, 涉百家之書, 縱不能
增益德行, 敦厲風俗, 猶爲一藝, 得以自資. 父兄不可常依, 鄕國不可常保, 一旦
流離, 無人庇廕, 當自求諸身耳. 諺曰: "積財千萬, 不如薄伎在身." 伎之易習而
可貴者, 無過讀書也. 世人不問愚智, 皆欲識人之多, 見事之廣, 而不肯讀書, 是猶

求飽而嬾營饌, 欲暖而惰裁衣也. 夫讀書之人, 自義·農已來, 宇宙之下, 凡識幾人, 凡見幾事, 生民之成敗好惡, 固不足論, 天地所不能藏, 鬼神所不能隱也」라 하였다.

125

"부귀와 복택은 그저 나 하나의 삶을 후히 하는 것일 뿐이지만,
빈천과 근심은 이것이 곧 너를 옥玉으로 성공시키는 것이로다."

「富厚福澤, 不過厚吾之生;
　貧賤憂戚, 乃是玉汝于成.」

【玉汝于成】'너를 옥으로 여겨 성공하도록 단련시킴'의 뜻.

参고 및 관련 자료

◉ 宋 理學家 張載(橫渠)의 〈西銘〉에 「富厚福澤, 將厚吾之生也; 貧賤憂戚, 庸玉汝于成也」라 하였다.

126

"명이 박하면 복이 천한 법이며,
큰 나무는 그 뿌리가 깊은 법이다."

「命薄福淺, 樹大根深.」

127

"상상上上의 지혜가 아니면,
 밝고 밝은 마음이 없는 것이다."

「非上上智, 無了了心.」

【上上】 아주 뛰어남을 뜻함.
【了了】 밝히 아는 것. '了'는 '瞭'와 같다. 佛教의 「以明心見性」과 같음.

참고 및 관련 자료

1. 이는 《菜根譚》(234) 「山河大地, 已屬微塵, 而況塵中之塵! 血肉身軀, 且歸
泡影, 而況影外之影! 非上上智, 無了了心」의 끝 구절이며, 본 《賢文》(084)과
연결되어 있다.
2. 《檀經》 行由에 「下下人由上上智」라 하였다.

128

"병을 키우면서 의사 만나기를 꺼리고,
 자신의 귀를 막고 남의 방울을 훔친다."

「護疾忌醫, 掩耳盜鈴.」

【護疾忌醫】자신의 병을 감추면서 의사에게 보이기를 꺼림. 의사를 믿지 않아 병을 키움을 뜻함. 「諱疾忌醫」라고도 한다. 《周子通書》過에 「今人有過, 不喜 人規, 如護疾而忌醫, 寧滅其身而無悟也」라 하였음.
【掩耳盜鈴】남의 방울 훔치는 도둑이 자신의 귀를 막음. 「揜耳盜鈴」으로도 씀.

참고 및 관련 자료

1. 《呂氏春秋》自知篇에 「百姓有得鐘者, 欲負而走, 則鐘大不可負; 以椎毀之, 鐘況然有音, 恐人聞之而奪己也, 遽揜其耳」라 한 고사에서 비롯되었다.
2. 朱熹의 〈答江德功書〉에 「成書不出姓名, 以避斥民之譏, 此與掩耳盜鈴之 見何異?」라 하였다.

129

"열사는 천승의 높은 자리도 양보하는데,
 탐욕스러운 사나이는 돈 한 푼을 두고 다툰다."

「烈士讓千乘, 貪夫爭一文」

【烈士】《韓非子》詭使篇에「好名義不仕進者, 世謂之烈士」라 함.
【讓千乘】큰 제후국을 양보함.《孟子》盡心(下)에「孟子曰: "好名之人, 能讓
　千乘之國; 苟非其人, 簞食豆羹見於色."」이라 함.
【一文】文은 고대 화폐의 최소 단위. 아주 적은 돈. 일푼.

참고 및 관련 자료

1.《菜根譚》(301)에「烈士讓千乘, 貪夫爭一文, 人品星淵也, 而好名不殊好利;
　天子營家國, 乞人號饔飧, 位分霄壤也, 而焦思何異焦聲?」이라 하였다.
2. 본《賢文》(577)에「識得破, 忍不過; 說得硬, 守不定. 笑前轍, 忘後跌;
　輕千乘, 豆羹競」이라 하였다.

130

"기氣는 무명無明의 불이요,
　참음은 재앙의 별에 맞설 수 있는 무기이다."

「氣是無明火, 忍是敵災星」

【無明火】 불교 용어로 지극히 어리석어 지혜가
 없음을 뜻함. 범어 'avidy'의 意譯이라 함. 따라
 서 無明火는 怒氣, 怒火를 뜻하는 말이라 함.
【敵災星】 재앙에 맞서 재앙을 없애는 별.

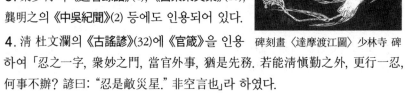

참고 및 관련 자료

1.《維摩詰經講經文》에「一點無明火要防, 焚燒
善法更難當」이라 하였다.

2. 뒤의 구절은 원래 司空圖의 詩句(《全唐詩》
634)이다.

3. 葉夢得의《避暑錄話》(4),《呂東萊文集》(10),
龔明之의《中吳紀聞》(2) 등에도 인용되어 있다.

4. 淸 杜文瀾의《古謠諺》(32)에《官箴》을 인용   碑刻畫〈達摩渡江圖〉少林寺 碑
하여「忍之一字, 衆妙之門, 當官外事, 猶是先務. 若能淸愼勤之外, 更行一忍,
何事不辦? 諺曰: "忍是敵災星." 非空言也」라 하였다.

131

"다만 한 치 정도의 토지만 두어,
  이를 자손이 갈아먹도록 남겨주면 된다."

「但存方寸地, 留與子孫耕.」

1. 南宋 羅大經의 《學林玉露》丙編(6)에 「俗語云: "但存方寸地, 留于子孫耕."
指心而言也. ……雖有貧無立錐地者, 有跨都兼併者, 但此方寸地, 人人有之.
斂之其細無倫, 充之包八荒, 備萬物, 無界限, 無方體」라 하였다.

2. 《全唐詩》(795)에도 실려 있다.

3. 宋 葉適의 《文心文集》(10), 明 田汝成의 《西湖遊覽志餘》(5)에도 인용되어
있다.

4. 《明心寶鑑》 存心篇에는 「有客來相訪, 如何是治生. 但存方寸地, 留與子孫耕」
이라 하였다.

5. 《增廣賢文》에는 「但存方寸土, 留與子孫耕」이라 하였다.

132

"만사를 남에게 권하되 속이려 들지 말라.
 머리 위 석 자 높이에서 신명神明이 지켜보고 있다."

「萬事勸人休瞞昧, 擧頭三尺有神明.」

【擧頭三尺】 머리 위 석 자 높이. 아주 가까운 곳에서 신이 환하게 지켜보고
있음.
【神明】 神靈과 같음.

1. 《南唐書》에 徐鉉이 「萬事勸人休瞞昧, 擧頭三尺有神靈」이라 하였다.
2. 《增廣賢文》에도 실려 있다.

133

"악한 짓을 하면서 남이 알까 두려워한다면
 그 악행 속에는 그래도 착한 길이 있다.
 선善을 지으면서 남이 얼른 알아주기를 바란다면
 그 선을 짓는 곳이 바로 악의 뿌리가 나는 곳이다."

「爲惡畏人知, 惡中猶有善路,
 爲善急人知, 善處卽是惡根.」

1. 《菜根譚》(068)에 「爲惡而畏人知, 惡中猶有善路; 爲善而急人知, 善處卽是惡根」이라 하였다.
2. 明末淸初 朱用純의 《治家格言》에는 「善欲人見, 不是眞善; 惡恐人知, 便非大惡」이라 하였다.

134

"빈천한 자가 남에게 교만히 굴면,
 비록 헛된 다리를 건너기는 한 것 같지만
 그나마 몇 푼의 협기俠氣가 있는 것이요,
 간웅이 세상을 속이면,
 비록 휘두르는 것 같지만
 모두가 반점半點의 진심도 없는 것이니라."

「貧賤驕人, 雖涉虛橋, 還有幾分俠氣;
　奸雄欺世, 縱似揮霍, 全沒半點眞心.」

【虛橋】건너기 어려운 다리. 그러나 《菜根譚》에는 '虛憍'로 되어 있음.
【揮霍】휘둘러 지휘함.
【沒】無와 같음. 백화어 표현임.

> 참고 및 관련 자료

◎《菜根譚》(463)에 「貧賤驕人, 然涉虛憍, 還有幾分俠氣; 英雄欺世, 縱似揮霍, 全沒半點眞心」이라 하였다.

135

"마당을 쓰니 붉은 먼지가 이는구나.
 겨우 공부에 전념하려니 문득 장애가 되는구나.

창을 여니 해와 달이 들어오는구나.
능히 영규靈竅함이 통하여 절로 환해지는구나."

「掃地紅塵飛, 才著工夫便起障;
　開窗日月進, 能通靈竅自生明.」

【起障】공부에 착수하려던 마음에 장애가 일어남을 뜻하는 듯함.
【靈竅】신령스러움. 明 袁宏道의《袁中郎先生全集》序에「而出自靈竅, 吐于
慧舌, 瀉于鈆穎, 蕭蕭冷冷, 皆足以蕩滌塵情, 掃除熱惱」라 함.

참고 및 관련 자료

◉《菜根譚》(541)에「掃地白雲來, 纔着工夫便起障; 鑿池明月入, 能空境界自
生明」의 구절과 비슷하나 표현이 다르다.

136

"생각이 일어나는 즉시 삼대욕三大欲을 막아버리고,
죽음에 임해서는 바야흐로 한 점의 진실을 온전히 하라."

「發念處卽遏三大欲, 到頭時方全一點眞.」

【三大欲】欲은 慾과 같음. 佛敎에서 말하는 三毒(혹 三火, 三垢)의 「貪·瞋·癡」. 혹 孔子가 말한 三戒, 즉 「色·鬪·得」. 혹은 민간에서 말하는 三惑, 즉 「酒·色·財」. 사람이 세속에 살면서 뿌리치기 어려운 장애와 번뇌를 뜻함.

【到頭時】죽음에 이르는 때를 말함. 臨終의 다른 말.

137

"분수를 지키면 명이 안전할 것이요,
 길한 것을 좇아가면 흉함을 피할 수 있으리라."

「守分安命, 趨吉避凶.」

참고 및 관련 자료

1. 《莊子》德充符에 「知不可, 奈何以安之若命? 惟有德者能之」라 하였다.
2. 明 沈鯨의 《雙珠記》母子分珠에 「趨吉避凶, 儒者之事」라 하였다.

莊子《三才圖會》

〈莊子夢蝶圖〉明末淸初 馬駘(畫)《馬駘畫寶》

138

"진짜가 무엇인지 알아야 비로소 가짜가 무엇인지 알 수 있다.
간악한 자가 없으면 충성된 자가 드러나지 않는다."

「識眞方知假, 無奸不顯忠.」

139

"사람은 천 일을 두고 언제나 건장할 수 없고,
꽃은 백일을 두고 붉을 수 없다."

「人無千日好, 花無百日紅.」

참고 및 관련 자료

1. 元曲 《兒女團圓》에 「人無千日好, 花無百日紅. 早時不算計, 過後一場空」
이라 하였다.

2. 《水滸傳》(第43回)에도 실려 있다.

3. 唐 劉長卿의 〈早春〉 시에는 「人好千場醉, 花無百日開」라 하였다.

4. 《格言叢書》에는 앞뒤 구절이 바뀌어 있다.

5. 《增廣賢文》에도 실려 있다.

140

"사람은 늙어도 마음까지 늙어서는 안 된다.
 사람은 궁해도 뜻까지 궁해서는 안 된다."

「人老心不老, 人窮志不窮.」

참고 및 관련 자료

◉《增廣賢文》에도 실려 있다.

141

"자리에는 항상 손님이 가득하고,
 술잔에는 술이 비지 않는다."

「座上客常滿, 杯中酒不空.」

참고 및 관련 자료

1. 이는 부유하고 화려한 삶을 표현한 것으로《後漢書》孔融傳에「座上客恆滿,
杯中酒不空. 吾無憂矣」라 하였다.
2.《增廣賢文》에도 실려 있다.

142

"예禮와 의義는 부유함과 풍족함에서 흥하게 되고,
도적의 마음은 가난과 궁함에서 생겨난다."

「禮義興於富足, 盜賊出於貧窮.」

참고 및 관련 자료

1. 後漢 王符의 《潛夫論》 愛日篇에 「禮儀生於富足, 盜竊起於貧窮」이라 하였다.
2. 《管子》 牧民篇에도 「倉廩實則知禮節, 衣食足則知榮辱」이라 하였다.
3. 《明心寶鑑》 省心篇에는 「禮義生於富足, 盜賊起於饑寒」이라 하였다.
4. 본 《賢文》(070)의 「飽暖思淫逸, 飢寒起盜心」과 같은 뜻이다.

143

"갑작스럽게 부유해지면
이를 어떻게 새롭게 받아들여야 할지 모르게 되고,
갑작스럽게 가난해진다 해도 옛 가풍家風을 바꾸기는 어렵다."

「乍富不知新受用, 乍貧難改舊家風.」

【受用】 받아 향유함. 이에 적응함.

◉《增廣賢文》에도 실려 있다.

144

"하늘의 모든 별이 북극성을 가운데 두고 돌고,
 세상의 모든 물은 동쪽을 향해 흘러간다."

「天上有星皆拱北, 世間無水不朝東.」

【拱北】 모든 별들이 북극성을 원점으로 하여 동심원처럼 돌고 있음을 뜻함.
《論語》爲政篇에「爲政以德, 譬如北辰, 居其所, 而衆星共之」라 하였음.
【朝東】 중국의 지형은 西高東低로 모든 강이 동쪽을 향하여 흐름에 비유한 것.

참고 및 관련 자료

1.《續傳燈錄》(34)에 인용되어 있다.
2. 李好古의《張生煮海》(第1折)에「我便是海中龍氏女,
勝似那天上許飛瓊. 豈不知"衆星皆拱北, 無水不朝東."」
이라 하였다.
3. 南宋 普濟의《五燈會元》(권15)에「僧問: "如何是函蓋
乾坤句?"師曰: "天上有星皆拱北."」이라 하였고, 같은《五
燈會元》(9)에는「是星皆拱北, 無水不朝東」이라 하였다.
4.《增廣賢文》에도 실려 있다.

《論語》

145

"흰 머리카락은 나이 들어도 없어지지 않는데,
　눈 깜짝할 사이에 또 다른 사람들이 다시 흰 머리 노인이 되고 말았네."

「白髮不隨人老去, 轉眼又是白頭翁.」

참고 및 관련 자료

◉《增廣賢文》에는「黑髮不知勤學早, 轉眼便是白頭翁」이라 한 구절도 있고,
「曾記少年騎竹馬, 看看又是白頭翁」이라는 구절도 있어 표현이 각각 다르다.

146

"지붕은 새는데 밤마다 비는 쏟아지고,
　배는 느린데 뱃머리에 마파람까지 불어오네."

「屋漏更遭連夜雨, 船慢又被打頭風.」

1. 高明의 《琵琶記》代嘗湯藥에 「屋漏更遭連夜雨, 船遲又被打頭風」이라 하였다.

2. 明, 洪楩의 《淸平山堂話本》 董永遇仙傳에 「屋漏更遭連夜雨, 行船又撞打頭風」이라 하였다.

3. 《水滸傳》(45), 《醒世恒言》(1), 《兒女英雄傳》(2), 《古今小說》(9) 등에도 실려 있다.

4. 《增廣賢文》에는 「屋漏更遭連夜雨, 行船又遇打頭風」이라 하였다.

147

"죽순은 떨어진 대 꺼풀 덕으로 대나무로 자라는 것이요,
물고기는 파도 덕분에 용으로 화하는 것이다."

「笋因落籜方成竹, 魚爲奔波始化龍」

【笋】筍과 같음. 대나무 죽순. 음은 '순'.
【籜】대 꺼풀. 대나무의 殼皮. 음은 '탁'.
【奔波】登龍門과 같이 쏟아지는 물.

◉《增廣賢文》에도 실려 있다.

148

"그대가 자랑하지 않는다면
  천하에 그 누구도 그대와 더불어 능력을 다투려 하지 않을 것이요,
  그대가 오직 잘난 척하지 않는다면
  천하에 그 누구도 그대와 공을 다투려 하지 않을 것이다."

「汝惟不矜, 天下莫與汝爭能;
  汝惟不伐, 天下莫與汝爭功.」

【伐】 자랑함. 공적을 뽐냄.

참고 및 관련 자료

1. 《尙書》大禹謨에 실려 있으며, 《周易》繫辭(上)에는 「勞而不伐, 有功而不
德, 厚之至也」라 하였다.
2. 《莊子》天下篇에는 「樸素而天下莫能與之爭美」라 하였다.

149

"명확하게 하되 살핌에 손상이 가도록 해서는 안 되고,
  곧게 하되 지나치게 고치려 들어서는 안 된다."

「明不傷察, 直不過矯.」

참고 및 관련 자료

1. 《菜根譚》(084)에 「淸能有容, 仁能善斷; 明不傷察, 直不過矯. 是謂蜜餞不甛;
海味不鹹; 纔是懿德」이라 하였다.

2. 《尚書》君陳篇에 「有容德乃大」라 하고, 孔穎達 傳에 「有所包容, 德乃爲大」
라 하였다.

150

"어질게 하면 능히 판단을 내릴 수 있고,
맑게 하면 능히 사람을 포용할 수 있다."

「仁能善斷, 淸能有容.」

참고 및 관련 자료

◉ 이 역시 《菜根譚》에 실려 있는 구절이다. 앞 구절(149) 참조. 따라서 앞
구절과 對를 이루는 것으로 볼 수 있다.

151

"남이 베풀어 주는 즐거움을 다 누리지 말라.
 남이 모셔주는 충성을 다 쓰지 말라."

「不盡人之歡, 不竭人之忠.」

152

"자신이 옳다고 해서 그 재능을 다 드러내는 일이 없도록 하고,
 경솔하게 시도하면서 요행히 공이 있기를 기대하지 말라."

「不自是而露才, 不輕試而幸功.」

참고 및 관련 자료

◉ 《老子》(24장)에 「自見者不明, 自是者不彰」이라 하였다.

153

"누림은 자신의 분수를 넘어서는 일이 없도록 하고,
수양은 자신의 몫을 덜어내는 일이 없도록 하라."

「受享不踰分外, 修持不減分中.」

【修持】 수양하면서 지켜야 할 계율이나 몫.

참고 및 관련 자료

◎《菜根譚》(016)에 「寵利毋居人前, 德業毋落人後; 受享毋踰分外, 修爲毋減分中」이라 하였다.

154

"사람을 대함에는 터럭 반만큼의 거짓이나 속임도 없도록 하라.
일을 만나거든 다만 한 가지 맛으로 진정하여 조용히 따르라."

「待人無半毫詐僞欺隱, 處事只一味鎭定從容.」

【從容】 어떠한 일에 조용히 따름. '從容'은 원래 疊韻連綿語임.

◉《菜根譚》(439)에는 「遇事只一味鎭定從容, 縱紛若亂絲, 終當就緒; 待人無
半毫矯僞欺隱, 雖狡如山鬼, 亦自獻誠」으로 되어 있어 문장이 다르다.

155

"간장肝腸을 따뜻하게 하기를 봄바람처럼 한다면
비록 주머니에 돈 한 푼 없어도
오히려 경독煢獨을 불쌍히 여길 수 있게 되고,
기골氣骨을 맑게 하기를 가을 물처럼 한다면
비록 집이 네 벽밖에 없어도
끝내 왕공王公에게 오만하게 굴 수도 있으리라."

「肝腸煦若春風, 雖囊乏一文, 還憐煢獨;
　氣骨淸如秋水, 縱家徒四壁, 終傲王公.」

【一文】文은 옛날 돈을 세는 단위.
【煢獨】惸獨과 같음. 외롭고 가난하여 의지할 곳이 없는 사람.
【四壁】집이 가난하여 네 벽밖에 없음.

◉《菜根譚》(440)에 「肝腸煦若春風, 雖囊乏一文, 還憐煢獨; 氣骨淸如秋水,
縱家徒四壁, 終傲王公」이라 하였다.

156

"인생의 행로란 급히 가건 느리게 가건
앞길은 단지 허다한 길이 있고,
재물은 악한 방법으로 모으건 좋은 방법으로 모으건
죽음에 이르러서는 결국 한 바탕의 빈 터가 되고 만다."

「急行緩行, 前程只有許多路;
逆取順取, 到頭總是一場空.」

【到頭】 죽음에 이름을 뜻함. 136 참조.

┌─────────────────┐
│ 참고 및 관련 자료 │
└─────────────────┘

1. 淸 金纓의 《治家聯璧》 惠言類에 「急行緩行, 前程總有許多路; 逆取順取,
命中只有這般財」로 되어 있다.
2. 《明心寶鑑》 順命篇에는 「緊行慢行, 前程只有許多路」라 하였다.

157

"살아서는 자신의 혼백을 알 수 없고,
죽어서는 자신의 시신을 알 수 없다."

「生不認魂, 死不認尸.」

참고 및 관련 자료

◉《增廣賢文》에도 실려 있다.

158

"좋은 말은 얻기 어렵지만,
 나쁜 말은 쉽게 퍼져나간다."

「好言難得, 惡語易施.」

참고 및 관련 자료

◉《增廣賢文》에도 실려 있다.

159

"좋은 옥이라면 팔기는 하되
 장차 좋은 값을 기다리리라."

「美玉可沽, 善賈且待.」

【賈】값(價)의 가차. 혹은 장사꾼의 '고'로 보기도 함.

참고 및 관련 자료

◎《論語》子罕篇에「子貢曰: "有美玉於斯, 韞匵而藏諸? 求善賈而沽諸?" 子曰: "沽之哉! 沽之哉! 我待賈者也."」라 하였다.

160

"이미 엎질러진 솥과 시루,
되돌아본들 어찌하겠는가?"

「瓦甑旣墮, 反顧何爲?」

참고 및 관련 자료

1.《後漢書》郭泰(太)傳에「孟敏字叔達, 鉅鹿楊氏人也. 客居太原. 荷甑墮地, 不顧而去, 林宗見而問其意. 對曰: "甑已破矣, 視之何益?" 林宗以此異之, 因勸令遊學」이라 하였다.
2.《世說新語》에 인용된《郭林宗別傳》에「鉅鹿孟敏字叔達, 敦僕質直, 客居太原, 雜處凡俗, 未有所名. 嘗至市買甑, 荷儋墮地懷之, 徑去不顧, 適遇林宗,

見而異之, 因問曰:「壞甑可惜, 何以不顧?」客曰:「甑旣已破, 視之何益?」林宗
賞其介決, 因以知其德性, 謂必爲美士, 勸令讀書. 遊學十年, 遂知名. 三府並辟,
不就, 東夏以爲美賢』이라 하였다.

3. 《增廣賢文》에는 「旣墜釜甑, 反顧何益?」이라 하였다.

161

"영웅의 길이란 험하기 그지없고,
 부귀는 마치 꽃가지와 같아 쉽게 시드는 법이다."

「英雄行險道, 富貴似花枝.」

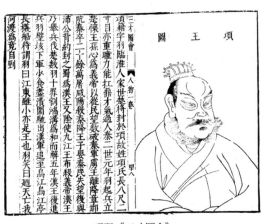

項羽 《三才圖會》

162

"사람의 정이 봄날처럼 좋다고 말하지 말라.
단지 가을이 와서 찬 기운이 돌 때가 있을 것임을 두려워하라."

「人情莫道春光好, 祗怕秋來有冷時.」

참고 및 관련 자료

1. 《增廣賢文》에도 실려 있다.
2. 王維의 〈酌酒于裴迪〉 시에 「酌酒與君君自寬, 人情飜覆似波瀾」이라 하였다.

163

"부모의 은혜가 깊다 해도 끝내 사별함이 있고,
부부의 의가 중하다 해도 끝내 헤어짐이 있는 법이다."

「父母恩深終有別, 夫妻義重也分離.」

【分離】 서로 같은 날에 죽지 않고 헤어짐.

164

"인생은 마치 새들이 같은 수풀에 깃들되
　죽음에 이르러서는 각자 날아가는 것과 같도다."

「人生似鳥同林宿, 大限來時各自飛.」

【大限】 수명. 사람으로서의 가장 큰 한계인 죽음을 뜻함.《抱朴子》極言篇에
「不得大藥, 但服草木, 可以差於常人, 不能延其大限也」라 함.

참고 및 관련 자료

1.《元曲選》馮玉蘭(2)과《永樂大全》(19)에는
「夫妻本是同林鳥, 大限來時各自飛」라 하여 표
현이 다르다.
2.《永樂大全》(5)에는「野鳥同林宿, 天明各自
飛」라 하였다.
3.《法苑珠林》(65)에는「譬如飛鳥, 暮宿高樹,
同止共宿; 伺明早起, 各自飛去, 行求飲食. 有
緣卽合, 無緣卽離」라 하였다.
4.《增廣賢文》에도 실려 있다.

〈野菊飛鳥七寶琺瑯瓶〉(淸) 부분

165

"조금이라도 더 일찍 부모님 살아 계실 때
맛있는 것으로 부지런히 봉양하라.
석양의 하루 볕이 얼마 남지 않았다."

「早把甘旨勤奉養, 夕陽光景不多時.」

【把】 '將'과 같으며 백화어 용법에 '～을/를'에 해당하는 전치사.
【甘旨】 맛있는 음식. 白居易의 〈奏陳情狀〉에 「臣母多病, 臣家素貧, 甘旨或虧,
無以爲養, 藥餌或闕, 空致其憂」라 함.
【夕陽】 노년의 기간이 얼마 남지 않았음을 비유함.

참고 및 관련 자료

◉ 본 《賢文》(012)의 「愛日以承歡, 莫待丁蘭刻木祀; 椎牛而祭墓, 不如鷄豚逮
親存」과 같은 주제로 효를 勸勉한 것이다.

166

"사람이 착하면 남의 속임을 당할 수 있고,
말이 잘 달리면 사람이 즐겨 타고자 한다."

「人善被人欺, 馬善被人騎.」

참고 및 관련 자료

1. 《金甁梅詞話》(제76회)에 「自古人善得人欺, 馬善得人騎」라 하였다.
2. 《桃花女》에는 앞 구절만 인용되어 있다.
3. 《增廣賢文》에도 실려 있다.

167

"사람이 악하면 사람들이 그를 겁내지만 하늘은 그를 겁내지 않는다.
사람이 선하면 다른 사람들이 그를 속이지만 하늘은 그를 속이지
않는다."

「人惡人怕天不怕, 人善人欺天不欺」

참고 및 관련 자료

1. 明 凌濛初의 《初刻拍案驚奇》(권11)에 「殺人竟不償命, 不殺人則要償命,
死者生者, 怨氣沖天, 縱然官府不明, 皇天自然鑑察 ……所以說道: "人惡人怕
天不怕, 人善人欺天不欺."」라 하였으며, 《尋親記》(6)에도 실려 있다.

2.《事林廣記》(9)와《永樂大全》(35)에는 앞뒤 구절이 바뀌어 있다.

3.《明心寶鑑》天命篇에 「人善人欺, 天不欺; 人惡人怕, 天不怕」라 하였으며 "사람은 악한 사람까지도 두려움에 떨게 할 수 있지만 하늘을 두렵게 할 수는 없고, 사람은 착한 사람까지도 속일 수 있지만 하늘은 속일 수 없다"로 해석되기도 한다.

168

"선과 악은 죽을 때까지 끝내 응보應報가 있게 마련이다.
단지 그것의 다가옴이 늦고 이름의 차이가 있을 뿐이다."

「善惡到頭終有報, 只爭來早與來遲」

참고 및 관련 자료

1. 원래 元稹의 〈垂訓詩〉의 일부이다.

2. 元 高明의《琵琶記》五娘葬公婆에 「公公, 自古流傳多有此, 畢竟感格上蒼知. ……正是: "善惡到頭終有報, 只爭來早與來晚."」이라 하였다.

3.《金瓶梅詞話》(87), 元曲《來生債》(1) 등에도 인용되어 있다.

4.《永樂大全》(12)에는 「萬事到頭終有報, 只爭來速與來遲」로 되어 있다.

5.《明心寶鑑》繼善篇에 「平生作善天加福, 若是愚頑受禍殃. 善惡到頭終有報, 高飛遠走也難藏」이라 하였고, 같은 편에는 「行藏虛實自家知, 禍福因由更問誰? 善惡到頭終有報, 只曾來早與來遲. 閑中點檢平生事, 靜裏思量日所爲. 常把一心行正道, 自然天地不相虧」라 하였다.

6.《增廣賢文》에도 실려 있다.

169

"용龍도 얕은 물에서 놀다가는 새우의 희롱을 당할 수 있고,
  호랑이도 평지 드러난 곳에 떨어지면 개에게 속임을 당할 수 있다."

「龍游淺水遭蝦戲, 虎落平陽被犬欺」

【蝦】새우. 용에 비하여 하찮은 것으로 비유함.
【平陽】평평한 개활지에 의지할 곳 없이 드러난 곳.

┌─ 참고 및 관련 자료 ─┐

1. 《西遊記》(제28회)에 「正是: "龍游淺水遭蝦戲, 虎落平陽被犬欺." 縱然好事
多魔障, 誰像唐僧西行時?」라 하였다.

2. 비슷한 俗諺으로 「落配鳳凰不如鷄」가 있다.

3. 《西洋記》(27)와 《醒世姻緣傳》(88)에는 모두 「龍游淺水遭蝦戲, 虎落深坑
被犬欺」로 되어 있다.

4. 《永樂大全》(36)에는 「龍逢淺水遭蝦弄, 鳳入深林被雀欺」로 되어 있어 각기
표현이 다르다.

5. 《增廣賢文》에는 「龍生龍子, 虎生虎兒. 龍游淺水遭蝦戲, 虎落平陽被犬欺」
로 되어 있다.

170

"오직 냉혹한 눈길로 게를 살펴보아라.
  네가 언제까지 그렇게 옆걸음을 걸을 것인가를."

「但將冷眼觀螃蟹, 看你橫行到幾時?」

【螃蟹】게. 옆걸음을 걷는 것을 부정적으로 본 것.
【橫行】옆걸음. 바르지 못한 행동.

참고 및 관련 자료

1. 元代 楊顯之의 잡극 《瀟湘雨》(제4절)에 「正是: 常將冷眼看螃蟹, 看你橫行得幾時」로 되어 있다.
2. 《增廣賢文》에도 실려 있다.

171

"황하의 누런 물도 오히려 언젠가는 맑게 바뀔 날이 있을 것인데,
어찌 사람에게 행운이 올 날이 없겠는가?"

「黃河尚有澄淸日, 豈有人無得運時?」

참고 및 관련 자료

1. 《全唐詩》(802) 唐 劉采春의 〈囉嗊曲六首〉(其五)에 「黃河淸有日, 白髮黑無緣」이라 하였다.
2. 錢鏐의 〈題羅隱壁〉에는 「黃河信有澄淸日, 後代應難繼此才」라 하였다.
3. 明 柯丹邱의 《荊釵記》(제15齣)에 「黃河尚有澄淸日, 豈可人無得運時?」라 하였다.

4.《永樂大全》(3),《殺狗記》(10),《封神演義》(15) 등에도 실려 있다.

5.《增廣賢文》에는「黃河尙有澄淸日, 豈可人無得運時?」로 되어 있다.

6.《幼學瓊林》地輿篇에「聖人出則黃河淸, 太守廉則越石見」이라 하였다.

172

"십 년 창문 아래 공부할 때는 알아주는 이 없더니,
　일거에 급제하여 이름을 이루니 천하가 모두 알아주는구나."

「十年窗下無人識, 一擧成名天下知.」

【窗下】 흔히 寒窓으로 표현하며 이름이 묻힌 채 공부함을 뜻함. '窗'은 '窓'과
같음.

【成名】 과거 급제로 이름이 金榜에 올라 알려짐.

참고 및 관련 자료

1. 元 劉祁의《歸潛志》(권7)에「往往歸
耕, 或敎小學養生. 故當時有云: "古人謂
十年窗下無人問, 一擧成名天下知"; 今曰:
"一擧成名天下知, 十年窗下無人問"也」라
하였다.

宋代 科擧試驗 관련 삽화

2. 元曲《蝴蝶夢》(1)과《琵琶記》(4)에는「十年窗下無人問, 一擧成名天下知」라
하였다.

3. 宋 洪邁의《夷堅志》(6)에는「十年勤苦無人問, 一日成名天下知」라 하였다.

4. 그 외에 元曲《東坡夢》(2),《合同文字》(4),《紅樓夢》(119)에도 인용되어 있다.

5.《增廣賢文》에는「十載寒窗無人問, 一擧成名天下知」로 되어 있다.

173

"제비나 참새 따위가 어찌 홍곡의 뜻을 알리오?
호랑이 이리가 어찌 개나 양 따위에게 속임을 당하리오?"

「燕雀哪知鴻鵠之志? 虎狼豈被犬羊欺?」

【鴻鵠】 고니. 燕雀에 대비하여 쓴 말.
【虎狼】 호랑이와 이리.

참고 및 관련 자료

1. 앞의 구절은《史記》陳涉世家에 실려 있다. 「陳勝者, 陽城人也, 字涉.
吳廣者, 陽夏人也, 字叔. 陳涉少時, 嘗與人傭耕, 輟耕之壟上, 悵恨久之, 曰:
"苟富貴, 無相忘." 庸者笑而應曰:"若爲庸耕, 何富貴也?"陳涉太息曰:"嗟乎,
燕雀安知鴻鵠之志哉!"라 하였다.
2.《幼學瓊林》鳥獸篇에는 「小人不知君子之心, 曰燕雀豈知鴻鵠志; 君子不受
小人之侮, 曰虎豹豈受犬羊欺」라 하여 더욱 구체적으로 실려 표현되어 있다.

174

"사업이나 문장은 몸이 늙으면 그에 따라 사그라지지만
정신은 만고를 두고 사라지지 않는다.
공명과 부귀는 세상 추이를 따라 변하지만
기개와 절조는 천 년을 두고 변함없는 것이다."

「事業文章, 隨身消毀, 而精神萬古不滅;
　功名富貴, 逐世轉移, 而氣節千載如斯.」

【銷毀】삭고 녹아 허물어짐.

참고 및 관련 자료

◎《菜根譚》(148)에「事業文章, 隨身銷毀, 而精神萬古如新; 功名富貴, 逐世轉移, 而氣節千載一日. 君子信不當以彼易此也」로 실려 있으며 문장이 약간 다르다.

175

"총애를 얻으면 욕됨을 생각하고,
　편안하게 살 때는 위험이 있을 것을 생각하라."

「得寵思辱, 居安思危.」

참고 및 관련 자료

1.《老子》(13장)에「寵辱若驚」이라 하였다.
2.《左傳》(襄公 11년)에「書曰: 居安思危. 思則有備, 有備無患」이라 하였다.
3.《明心寶鑑》省心篇에「得寵思辱, 居安慮危」라 하였다.

4. 《增廣賢文》에는 「得寵思辱, 居安思危. 念念有如臨敵日, 心心常似過橋時」로
되어 있다.

176

"나라가 어지러우니 훌륭한 장수를 생각하고,
  집이 가난하니 어진 아내를 생각한다."

「國亂思良將, 家貧思良妻.」

참고 및 관련 자료

1. 司馬遷 《史記》 魏世家에 「國亂則思良相, 家貧則思賢妻」라 하였다.
2. 司馬光 《資治通鑑》 周紀에는 「家貧思良妻, 國亂思良相」이라 하였다.
3. 元曲 《楚昭公》(1)과 淸 淸心才人의 《金雲翹傳》(5)에는 「家貧顯孝子, 國難
識忠臣」이라 하였다.
4. 《增廣賢文》에는 「國亂思良將, 家貧思賢妻」로 되어 있다.

177

"영화와 총애의 곁에는 욕됨이 기다리고 있고,
  빈천의 등 뒤에는 복이 이를 따르고 있다."

「榮寵旁邊辱等待, 貧賤背後福跟隨.」

【等待】'기다리다'의 백화어 표현임.
【跟】'따르다'의 뜻. 이 역시 백화어 표현임.

⬚ 참고 및 관련 자료

1. 《菜根譚》(472)에 「榮寵旁邊辱等待, 不必揚揚; 困窮背後福跟隨, 何須戚戚!」이라 하였다.
2. 《老子》(58장)에는 「禍兮, 福之所倚; 福兮, 禍之所伏」이라 하였다.

178

"성공과 명예란 항상 곤궁에 처한 날을 거쳐 이루어지는 것이요,
일을 그르침은 거의가 득의했다고 자만할 때에 시작되는 것이다."

「成名每在窮苦日, 敗事多因得意時.」

179

"노래 부르는 기녀일지라도 만년에 좋은 남편을 만나면
반평생 연지 바른 화류계의 과거는 장애될 것이 없다.

정숙한 부인이 백발에 정절을 잃으면
일생을 지켜온 고통도 모두 그릇되고 만다."

「聲妓晚景從良, 半世之烟花無碍;
　貞婦白頭失守, 一生之淸苦俱非.」

【聲妓】노래 부르는 기생. 정절을 지키지 않는 신분을 뜻함. 혹은 이미 이름이
공개된 기생을 뜻함.
【晚景】만년. 늙음의 시절. 晚境과 같음.
【烟花】연지 바르고 화장하여 꽃같이 예쁘게 꾸민 모습. 花柳界(路柳牆花易
可折)를 대신하는 말. 《菜根譚》에는 '胭花'로 되어 있음.

참고 및 관련 자료

1. 《菜根譚》(093)에 「聲妓晚景從良, 一世之胭花無碍; 貞婦白頭失守, 半生之
淸苦俱非. 語云: "看人只看後半截." 眞名言也」라 하여 문장이 다르다.
2. 明 呂坤의 《續小兒語》(六言)에 「貞婦白頭失守, 不如老妓從良」이라 하였다.

180

"일을 보았더라도 말하지 말고,
일에 대해 물어와도 모른다고 해라.
한가한 일에는 간섭하지 말고,
일이 없거든 일찍 돌아가라."

「見事莫說, 問事不知;
閑事休管, 無事早歸.」

【休】'그만두다'의 뜻.

참고 및 관련 자료

1. 南宋 胡仔의 《苕溪漁隱叢話》에 「聞事莫說, 問事不知; 閑事莫管, 無事 早歸」라 하였다.
2. 《增廣賢文》에도 실려 있다.

181

"비록 진홍색으로 물들여 완벽하게 한다 해도,
역시 옆 사람의 시비 소리를 듣게 마련이다."

「假饒染就眞紅色, 也被旁人說是非.」

【假饒】'비록 ~할지라도'의 뜻. 卽使, 假使와 같음. 그러나 다른 판본에는 「假緞」으로 되어 있음.
【眞紅色】옷감을 진홍색으로 물들임. 일을 완벽하게 처리함을 뜻함.

◎《增廣賢文》에는 「假緞染就眞紅色, 也被旁人說是非. 善事可作, 惡事莫爲」
로 되어 있다.

182

"늘 술이라는 열쇠로, 감긴 양미간 자물쇠를 열면 될 뿐,
심기에 얽혀 머리털 뒤엉킬 일 하지 말라."

「常將酒鑰開眉鎖, 莫把心機績鬢絲.」

【酒鑰】술을 열쇠로 삼음. 鑰(약)은 열쇠.
【眉鎖】눈살 찌푸려 세상을 보지 않겠다고 굳게 닫은 자물쇠. 鎖는 자물쇠.
【鬢絲】생각이 너무 많아 머리가 뒤엉킴을 뜻함.

◎ 唐 李商隱의 〈贈司勛杜十三員外〉 시에 「心鐵已從干鏌利, 鬢絲休嘆雪
霜垂」라 하였다.

183

"사람의 일에 천 년의 계획을 세우지 말라.
삼십 년 전에는 하동河東이 흥했으나
사십 년 뒤에는 하서河西가 흥하였노라."

「爲人莫作千年計, 三十河東四十西.」

참고 및 관련 자료

⊛《儒林外史》(46)에 「三十年河東, 三十年河西」로 인용되어 있으며, 30년 전에는 하동이 흥성했으나 다시 40년 후에는 하서 지방이 흥성하게 된다는 뜻이다.

184

"가을 반딧불, 봄 새는 함께 천기를 펼치는 것이로다.
어찌 하필 삶을 희비로 낭비하리오?
늙은 나무와 새로 피어난 꽃은 함께 생의生意를 머금고 있도다.
어찌 허망하게 밉다 곱다를 구별하리오?"

「秋螢春鳥, 共暢天機, 何必浪生悲喜?
老樹新花, 同含生意, 胡爲妄別妍媸?」

【媸妍】'媸'는 추하게 생긴 여자, '妍'은 곱게 생긴 여자. '美醜'와 같은 뜻.

참고 및 관련 자료

◉《菜根譚》(486)에「秋蟲春鳥, 共暢天機, 何必浪生悲喜? 老樹新花, 同含生意, 胡爲妄別媸妍?」이라 하여 같은 내용이다.

185

"남에게 하찮은 물건 하나를 주기로 했으면,
  천금을 준다 해도 어겨서는 안 된다."

「許人一物, 千金不移.」

【移】易와 같음. 약속을 어김.

참고 및 관련 자료

1. 司馬光의《資治通鑑》(唐紀)에「丈夫一言許人, 千金不易」이라 하였다.
2.《增廣賢文》에도 실려 있다.

186

"한 마디 말 입을 떠나고 나면,
  네 필 말로 뒤쫓아도 따라잡을 수 없다."

「一言旣出, 駟馬難追」

【駟馬】네 필 말이 끄는 수레로 매우 빠름을 뜻함.

○참고 및 관련 자료○

1. 《論語》 顔淵篇에「駟不及舌」에서 유래된 말이다.
2. 《鄧析子》 轉辭篇에「一聲而非, 駟馬勿追; 一言而急, 駟馬不及」이라 하였다.
3. 宋代 歐陽修의 〈筆說, 駟不及舌說〉에「俗云:一言出口, 駟馬難追, 論語所謂駟不及舌也」라 하였다.
4. 元代 李壽卿의 〈伍員吹簫〉(第3折)에「大丈夫一言旣出, 駟馬難追, 豈有反悔之理」라 하였다.
5. 《增廣賢文》에도 실려 있다.

歐陽修(永叔)《三才圖會》

187

"비루함과 인색함이 극에 달하면 틀림없이 사치에 빠지는 아들이 나게 되고,
후덕함이 지극하면 틀림없이 좋은 아들을 낳게 된다."

「鄙嗇之極, 必生奢男;
  厚德之至, 定産佳兒」

188

"매일 부지런히 세 가지 일을 반성하고,
밤이면 네 가지 일을 경계하라."

「日勤三省, 夜惕四知.」

【四知】 뇌물을 받아서는 안 됨을 뜻함.

참고 및 관련 자료

1. 《後漢書》 楊震傳에 「當之郡, 道經昌邑, 故所擧荊州茂才王密爲昌邑令, 謁見, 至夜懷金十斤以遺震. 震曰: "故人知君, 君不知故人, 何也?" 密曰: "暮夜無知者." 震曰: "天知, 神知, 我知, 子知. 何謂無知!" 密愧而出」이라 한 고사에서 비롯되었다.

2. 《論語》 學而篇에 「曾子曰: 吾日三省吾身: 爲人謀而不忠乎? 與朋友交而不信乎? 傳不習乎?」라 하였다.

189

"폭넓게 배워 뜻을 돈독히 하고,
간절히 물어 비근한 예를 생각하라."

「博學而篤志, 切問而近思.」

참고 및 관련 자료

◉《論語》子張篇에「子夏曰: 博學而篤志, 切問而近思, 仁在其中矣」라 하였다.

〈구당 여원구 글씨〉

190

"젊은 시절에 노력하지 않으면,
  늙어서 상심과 비통에 빠지게 된다."

「少年不努力, 老大徒傷悲.」

1. 漢代 樂府民歌 〈長歌行〉으로 宋 郭茂倩의 《樂府詩集》 相和歌辭(5)에 실려 있다. 「靑靑園中葵, 朝露待日晞. 陽春布德澤, 萬物生光輝. 常恐秋節至, 焜黃華葉衰. 百川東到海, 何時復西歸? 少壯不努力, 老大徒傷悲」라 하였다.
2. 《增廣賢文》에도 실려 있다.

191

"돈이 아깝거든 자식을 가르치지 말라.
 단점을 감싸려거든 선생님을 따르지 말라."

「惜錢休敎子, 護短莫從師.」

1. 이는 《朱子家訓》에 실려 있는 말로 돈을 아껴 자녀를 가르치지 않음은 잘못된 것임을 강조한 것이다.
2. 《增廣賢文》에는 「惜錢莫敎子, 護短莫從師」로 되어 있다.

192

"모름지기 어린 아이는 가르치면 된다고 생각하라.
어린 아이가 무엇을 알겠는가라고 말하지 말라."

「須知孺子可教, 勿謂童子何知」

【孺子可教】 어린 아이는 가르치면 고쳐질 수 있음.

〈孟母斷機圖〉 淸 康濤(畫)

참고 및 관련 자료

◎《史記》留侯世家에서 張良이 다리에서 만난 노인
으로부터 들은 말이다. 「良嘗閒從容步游下邳圯上,
有一老父, 衣褐, 至良所, 直墮其履圯下, 顧謂良曰:
"孺子, 下取履!"良鄂然, 欲毆之. 爲其老, 彊忍, 下取履.
父曰:"履我!"良業爲取履, 因長跪履之. 父以足受,
笑而去. 良殊大驚, 隨目之. 父去里所, 復還, 曰:"孺子
可敎矣. 後五日平明, 與我會此."良因怪之, 跪曰:
"諾."五日平明, 良往. 父已先在, 怒曰:"與老人期,
後, 何也?"去, 曰:"後五日早會."五日雞鳴, 良往. 父又
先在, 復怒曰:"後, 何也?"去, 曰:"後五日復早來."
五日, 良夜未半往. 有頃, 父亦來, 喜曰:"當如是."出一
編書, 曰:"讀此則爲王者師矣. 後十年興. 十三年孺子
見我濟北, 穀城山下黃石卽我矣."遂去, 無他言, 不復見.
旦日視其書, 乃太公兵法也. 良因異之, 常習誦讀之」
라 하였다.

193

"일거에 과거에 급제하여 용호방_{龍虎榜}에 그 이름이 오르면,
 십 년 공부한 몸이 봉황지_{鳳凰池}에 이른다."

「一擧首登龍虎榜, 十年身到鳳凰池.」

【龍虎榜】과거에 합격한 자의 명단을 걸어 발표하는 방(榜). 《新唐書》歐陽
   詹傳에 貞元 8년 歐陽詹, 韓愈, 李觀, 李絳 등 23명이 함께 進士에 합격하여
   방을 붙였으며 이를 '龍虎榜'이라 하였음.
【鳳凰池】魏晉시대 中書省을 가리킴. 그 기관은 국가의 중요한 기밀을
   관장하면서 황제와 가장 가까이 할 수 있어 속칭으로 '鳳凰池'라 불렀음.

> 참고 및 관련 자료

1. 宋 沈括의 《夢溪筆談》(23)에 張唐卿이 進士에 장원으로 급제하자, 이에
   興國寺 벽에 시를 쓴 구절이라 한다.
2. 呂祖謙의 《詩律武庫》(3)과 《全五代詩》(87) 劉昌言 〈上呂相公〉 시에도 인용
   되어 있다.
3. 《增廣賢文》에도 실려 있다.

194

"덕에 나가고 도를 닦음에는 목석木石 같은 마음을 가져야 한다.
만약 조금이라도 기뻐하고 자랑한다면
곧바로 욕심의 경내로 내닫게 된다.
세상을 구제하고 나라를 경영함에는
운수雲水와 같은 취미를 가져야 한다.
만약 하나라도 탐욕에 매달리면
곧 위험의 덫으로 추락하고 만다."

「進德修業, 要個木石的念頭, 若稍涉矜夸, 便趨欲境;
濟世經邦, 要段雲水的趣味, 若一有貪戀, 便墮危機」

【進德修業】'進德修道'라고도 하며《周易》
乾卦 文言傳에「君子進德脩業」이라
하였음.
【濟世經邦】'經濟'의 뜻과 같다.《周禮》
天官 大宰에「以經邦國」이라 함.
【雲水】원래 탁발승을 가리키는 말이며
걸림이 없이 유유자적함을 뜻함.

〈茶翁觀月〉潭園 金昌培(현대)

참고 및 관련 자료

◉《菜根譚》(047)에「進德修道, 要個木石的念頭. 若一有欣羨, 便趨欲境; 濟世
經邦, 要段雲水的趣味. 若一有貪着, 便墮危機」라 하여 문장이 약간 차이가
있다.

195

"용은 용 새끼를 낳고,
  범은 범 새끼를 낳는다."

「龍生龍子, 虎生豹兒.」

참고 및 관련 자료

1. 《五燈會元》(16)에 「龍生龍, 鳳生鳳, 老鼠養兒沿屋棟」이라 하였다.
2. 淸 無名氏의 《定情人》(10)에는 「龍有龍種, 鳳有鳳胎」라 하였다.
3. 《增廣賢文》에 「龍生龍子, 虎生虎兒」라 하여 '豹兒'가 '虎兒'로 되어 있다.

196

"관청이 맑으면 서리書吏가 깡마르고,
  신이 영험하면 묘축廟祝이 살이 찐다."

「官淸書吏瘦, 神靈廟祝肥.」

【書吏】관청에서 문서를 관리하는 직책. 관청이 청렴하여 그 직책이 뇌물을 먹지 못함을 뜻함.

【廟祝】사당에서 향불을 피우는 일을 하는 직책. 영험한 신을 찾아오는 사람이 많아 이 묘축이 저절로 풍족하게 됨을 말함.

참고 및 관련 자료

◎《增廣賢文》에도 실려 있다.

197

"남이 몰랐으면 하는 일이라면,
 자신이 하지 않으면 된다."

「若要人不知, 除非己莫爲.」

참고 및 관련 자료

1.《金瓶梅詞話》(12)와 《鏡花緣》(28),《三國演義》(54),《醒世恒言》(8),《東周列國志》(31) 등에 모두「若要不知, 除非莫爲」라 하였다.

2.《兒女英雄傳》(23)에는「要得人不知, 除非己莫爲」라 하였다.

3. 西漢 枚乘의〈上書諫吳王〉에「欲人勿聞, 莫若勿言; 欲人勿知, 莫若勿爲」라 하였다.

4.《漢書》(51),《文選》(39),《說苑》正諫篇에도 인용되어 있다.

5.《明心寶鑑》正己篇에「若欲不知, 除非莫爲」라 하였다.

198

"조용히 앉아 항상 자신의 허물을 생각하고,
한가한 담론에서는 남의 잘못을 거론하지 말라."

「靜坐常思己過, 閑談莫論人非.」

참고 및 관련 자료

◉ 淸 金纓의 《格言聯璧》 接物類에 실려 있다.

199

"친구는 마치 그림을 그릴 때
담백하게 그려야 하듯 한 자가 좋고,
이웃과의 순박한 풍속으로는
닭을 훔치는 경우가 없는 것이어야 한다."

「友如作畫須求淡, 隣有淳風不攘鷄.」

【淡】 그림에서 담백하게 여유를 남겨두어 淡雅
悠遠한 逸趣를 유지하는 것. 여기서는 친구의
사귐이 이와 같아야 한다고 본 것.《莊子》
山木에「君子之交淡若水」라 하였고, 본《賢文》
566에도「君子之交淡以成, 小人之交甘以壞」
라 하였음.

【攘鷄】 닭을 훔침.《孟子》滕文公(下)에「戴盈
之曰: "什一, 去關市之征, 今玆未能. 請輕之,
以待來年, 然後已, 何如?" 孟子曰: "今有人日
攘其鄰之鷄者, 或告之曰: '是非君子之道.' 曰:
'請損之, 月攘一鷄, 以待來年, 然後已.' 如知其

孟子(孟軻, 子輿)

非義, 斯速已矣, 何待來年?"」이라 한 데서 비롯되었음. 일부 판본에 '揚鷄'로
잘못 표기된 것도 있음.

참고 및 관련 자료

◉ 元 翁朗夫의 〈尙湖晩步〉에「友如作畫須求淡, 山似論文不喜平」이라 하였다.

200

"작은 창 아래에서 처첩의 말을 듣지 말라.
　형화荊花조차 나누어 가지려다 그 꽃 온 정원에 흩날린다."

「小窗莫聽黃鸝語, 踏破荊花滿院飛.」

【黃鸝】꾀꼬리. 여기서는 처첩을 지칭하는 말. '鶯聲'과 같은 말. 017 참조.

【荊花】'紫荊花'라고도 하며 떨기 꽃으로 매우 아름답고 많은 꽃송이를 피운다고 함. 흔히 형제골육을 대신하는 말로 쓰임. 옛날 田眞의 삼형제가 재산을 나누고 뜰에 있는 이 나무도 셋으로 나누어 가지려 하자 나무가 그 소리를 듣고 죽어 이에 후회하고 다시 합쳤다는 고사가 있음.

紫荊花《三才圖會》

참고 및 관련 자료

1. 南朝 梁 吳均의《續齊諧記》紫荊樹에「京兆田眞兄弟三人, 共議分財, 生貲皆平均; 惟堂前一株紫荊樹, 共議破三片, 明日就截之. 其樹卽枯死, 狀如火然. 眞往見之, 大驚, 謂諸弟曰: "樹本同株, 聞將被斫, 所以憔悴, 是人不如木也." 因悲不自勝, 不復解樹. 樹應聲榮茂, 兄弟相感, 合財寶, 遂爲孝門」이라 하였다.

2. 본《賢文》(017)의「祗緣花底鶯聲巧, 遂使天邊雁影分. 而今學得齊家法, 祗是妻孥話不聽」과 같은 주제이다.

3.《幼學瓊林》兄弟篇에는「田氏分財, 忽瘁庭前之荊樹; 夷齊讓國, 共採首陽之蕨薇」라 한 구절도 있다.

201

"평생 가장 사랑하는 물고기가 혀가 없으니
강호를 두루 돌아다녀도 시비가 적은 것이로다."

「平生最愛魚無舌, 游遍江湖少是非.」

202

"일이 없을 때는 항상 일이 있을 때를 방비해야
비로소 의외의 변고를 막을 수 있다.
일이 있을 때는 항상 일이 없을 때를 진정시켜야
바야흐로 국면의 위기를 사라지게 할 수 있다."

「無事常如有事時提防, 纔可以彌意外之變;
　有事常如無事時鎭定, 纔可以消局中之危.」

【提防】堤防과 같음. 방비함, 막음.
【彌】'弭'와 같음. '막다'의 뜻.
【局中之危】어떠한 상황 속에 숨어 있는 위험.
【纔】才와 같음. 부사로 '겨우 ~해야'의 뜻.

参고 및 관련 자료

◉《菜根譚》(435)에「無事, 常如有事時提防, 纔可以彌意外之變; 有事, 常如
無事時鎭定, 方可以消局中之危」라 하였다.

203

"세 사람의 동행에
반드시 내가 스승으로 삼을 만한 자가 있게 마련이다.

그 중 훌륭한 자를 택하여 좇으면 되고,
훌륭하지 못한 자는 내가 이를 고치면 된다."

「三人同行, 必有我師,
　擇其善者而從, 其不善者改之.」

참고 및 관련 자료

1. 《論語》述而篇에 「子曰: 三人行, 必有我師焉,
擇其善者而從之, 其不善者而改之」라 하였다.
2. 《增廣賢文》에는 「三人行, 必有我師焉. 擇其
善者而從之, 其不善者而改之」라 하여 약간의
차이가 있다.

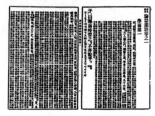

《論語集註》世昌書館(한국 현대)

204

"마음을 수양함에는 욕심을 줄이는 것보다 좋은 것이 없고,
항심이 없으면 무의巫醫가 되지 말라."

「養心莫善於寡欲, 無恒不可作巫醫.」

【養心】마음을 수양함.《孟子》盡心(下)을 볼 것.
【寡欲】'寡慾'과 같음.《老子》(19장)에 「見素抱樸, 少私寡欲」이라 함.
【巫醫】고대 巫師와 醫師. 모두 병을 고치는 일에 종사하였음.

참고 및 관련 자료

1.《孟子》盡心(下)에 「孟子曰: "養心莫善於寡欲. 其爲人也寡欲, 雖有不存焉者, 寡矣; 其爲人也多欲, 雖有存焉者, 寡矣."」라 하였다.
2.《論語》子路篇에 「子曰: "南人有言曰: '人而無恆, 不可以作巫醫.' 善夫!" "不恆其德, 或承之羞." 子曰: "不占而已矣."」라 하였다.

205

"악한 소년을 마구 친했다가는
 오래 되면 반드시 그에 물들게 된다.
 뜻을 굽혀 노성老成한 자를 사귀면
 급할 때 서로 의지할 수 있게 된다."

「狎昵惡少, 久必受其累;
　屈志老成, 急則可相依」

【狎昵】예의나 격식을 차리지 않고 마구 친하게 사귐. '압닐'로 읽음.
【惡少】품행이 좋지 않은 청소년.《荀子》脩身篇에 「偸儒憚事, 無廉恥而嗜乎飮食, 則可謂惡少者矣」라 하였음.
【老成】세상일에 많이 단련되어 노숙한 사람.

◉ 淸 朱用純의 《治家格言》에도 실려 있다.

206

"마음과 입을 한결같이 하라.
  어린이나 노인을 속이는 일이 없도록 하라."

「心口如一, 童叟無欺」

207

"사람이 착한 생각을 가지면
  하늘이 틀림없이 도와준다."

「人有善念, 天必佑之」

◉ 《韓詩外傳》(권7)에 「爲善者天報之以福, 爲不善者天報之以賊」이라 한 말과
주제가 같다.

208

"허물이 있으면 이를 고치기를 꺼려 하지 말고,
　홀로 있을 때는 자신을 속이는 일이 없도록 하라."

「過則無憚改, 獨則毋自欺」

참고 및 관련 자료

1.《論語》學而篇에「子曰: "君子不重, 則不威; 學則不固. 主忠信. 無友不如
己者. 過則勿憚改."」라 하였으며, 子罕篇에도「過則勿憚改」라 하였다.
2.《中庸》제1장에「莫見乎隱, 莫顯乎微, 故君子愼其獨也」라 하였다.

209

"나의 좋은 점만 말하는 것, 이것이 곧 나의 도적이요,
　나의 잘못된 점을 말하는 것, 이것이 곧 나의 스승이니라."

「道吾好者是吾賊, 道吾惡者是吾師」

1. 《荀子》脩身篇에 「非我而當者, 吾師也; 是我而當者, 吾友也; 諂諛我者, 吾賊也」라 하였다.
2. 唐 韓愈의 〈答馮宿書〉에는 「古人有言曰: 告我以吾過者, 吾之師也」라 하였다.
3. 《明心寶鑑》正己篇에도 같은 표현으로 실려 있으며, 《增廣賢文》에도 같다.

210

"그 집 뜰에 들어서 보면 부지런한지 게으른지 알 수 있고,
 차 한 잔 끓여내는 것을 보면 그 집 아내의 품위를 알 수 있다."

「入觀庭戶知勤惰, 一出茶湯便見妻.」

211

"아비가 늙도록 살기에 분주한 것은 효자 아들이 없기 때문이요,
 어머니가 훌륭한가의 여부는 그 집 아이 옷차림을 보면 알 수 있다."

「父老奔馳無孝子, 要知賢母看兒衣.」

212

"그 집에 들어서는 그 집 주인의 영고榮枯의 일에 대하여 묻지 않아도
그 얼굴 용모만 보아도 알 수 있는 법이다."

「入門休問榮枯事, 觀看容顔便得知.」

【榮枯】 영화로움과 쇠락함.

참고 및 관련 자료

1. 施耐庵의 《水滸傳》(제24회)에 「婆子道: 有什麽難猜. 自古道: 入門休問榮
枯事, 觀看容顔便得知」라 하였다.
2. 元 無明氏의 《凍蘇秦》(제2折)에도 「我恰入門來休問榮枯事, 可不道觀看容
顔兀的便得知」라 하였다.
3. 《殺狗記》(6)와 《永樂大全》(32)에도 인용되어 있다.
4. 《增廣賢文》에도 실려 있다.

213

"아이를 길러 늙음에 대비하고,
곡식을 저장하여 굶주림을 방비한다."

「養兒代老, 積穀防饑」

참고 및 관련 자료

1. 元 高明의 《琵琶記》牛小姐諫夫에
「爹爹, 正是養兒代老, 積穀防饑」라
하였다.

2. 《父母恩重經》講經文에 「人家積穀
本防饑, 養子還徒被老時」라 하였다.

3. 《袁宏道集》(3)에는 「積財以防老, 積
快活以防死」라 하였다.

4. 《里語徵實》(卷下)에는 宋 左圭의
《百川歸海》를 인용하여 「詹惠明乞代夫
償命, 臨刑無懼色, 曰: "養兒防老, 積穀防
饑." 太守曾天游奏之, 乃免死」라 하였다.

〈耕織圖〉(淸) 焦秉貞(畫)

5. 明 馮夢龍의 《警世通言》宋小官團圓破氈笠에 「養兒待老, 積穀防饑」라
하였다.

6. 《事林廣記》(9), 《金雲翹傳》(5) 등에도 인용되어 있다.

7. 《伍子胥變文》에는 「養子備老, 積行擬衰」라 하였다.

8. 《增廣賢文》에는 「養兒防老, 積穀防饑」라 하여 문자 표현이 약간씩 다르다.
《增廣賢文》에는 「酒債尋常行處有, 人生七十古來稀. 養兒防老, 積穀防饑」로
짝을 지어놓고 있다.

9. 《明心寶鑑》孝行篇에는 「養子防老, 積穀防餓」라 하였다.

214

"편안한 일상이 있을 때는 없어 고생하던 때를 떠올리되,
없을 때에는 부유할 때 잘 살던 것처럼 하지 말지니라."

「常將有日思無日, 莫待無時想有時.」

참고 및 관련 자료

1. 明 馮夢龍의 《警世通言》(31) 桂員外途窮懺悔에 「見兒子揮金不吝, 未免心疼, 惟恐他將家財散盡, 去後蕭條, 乃密將黃白之物埋藏于地窖中, 如此數處, 不使人知. …… 正是: 常講有日思無日, 莫待無時思有時」라 하였다.
2. 《增廣賢文》에는 「當家纔知鹽米貴, 養子方知父母恩. 常講有日思無日, 莫把無時當有時」라 하였다.
3. 《事林廣記》(9)와 《鏡花緣》(12)에는 「常將有日思無日, 莫待無時思有時」로 되어 있다.

215

"자신의 분수를 지켜 탐욕을 부리지 않으면 끝내 온전할 것이요,
남의 소유를 이익으로 여기면 틀림없이 손해를 만나리라."

「守己不貪終是穩, 利人所有定遭虧.」

216

"좋은 술은 의당 약간 취하는 정도로 마시고,
좋은 꽃은 반쯤 피었을 때를 즐겨라."

「美酒飮當微醉候, 好花看到半開時.」

【微醉候】 약간 취하는 정도의 징후.《菜根譚》의 일부 본에는 '微醺候'로
되어 있는 것도 있음.

참고 및 관련 자료

1.《菜根譚》(344)에 「花看半開, 酒飮微醉. 此中大有佳趣. 若至爛熳酕醄, 便
成惡境矣. 履盈滿者宜思之」라 하여 훨씬 구체적으로 표현되어 있다.
2. 한편 北宋 邵雍의《伊川擊壤集》〈安樂窩中吟〉시에 「飮酒莫敎成酩酊, 看
花愼無至離披. 人能得知此般事, 焉有閑愁到兩眉?」라 하였다.

217

"길가에 가시나무를 심지 말라.
그래야 나중에 자손의 옷이 걸려 찢어지는 것을 면하게 된다."

「當路莫栽荊棘樹, 他年免挂子孫衣.」

【他年】 나중. 먼 훗날, 뒷날.

(참고 및 관련 자료)
◉《釣磯立談》의 〈史虛白論宋子崇引古詩〉에 처음 보이며, 淸 張璨의 《題所居》에 「當路莫栽荊棘草, 他年免卦子孫衣」라 하였다.

218

"하늘을 바라보아 자신이 한 일을 생각해 보고,
  남을 둘러보아 자신이 무엇을 베풀었는가를 생각해 보라."

「望于天, 必思己所爲;
  望於人, 必思己所施.」

219

"살아 있는 동물을 보신용으로 그 맛에 탐을 내다가는
  결국 자신의 본성을 그르칠 것이요,
  사람과의 사이에 나의 편함만을 차지했다가는
  끝내 천도의 허물을 입으리라."

「貪了生禽的滋益, 必招性分的損;
　占了人事的便宜, 必受天道的虧.」

참고 및 관련 자료

◎《菜根譚》(441)에는「討了人事的便宜, 必受天道的虧; 貪了世味的滋益, 必
招性分的損. 涉世者宜審擇之, 愼毋貪黃雀而墜深井, 舍隋珠而彈飛禽也」로
되어 있다.

220

"출가할 때의 처음 마음을 지니고 있으면,
　성불成佛하고도 남음이 있으리라."

「出家如初, 成佛有餘.」

【出家】 부모를 떠나 승려가 되는 것.《大乘本生心地觀經》報恩品에「發菩
提心, 舍離父母, 出家入道」라 하였음.

221

"삼심三心을 하나같이 깨끗이 하고,
 사상四相을 모두 없애버려라."

「三心一淨, 四相俱無.」

【三心】過去心, 現在心, 未來心을 말함.(《金剛經》)
【四相】불교의 離·合·違·順을 四相이라 함.《楞嚴經》(권3)에 「若從根出, 必無
 離合違順四相」이라 하였고, 梁 簡文帝의 〈莊嚴旻法師成實論義疏序〉에 「四相
 乃無常之力」이라 하였으며, 《金剛經》에는 「無人相, 無我相, 無衆生相, 無壽
 者相」이라 하였음.

222

"없음無에 뜻을 집착하면
 이는 뿌리가 남아 있는데도 아직 베어버리지 않음이요,
 고요함靜에 마음이 머물고 있으면
 이는 곧 뿌리가 솟는데도 아직 뽑아버리지 않음이다."

「著意於無, 即是有根未斬;
　留心於靜, 便爲動芽未鋤.」

【鋤】호미로 김을 매듯 뽑아 없애버림.

223

"홀鷸 새와 조개가 서로 물고 있으니,
  어부가 이익을 취하도다."

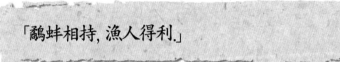

「鷸蚌相持, 漁人得利.」

【鷸】 도요새의 일종이라 함.

참고 및 관련 자료

🌑 「漁父之利」, 「蚌鷸相爭」 등으로 널리 알려진 고사이며.《戰國策》燕策(二)에
「趙且伐燕, 蘇代爲燕謂惠王曰: "今者臣來, 過易水, 蚌方出曝, 而鷸啄其肉, 蚌合
而拑其喙. 鷸曰: '今日不雨, 明日不雨, 卽有死蚌.' 蚌亦謂鷸曰: '今日不出, 明日
不出, 卽有死鷸.' 兩者不肯相舍, 漁者得而并禽之. 今趙且伐燕, 燕·趙久相支,
以弊大衆, 臣恐强秦之爲漁父也. 故願王之熟計之也."惠王曰: "善."乃止」라
하였다.

《戰國策》

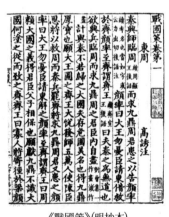

《戰國策》(明抄本)

224

"궁궐 성문에 불이 나니,
  그 재앙이 연못 물고기에 미치는구나."

「城門失火, 殃及池魚.」

참고 및 관련 자료

1.《呂氏春秋》必己篇에「宋桓司馬有寶珠, 抵罪出亡, 王使人問珠之所在,
曰:'投之池中.'於是竭池而求之, 無得, 魚死焉」이라 한 故事가 있으나, 그 뒤
궁중에 불이 나자 그 불을 끄기 위하여 연못의 물을 모두 퍼내어 물고기가
죽음을 당함을 뜻하는 말로 바뀐 것이다.(《太平廣記》(66).《藝文類聚》(96) 등
참조)
2. 北齊 杜弼의 〈檄梁文〉과《增廣賢文》에도 실려 있다.

225

"사람에게 믿음이 없으면,
  온갖 일이 모두 거짓이 되고 만다."

「人而無信, 百事皆虛.」

1.《論語》爲政篇에「人而無信, 不知其可也」라 하였다.

2.《增廣賢文》에는「人而無信, 不知其可也」라 하여 표현이 다르다.

226

"말은 성현을 내세우며
  마음은 좀도둑과 같네."

「言稱聖賢, 心類穿窬.」

【穿窬】담을 뚫거나 넘어가는 좀도둑.

1.《論語》陽貨篇에「子曰: "色厲而內荏, 譬諸小人, 其猶穿窬之盜也與?"」라
하였다.

2.《孟子》盡心(下)에는「孟子曰: "人皆有所不忍, 達之於其所忍, 仁也; 人皆
有所不爲, 達之於其所爲, 義也. 人能充無欲害人之心, 而仁不可勝用也; 人能充
無穿踰之心, 而義不可勝用也. 人能充無受爾汝之實, 無所往而不爲義也. 士未可
以言而言, 是以言餂之也; 可以言而不言, 是以不言餂之也, 是皆穿踰之類也."」
라 하였다.

227

"배우면서 실행을 숭상하지 않으면,
소나 말에게 사람 옷을 입힌 것과 같다."

「學不尙實行, 馬牛而襟裾.」

【襟裾】 소나 말에게 사람 옷을 입혀 겉모습은 사람
과 같으나 실은 짐승과 다름이 없음을 비유함.

참고 및 관련 자료

1. 韓愈의 〈符讀書城南〉에 「人不通古今, 馬牛而襟裾.
行身陷不義, 況望多名譽? 時秋積雨霽, 新凉入郊墟.
燈火稍可親, 簡編可卷舒」라 하였다.
2. 《增廣賢文》에는 「人不通古今, 馬牛而襟裾」라
하였다.

韓愈(768~824)

228

"살아서 부귀를 누리고자 한다면,
모름지기 죽을힘을 다해 노력하라."

「欲求生富貴, 須下苦工夫.」

【工夫】 '功夫'와 같으며, 백화어로 '어떤 한 가지 일에 매달려 열심히 함'을
뜻함. 흔히 '下工夫'로 표현하여 '下'자를 씀.

참고 및 관련 자료

1. 元 施君美의 《幽閨記》(제12齣)에 「逢人買路要金珠, 認得山中好漢無? 日後
欲求生富貴, 眼前須下死工夫」라 하였다.
2. 《金甁梅詞話》(5)에는 「欲求生快活, 須下死工夫」로 되어 있다.
3. 呂惺吾의 《恒諺記》에는 「欲求眞受用, 須下死工夫」라 하였다.
4. 《增廣賢文》에는 「欲求生富貴, 須下死功夫」로 되어 있다.

229

"이미 밭 갈고 씨뿌리기도 마쳤으니,
이제 내 책 마음대로 읽을 때가 왔도다."

「旣耕亦已種, 時還讀我書.」

◉ 陶淵明의 〈讀山海經〉 제13수의 구절이다. 그 시에 「孟夏草木長, 繞屋樹
扶疎. 衆鳥欣有托, 吾亦愛吾廬. 旣耕亦已種, 時還讀我書. 窮巷隔深轍, 頗回
故人車. 欣然酌春酒, 摘我園中蔬. 微雨從東來, 好風與之俱. 汎覽周王傳, 流觀
山海圖. 俛仰終宇宙, 不樂復如何?」라 하였다.

〈陶淵明飮酒圖〉 元 錢選(畫)

230

"친구 사귐에는 모름지기 나보다 나은 자여야 한다.
나와 같은 정도라면 없느니만 못하다."

「結交須勝己, 似我不如無.」

1.《論語》學而篇에「子曰: “君子不重, 則不威; 學則不固. 主忠信. 無友不如
己者. 過則勿憚改.”」라 하였다.

2.《事林廣記》(9) 結交警語에는「結朋須勝己, 似我不如無」라 하였다.

3.《增廣賢文》에도 실려 있다.

231

“그대와 더불어 한 자리에서 말을 나눔이,
 십 년 책 읽은 것보다 낫도다.”

「同君一夜話, 勝讀十年書.」

1.《二程集》(18)과《朱子語類》(117)에 실려 있으며, 흔히「與君一席話, 勝讀
十年書」로 사용되기도 한다.

2. 그러나《老殘游記》(9)에는「與君一夕話, 勝讀十年書」라 하여 ‘席’이 ‘夕’으로
되어 있고, 宋 王十朋의《梅溪王忠文公集》(4)에는「與君連夕燈前語, 勝讀十年
窗下書」로 되어 있다.

3.《增廣賢文》에는「同君一席話, 勝讀十年書」로 되어 있다.

232

"사람을 찾아 쓸 바에야 모름지기 대장부를 찾아 쓰고,
　사람을 구제할 바에야 모름지기 급한데도 도움은 없는 자를 구제하라."

「求人須求大丈夫, 濟人須濟急時無.」

【大丈夫】《孟子》滕文公(下)에 「富貴不能淫, 貧賤不能移, 威武不能屈, 此之
　謂大丈夫」라 하였음.

참고 및 관련 자료

1. 明 蘭陵笑笑生의 《金甁梅詞話》(제60회)에 「西門慶看了文契, 還使王經:
"送與你常二叔收了." 不在話下. 正是: "求人須求大丈夫, 濟人須濟急時無."」라
하였다.
2.《事林廣記》(9),《淸平山堂話本》,《永樂大全》(19) 등에도 실려 있다.
3.《明心寶鑑》存心篇에 「求人須求大丈夫, 濟人須濟急用無」라 하였다.
4.《增廣賢文》에도 실려 있다.

233

"목마를 때 한 모금은 감로甘露와 같으나,
　취한 후에 한 잔 더함은 없느니만 못하다."

「渴時一滴如甘露, 醉後添杯不如無.」

참고 및 관련 자료

1. 南宋 普濟의 《五燈會元》과 《淸平山堂話本》(楊溫攔路虎傳)에는 「渴時一點如甘露」로 되어 있다.
2. 《西遊記》(81)에는 '點'이 '滴'으로 되어 있다.
3. 《明心寶鑑》 省心篇에도 「渴時一滴如甘露, 醉後添盃不如無」라 하였다.
4. 《增廣賢文》에도 실려 있다.

234

"일을 하면서 오직 자기 자신이 할 수 있다고 여길 것이요,
 사람을 대접하면서 먼저 내가 어찌해 줄 수 있는가를 살펴보아라."

「作事惟求心可以, 待人先看我何如.」

235

"남을 해치려는 마음은 가져서는 안 되지만,
남을 방비하는 마음도 없어서도 안 된다."

「害人之心不可有, 防人之心不可無.」

참고 및 관련 자료

◉《菜根譚》(130)에 「害人之心不可有, 防人之心不可無. 此戒疎於慮也. 寧受
人之欺, 毋逆人之詐. 此警傷於察也. 二語並存, 精明而渾厚也」라 하였다.

洪應明《菜根譚》清版本

236

"술 가운데에서 말이 없는 것이 진정한 군자요,
재물에 있어서 분명한 것이 대장부이니라."

「酒中不語眞君子, 財上分明大丈夫.」

참고 및 관련 자료

1. 앞 구절은 明 徐霖의 《繡襦記》(제11齣)에 「(淨)"鄭兄, 你道酒中不語眞君子,
是我席上多言了." (生)"樂兄善戲謔, 何必計較?"」에서 나온 말이며, 뒤 구절은
元 石啓室의 《秋胡戲妻》(제3折)에 「你個富家郞慣使珍珠, 倚仗著囊中有許多
聲勢, 豈不聞"財上分明大丈夫"?」라 하였다.
2. 《明心寶鑑》正己篇에 「酒中不語眞君子, 財上分明大丈夫」라 하였다.
3. 《增廣賢文》에도 실려 있다.

237

"좋은 술을 잘 익힘은 좋은 손님 모시기 위함이요,
황금을 다 흩어 쓰는 것은 책을 모으기 위함이로다."

「白酒釀成緣好客, 黃金散盡爲收書.」

【白酒】탁주를 증류하여 좋은 술로 만듦.

참고 및 관련 자료

1.《東坡集》(권12)에 실려 있는 呂洞賓과 沈思의
고사에서 비롯된 것이다. 蘇東坡가 이 고사를 두고
「回先生給湖州東林沈氏, 吟醉, 以石榴皮書其家東
老庵之壁云: "西隣已富憂不足, 東老雖貧樂有餘.
白酒釀來緣好客, 黃金散盡爲收書." 西蜀和仲聞而
次其韻三首. 東老, 沈氏之老自謂也. 湖人因以名之.
其子偕作詩, 有可觀者」라고 지은 詩題에서 비롯
되었다.

2.《增廣賢文》에는 「美酒釀成緣好客, 黃金散盡
爲收書」라 하여 '白酒'가 '美酒'로 되어 있다.

蘇東坡(蘇軾)

238

"대나무 울타리 초가집의 풍광이 좋구나.
도방의 절간도 이만 못하리라."

「竹籬茅舍風光好, 道院僧房總不如.」

【竹籬茅舍】대나무로 울타리를 친 가난한 초가집.
【道院僧房】道家의 절이나 佛家의 절. 화려하게 꾸몄으면서도 조용하고
정갈함을 뜻함.

1. 宋 玉琪의 〈題梅〉에 「不受塵埃半點侵, 竹籬茅舍自甘心」이라 하였다.

2. 宋 范成大의 「晝出耕田夜績麻, 村莊兒女各當家. 童孫未解供耕織, 也傍桑陰學種瓜」의 농촌 한가함을 읊은 것과 같은 뜻으로 본다.

3. 《增廣賢文》에는 「竹籬茅舍風光好, 僧院道房終不如」라 하여 일부 글자가 다르다.

239

"봉황을 굽고 용을 삶아도
 젓가락을 놓을 때는 절인 부추 소금 맛과 차이가 없고,
 금을 매달고 옥을 찰지라도
 재로 변한 곳에서는 기와나 자갈과 무엇이 다르겠는가?"

「炮鳳烹龍, 放箸時與鹽虀無異;
 懸金佩玉, 成灰處于瓦礫何殊?」

【炮鳳烹龍】 아주 진귀한 음식을 뜻함. 흔히 鳳은 닭 요리를, 龍은 잉어로 만든 요리를 높여 부르는 표현. 元 王實甫의 《西廂記》(제2본 제4절)에 「俺娘昨日個大開東閣, 我只道怎生般炮鳳烹龍」이라 하였음.

【鹽虀】 소금에 절인 부추. 하찮은 음식을 뜻함.

【瓦礫】 깨어지고 부서진 기와 조각이나 자갈.

◉《菜根譚》(540)에「炮鳳烹龍, 放箸時與齏鹽無異; 懸金佩玉, 成灰處共瓦
礫何殊?」로 되어 있다.

240

"먼저 통달하여 웃으면서 관을 털고 있으니,
　제후의 문에 가볍게 옷깃을 끌고 지나가는 것이 어떤 것인지 묻지 말라.
　서로 아는 사이이면서 칼을 어루만지니
　세상 길 어두운 속에 구슬을 던지는 짓을 따르지 말라."

> 「先達笑彈冠, 休問侯門輕束帶;
> 　相知猶按劍, 莫從世路暗投珠.」

【先達】 앞서 급제하여 벼슬하는 자.

【彈冠】 남의 급제나 승급을 축하하며 자신도 곧 뒤를 이을 것으로 기대함을
뜻함.《漢書》王吉傳에「吉與貢禹爲友, 世稱'王陽在位, 貢公彈冠'. 言其取舍
同也」라 하여「彈冠相慶」이라는 고사를 남겼음.

【束帶】 벼슬한 자로서의 정장을 뜻함.《論
語》公冶長篇에「束帶立于朝, 可使與賓客
言也」라 하였고 陶淵明의「五斗米」고사
에도「當爲彭澤令, 督郵行縣, 且至, 吏白:
"當束帶見之." 潛嘆曰: "吾安能爲五斗米,
切要向鄕里小兒邪?" 卽日解印綬去」라
하였음.

陶淵明《三才圖會》

【暗投珠】밤에 구슬을 던지자 누구나 서로 가지려고 칼을 어루만지며 노려봄을 뜻함.《史記》魯仲連鄒陽列傳에「臣聞明月之珠, 夜光之璧, 以暗投人於道路, 人無不按劍相眄者, 何則? 無因而至前也」라 하여「明珠暗投」라는 고사가 생겨났음.

1. 唐 王維의 〈酌酒與裴迪〉 시에「酌酒與君君自寬, 人情飜覆似波瀾. 白首相知猶按劍, 朱門先達笑彈冠. 草色全經細雨濕, 花枝欲動春風寒. 世事浮雲何足問, 不如高臥且加餐」이라 하였다.

2.《幼學瓊林》朋友賓主篇에「王陽在位, 貢禹彈冠以待薦; 杜伯非罪, 左儒寧死不徇君」이라 하였다.

3.《菜根譚》(446)에는「先達笑彈冠, 休問侯門輕曳裾; 相知猶按劍, 莫從世路暗投珠」로 되어 있다.

241

"사귐이 두텁다고 마음을 다 털어놓았다가,
  사이가 멀어졌을 때 이를 발설할까 두렵도다."

「厚時說盡知心, 恐妨薄後發泄.」

【妨薄】사귐이 방해된다고 여겨 엷어짐. 서로 사이가 멀어짐을 뜻함. 그러나 '妨'자를 '防'으로 보아 "사귐이 두터울 때 그의 진심을 알아두었다가 뒤에 멀어졌을 때 발설함을 방비하라"로 해석하기도 함.

◎ 明 呂坤의 《續小兒語》(六言)에 「厚時說盡知心, 提防薄後發泄」이라 하여 이곳에서는 '妨'을 '提防'으로 하여 뜻이 더욱 명확하다.

242

"소년시절에 기욕을 절제하지 않았다가는
매번 중년에 이르러 죽고 만다."

「少年不節嗜欲, 每致中道已殂.」

【嗜欲】 嗜慾과 같음.
【中道】 중년. 인생이 반 정도 됨을 뜻함.

243

"물이 지나치게 맑으면 물고기가 없고,
사람이 지나치게 살피면 따르는 무리가 없다."

「水至淸則無魚, 人至察則無徒」

참고 및 관련 자료

1.《大戴禮記》子張問入官篇에 「故君子蒞民, 不臨以高, 不道以遠, 不責民之所不能. ……水至察則無魚, 人至察則無徒」라 하였다.

2.《孔子家語》入官篇에 「古者聖主, 冕而前旒, 所以蔽明也; 紘紞充耳, 所以掩聰也. 水至淸則無魚, 人至察則無徒」라 하였다.

3.《明心寶鑑》省心篇에 「水至淸則無魚, 人至察則無徒」라 하였다.

244

"어리석은 사람은 아내를 두려워하고,
   어진 아내는 지아비를 공경한다."

「癡人畏婦, 賢女敬夫」

참고 및 관련 자료

1.《金瓶梅詞話》(제20회)에 「姐姐你若這等, 把你從前一場好都沒有了. 自古痴人畏婦, 賢女畏夫. 三從四德, 乃婦道之常」이라 하였다.

2.《增廣賢文》에도 실려 있다.

245

"형제는 수족과 같은 것이요,
아내는 의복과 같은 것이다."

「兄弟如手足, 妻子如衣服.」

참고 및 관련 자료

1. 羅貫中의 《三國演義》(제15회)에 「張飛拔劍要自刎, 玄德向前抱住, 奪劍
擲地, 曰: "古人云: 兄弟如手足, 妻子如衣服. 衣服破, 尙可縫; 手足斷, 安可續?
吾三人桃園結義, 不求同生, 但求同死."」라 하였다.
2. 《明心寶鑑》安義篇에는 장자의 말이라 인용하여 "莊子云: 「兄弟爲手足,
夫婦爲衣服. 衣服破時, 更得新; 手足斷時, 難可續」"이라 하였으나 지금의
《장자》에는 없다.

246

"아내와 재물에 대한 생각이 중하면
형제에 대한 정이 성글어진다."

「妻財之念重, 兄弟之情疎.」

247

"차라리 옳으면서 부족할지언정
사악하면서 여유가 있어서는 안 된다."

「寧可正而不足, 不可斜而有餘.」

【斜】《明心寶鑑》에는 '邪'로 되어 있음.

참고 및 관련 자료

1. 《明心寶鑑》 正己篇에 「寧可正而不足, 不可邪而有餘」라 하였다.
2. 《增廣賢文》에도 「寧可正而不足, 不可邪而有餘」라 하였다.

248

"진실하게 하면 도리어 스스로 태평하지만,
거짓을 지으면 헛되이 노력만 들 뿐이다."

「認眞還自在, 作假費工夫.」

◉《抱朴子》遐覽篇에「藝文不貴, 徒消工夫. 苦意極思, 攻微索隱」이라 하였다.

249

"시비가 아침마다 있다 해도
  들어주지 않으면 저절로 없어진다."

「是非朝朝有, 不聽自然無.」

참고 및 관련 자료

1. 蘭陵笑笑生의《金甁梅詞話》(제85회)에「娘, 你老人家也少要憂心. ……是非
來入耳, 不聽自然無」라 하였다.
2.《琵琶記》(11),《林蘭香》(24) 등에는「是非終日有, 不聽自然無」로 되어 있다.
3.《明心寶鑑》省心篇에도「是非終日有, 不聽自然無」라 하였다.
4.《增廣賢文》에는「是非終日有, 不聽自然無」로 되어 있다.

250

"오래 머물면 사람이 천박해지고
  너무 자주 왕래하면 친한 사람도 멀어지게 마련이다.

다만 3, 5일에 한번 정도 만나서
서로의 만남을 처음처럼 서먹하지는 않게 하는 정도면 된다.”

「久住令人賤, 頻來親也疎.
　但看三五日, 相見不如初.」

참고 및 관련 자료

1.《敦煌變文匯錄》捉季布變文에「僕且常聞諺語云: 古來久住令人賤」이라
하였다.
2.《明心寶鑑》省心篇에「久住令人賤, 頻來親也疎. 但看三五日, 相見不如初」라
하였다.
3.《增廣賢文》에도 실려 있다.

251

“인정이란 마치 물과 같아서 높고 낮음으로 나뉘고,
　세상일이란 마치 구름과 같아서 말리고 펴짐이 제 마음대로이니라.”

「人情似水分高下, 世事如雲任卷舒.」

【卷舒】구름이 말렸다 펴졌다 함. ‘卷’은 ‘捲’과 같음.

1. 元 劉祁의 《歸潛堂記》에 「蓋君子之道以時卷舒, 得其時不進爲固, 失其時而强進爲狂」이라 하였다.
2. 《增廣賢文》에도 실려 있다.

252

"일을 이룸에는 백 년이 걸려도 모자라지만,
  이를 그르치기에는 하루 아침의 시간도 남을 정도이다."

「百年成之不足, 一旦壞之有餘.」

1. 《王文公文集》(권5)에 「百年成不足, 一旦毀有餘」라 하였다.
2. 《增廣賢文》에는 「百年成之不足, 一旦敗之有餘」로 되어 있다.
3. 《岐路燈》(105)에는 「成事不足, 敗事有餘」라 하였다.

253

"자식은 태교 때부터 가르쳐야 하고,
  어릴 때부터 스스로 소학小學을 익히도록 해야 한다."

「訓子須從胎敎時, 端蒙必自小學初.」

【胎敎】《列女傳》에「古者婦人妊子, 寢不側, 坐
不邊, 立不跛, 不食邪味, 割不正不食, 席不正
不坐, 目不視邪色, 易不聽淫聲, 口不出傲言.
夜則令瞽誦詩, 道正事. 如此, 則生子形容端正,
才過人也」라 하였음.
【端蒙】'蒙'은 어린아이를 가리키는 말. 덮어씌워
몽매하므로 이를 걷어내어 세상 이치를 알도록
해야 함을 뜻함. '端'은 '시작하다', 혹은 '단정히
하다'의 뜻.
【小學】어릴 때 배워야 할 문자학과 기타 예절
등. 혹 朱子의 《小學》 책에 있는 여러 덕목을
뜻함.

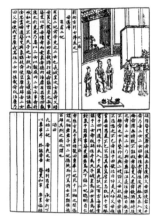

《列女傳》四部叢刊本

254

"자식을 기르면서 가르치지 않는 것은 당나귀를 기르느니만 못하며,
딸을 기르면서 가르치지 않는 것은 돼지를 기르느니만 못하다."

「養子不敎如養驢, 養女不敎如養豬.」

255

"농토가 있으면서 갈지 않으면 곳간이 비게 되고,
책이 있으면서 읽지 않으면 자손이 우매해진다.
곳간이 비고 나니 한 해가 궁핍하고,
자손이 우매하니 예의가 엉성하다."

「有田不耕倉廩虛, 有書不讀子孫愚.
倉廩虛兮歲月乏, 子孫愚兮禮義疎.」

白樂天〈勸學文〉丘堂 呂元九(현대)

참고 및 관련 자료

1.《明心寶鑑》訓子篇에「白侍郎〈勉子文〉: "有田
不耕倉廩虛, 有書不敎子孫愚. 倉廩虛兮歲月乏,
子孫愚兮禮義疎. 若惟不耕與不敎, 是乃父兄
之過歟!"」라 하였다.

2. 白居易의 〈勉子文(勸學文)〉으로도 널리 알
려져 있는 全文이다.

256

"망망한 사해에 사람이 무수하건만
  그 어느 남아가 진정한 장부인가?"

「茫茫四海人無數, 那個男兒是丈夫!」

참고 및 관련 자료

1. 南宋 普濟의 《五燈會元》(권20) 〈資壽尼妙惠禪師〉에 「尼問:"如何是奪人
不奪境?"師曰:"野花開滿路, 遍地是淸香."曰:"如何是奪境不奪人?"師曰:
"茫茫宇宙人無數, 幾個男兒是丈夫?"」라 하였다.
2. 《全唐詩外編》續補遺(8)에 白居易 시 〈東山寺〉에는 「茫茫宇宙人無數,
幾個男兒是丈夫」라 하였다.
3. 《增廣賢文》에는 「茫茫四海人無數, 哪個男兒是丈夫」라 하였다.

257

"자식과 후손을 위한다면 모름지기 덕을 쌓을 것이요,
  훌륭한 가문을 이루고자 하면 어서 책을 읽어라."

「要好兒孫須積德, 欲高門第快讀書.」

参考 및 관련 자료

◉ 吳承恩의 《西遊記》(제96회)에 「員外上前扯住道: "這是我兩個小兒, 喚寇梁·
寇棟, 在書房讀書方回, 來吃午飯. 知老師下降, 故來拜也." 三藏喜道: "賢哉
賢哉. 欲高門第須爲善, 要好兒孫在讀書."」라 하였다.

258

"한 사람의 생명을 구하는 것이 7층 탑 하나 짓는 것보다 낫고,
천 냥의 금을 쌓았다 해도 경서經書 한 편 읽어두느니만 못하다."

「救人一命, 勝造七級浮屠;
積金千兩, 不如一解經書.」

【浮屠】 고승이 입적한 후 그의 사리나 뼈를 안치하여 세운 둥근 돌탑.

참고 및 관련 자료

1. 元 鄭光祖의 《倩梅香》(제2절)과 《金瓶梅詞話》(73), 《警世通言》(5), 《醒世
恒言》(30)에 「救人一命, 勝造七級浮屠」라 하였다.
2. 《漢書》 韋賢傳에 「韋賢以明經官至丞相, 其少子玄成亦以明經歷位至丞相,
故鄒魯諺曰: "遺子黃金滿籯, 不如一經."」이라 하였다.
3. 《增廣賢文》에도 실려 있다.

259

"고요한 가운데에서 만물의 움직임을 관찰하고,
한가한 곳에서 사람의 바쁨을 바라보아야
비로소 티끌 속세를 초탈하는 멋진 맛을 얻을 수 있다.
바쁜 가운에 한가함을 얻어내고,
시끄러움 속에 처했으면서도 고요함을 능히 취할 수 있어야
이것이 곧 안신입명安身立命의 공부인 것이다."

「靜中觀物動, 閑處看人忙, 纔得超塵脫俗的趣味;
忙處會偸閑, 鬧中能取靜, 便是安身立命的功夫」

【安身立命】몸을 편히 하고 명을 바르게 세움. 北宋 道原의 《景德傳燈錄》
景岑禪師에「僧問: "學人不據地如何?" 師云: "汝向什麽處安身立命?"」이라
하였음.

> 참고 및 관련 자료

◉《菜根譚》(425)에는「從靜中觀物動, 向閑處看人忙, 纔得超塵脫俗的趣味;
遇忙處會偸閑, 處鬧中能取靜, 便是安身立命的工夫」로 되어 있다.

260

"자식은 어린 아이일 때 가르쳐야 하고,
며느리는 처음 들어올 때 가르쳐야 한다."

「子敎嬰孩, 婦敎初來.」

참고 및 관련 자료

1. 顔之推의 《顔氏家訓》 教子篇에 「孔子
云:"少成若天性, 習慣如自然."是也. 俗諺
曰:"敎婦初來, 敎兒嬰孩."誠哉斯言」이라
하였다.
2. 《明心寶鑑》 治家篇에 「敎婦初來, 敎子
嬰孩」라 하였다.

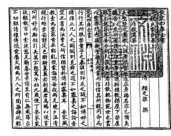

《顔氏家訓》

261

"속으로는 영리할지라도 밖으로는 바보인 듯이 하라.
총명을 남김없이 드러내면 화를 야기하고 재앙을 부른다."

「內要伶俐, 外要癡呆.
聰明逞盡, 惹禍招災.」

【癡呆】 바보스럽고 멍청함.

참고 및 관련 자료

◉《老子》(45장)의「大成若缺, 其用不弊; 大盈若沖, 其用不窮. 大直若屈, 大巧若拙, 大辯若訥」과 같은 주제이다.

262

"능히 양보하면 마침내 이익이 있을 것이요,
　노기를 참으면 재물의 손실을 면할 수 있다."

「能讓終有益, 忍氣免傷財.」

263

"부유함은 한 되 한 되 합쳐서 일으킨 것이요,
　가난은 계획 없이 쓰는 데서 찾아오는 것이다."

「富從升合起, 貧因不算來.」

참고 및 관련 자료

◉《增廣賢文》에도 실려 있다.

264

"남몰래 남에게 화살을 쏘는 일이 없도록 하고,
  잘한다는 속에서는 느슨히 하여 약간 멍청한 듯이 하라."

「暗中休使箭, 乖裏放些呆.」

【乖】乖巧. 아주 잘하고 뛰어남.
【呆】바보스러움. 멍청함.

참고 및 관련 자료

◈ 본 《賢文》(117)에 「匿怨而用暗箭, 禍延子孫」이라 하였다.

265

"관청의 팔자 대문이 열려 있어도,
  정당함만 있고 돈이 없다면 들어가지 말라."

「衙門八字開, 有理無錢莫進來.」

【衙門】 행정관청을 뜻함.

> **참고 및 관련 자료**

1. 흔히 민간 속언으로는 「衙門從古向南開, 有理無錢莫進來」라 한다.
2. 淸 張春帆의 《九尾魚》(113)에는 「八字公門蕩蕩開, 有理無錢莫進來」라
하였다.
3. 淸 楊潮觀의 《吟風閣雜劇》 窮阮籍醉罵財神에는 「公門蕩蕩開, 有理無錢
莫進來」라 하였다.
4. 《九命奇冤》(6과 24)에는 「衙門八字開, 有理無錢莫進來」라 하여 여러 가지
표현들이 있다.
5. 《增廣賢文》에는 「八字衙門向南開, 有理無錢莫進來」라 하여 표현이 다르다.

266

"하늘의 재앙은 정해진 때가 있는 것이 아니니,
어느 집이라고 해서 '면免' 자를 걸어둔다고 피할 수 있겠는가?"

「天災不時有, 誰家挂得免字牌.」

【免字牌】 '免'이라고 쓴 간판을 걸어두어 재앙을 면하고자 함.

267

"만사는 사람이 계산하고 비교한다고 되는 것이 아니요,
 일생은 모두가 운명이 안배한 것이로다."

「萬事不由人計校, 一生都是命安排.」

【計校】 계산하고 비교함.《增廣賢文》에는 計較로 되어 있음.

참고 및 관련 자료

1. 明 馮夢龍의 《盛世恒言》 黃秀才徼靈玉馬墜에 「取了這錠銀子, 權爲路費, 徑往長安. 正是: 人有逆天之時, 天無絶人之路. 萬事不由人計較, 一生都是命安排」라 하였다.
2. 《荊釵記》(23), 《殺狗記》(8), 《醒世恒言》(32)에도 인용되어 있다.
3. 《永樂大全》(52)에는 「萬事不由人計較, 算來都是命安排」로 되어 있다.
4. 《明心寶鑑》 順命篇에도 「萬事不由人計較, 一生都是命安排」라 하였다.
5. 《增廣賢文》에도 실려 있으나 '計校'가 '計較'로 되어 있다.

268

"사람을 부림에 너무 각박하게 하지 말라.
 각박하게 하면 그대를 따르려던 자가 떠나가고 만다.

친구를 사귐에 마구 하지 말라.
마구 하면 아첨을 바치는 자가 다가오리라."

「用人不宜刻, 刻則思效者去;
　交友不宜濫, 濫則貢諛者來.」

참고 및 관련 자료

◉《菜根譚》(208)에 「用人不宜刻, 刻則思效者去; 交友不宜濫, 濫則貢諛者來」
라 하였다.

269

"재물이 바로 원망의 관부官府요,
　탐욕이 바로 화근의 태반胎盤이로다."

「財是怨府, 貪爲禍胎.」

【怨府】 원망을 갈무리하고 있는 창고.《左傳》(昭公 12년)에 「平子欲使昭子逐
　叔仲小, 小聞之, 不敢朝. 小子命吏謂小待政于朝, 曰: "吾不爲怨府."」라 하였음.
【禍胎】 장차 화를 낳을 태반.《漢書》枚乘傳에 「福生有基, 禍生有胎. 納其基,
　絶其胎, 禍自何來?」라 함.

270

"즐거움은 끝까지 해서는 안 된다.
즐거움이 끝에 이르면 슬픔이 생긴다.
욕심은 마구 풀어놓아서는 안 된다.
욕심을 풀어놓으면 재앙이 생긴다."

「樂不可極, 樂極生哀;
　欲不可縱, 縱欲成災.」

참고 및 관련 자료

1.《禮記》曲禮(上)에「敖不可長, 欲不可從. 志不
可滿, 樂不可極」이라 하였다.

2.《貞觀政要》刑法篇에「樂不可極, 樂極成哀;
欲不可縱, 縱欲成災」라 하였다.

3.《淮南子》道應訓에는「何爲益而損之? 曰:
"夫物盛而衰, 樂極則悲, 日中而移, 月盈而虧."」
라 하였다.

4.《明心寶鑑》正己篇에도 인용되어 있다.

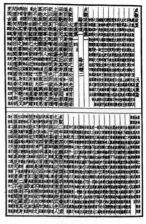

《貞觀政要》

271

"백 년도 쉽게 지나가는 것이요,
 청춘은 다시 오지 않는다."

「百年容易過, 靑春不再來.」

【百年】 사람의 일생을 일컫는 말.《禮記》曲禮(上)에「百年曰期」라 하고
 集說에「人壽以百年爲期, 故曰期」라 하였음.

参고 및 관련 자료

1. 같은 주제의《玉鏡臺》(1)와《永樂大全》(2),《竇娥冤》 등에「花有重開日,
人無再少年」,「花謝尙有重開日, 人老終無再少年」 등이 있다.
2. 본《賢文》(320)에「枯木逢春猶再發, 人無兩度再少年」이라 하였다.

272

"욕심을 줄이면 정신이 상쾌하고,
 생각이 많으면 혈기가 쇠해진다."

「欲寡精神爽, 思多血氣衰.」

◉《明心寶鑑》正己篇에는《景行錄》을 인용하여「食淡精神爽, 觀淸夢寐安」
이라 하였다.

273

"머리의 백발이 늙어 감을 재촉하니,
 만 냥의 황금을 쓴다 해도 되돌릴 수 없다."

「一頭白髮催將去, 萬兩黃金買不回.」

274

"대략의 고통을 겪어내어야 그것이 복이 되는 것이요,
 총명함을 억지로 지으려 애쓰지 않는 것이 곧 재주이다."

「略嘗辛苦方爲福, 不作聰明便是才.」

275

"종신토록 가는 질병은 항상 신혼 초에 시작된 것이요,
　세상을 뒤덮을 공훈은 대개 늙도록 노력한 끝에 세워진 것이다."

「終身疾病, 恒從新婚造起;
　蓋世勳猷, 多是老成建來」

【新婚】《菜根譚》에는 '壯時'로 되어 있다. 건장할 때 기욕에 휩쓸려 제대로
　養生하지 않음을 뜻함.
【勳猷】공훈을 뜻함. '猷'는 '功'의 뜻.《三國志》吳志 陸遜傳에「聖化所綏,
　萬里草偃, 方蕩平華夏, 總一大猷」라 함.

> (참고 및 관련 자료)

◉《菜根譚》(110)에「老來疾病, 都是壯時招的; 衰後罪孽, 都是盛時作的. 故持
　盈履滿, 君子尤兢兢焉」이라 하였다.

276

"보기는 쉬워도 배우기는 어렵다.
　쉽게 얻으려 들지 말고 그저 한가한 때를 기다려 지켜보고 있어라."

「見者易, 學者難.
莫將容易得, 便作等閑看.」

참고 및 관련 자료

1. 元 高文秀의 《澠池會》(제1折)에 「這玉出荊山, ……你若將容易得, 便昨等閑看」이라 하였다.
2. 《增廣賢文》에도 실려 있다.

277

"만 가지 악 중에는 음란함이 제일 나쁜 것이요,
백 가지 행동 중에 효가 제일 앞세워야 할 임무이다."

「萬惡淫爲首, 百善孝爲先.」

【淫】일을 정당하게 처리하지 않고 사악한 마음으로 하는 것.

참고 및 관련 자료

1. 淸 李汝珍의 《鏡花緣》에 「萬惡淫爲首, 百行孝爲先. 此人旣忤逆父母, 又有桑間月下損人名節之事, 乃罪之魁, 禍之首」라 하였다.
2. 《增廣賢文》에는 「萬惡淫爲首, 百行孝當先」이라 하였다.

278

"아내가 어질면 지아비의 재앙이 적고,
 자식이 효성스러우면 아버지 마음이 너그러워진다."

「妻賢夫禍少, 子孝父心寬.」

참고 및 관련 자료

1. 元 李直夫의 雜劇《虎頭牌》(제2절)에 「你甚的'官淸民自安', 我可什麽'妻賢
夫禍少.'」라 하였다.
2. 《明心寶鑑》省心篇에는 〈壯元詩〉를 인용하여 「國正天心順, 官淸民自安.
妻賢夫禍少, 子孝父心寬」이라 하였다.
3. 《增廣賢文》에도 실려 있다.

279

"부모를 모심에는 마땅히 그 뜻을 봉양해드릴 것이요,
 자식을 사랑함에는 그 편한 대로 따라주어서는 안 된다."

「事親須當養志, 愛子勿令偸安.」

【養志】 그 뜻에 따라 맞추어 편안히 봉양함. '養身'에 상대되는 말.
【偸安】 편안함만을 추구하는 것.

참고 및 관련 자료

◈ 본 《賢文》(009)에 「孝當竭力, 非徒養身」이라 하였다.

280

"금옥金玉의 겹겹 쌓인 것을 귀히 여겨 이를 구하지 말라.
　단지 아들과 후손 하나하나 모두 어질기를 바라도록 하라."

「不求金玉重重貴, 但願兒孫個個賢.」

참고 및 관련 자료

◈ 《增廣賢文》에도 실려 있다.

281

"부모의 근심을 없애 눈앞에서 많은 길 걱정하지 않도록 해 드리고,
　어서 급히 그 무릎 앞에서 기쁨을 누리게 받아주어라."

「却愁前面無多路, 及早承歡向膝前.」

【及早】 '돌아가시기 전 급히 서둘러'의 뜻.
【承歡】 기뻐하심을 받아줌.

참고 및 관련 자료

◉ 본 《賢文》(012)에 「愛日以承歡, 莫待丁蘭刻木祀」라 하였다.

282

"돌아가신 후 풍성하게 차림은
 살아 계실 때 후하게 봉양했던 것만 같지 못하다.
 늦었다고 후회함이
 어찌 생전에 삼가 잘해드렸던 것만 하겠는가?"

「祭而豐不如養之厚, 悔之晚何若謹于前?」

참고 및 관련 자료

1. 《韓詩外傳》(권7)에 「曾子曰: "往而不可還者, 親也; 至而不可加者, 年也.
是故孝子欲養而親不待也, 木欲直而時不使也. 是故椎牛而祭墓, 不如雞豚逮

親存也. 故吾嘗仕齊爲吏, 祿不過鐘釜, 尙猶欣欣而喜者, 非以爲多也, 樂其逮親也; 旣沒之後, 吾嘗南遊於楚, 得尊官焉, 當高九仞, 榱題三圍, 轉轂百乘, 猶北鄉而泣者, 非爲賤也, 悲不逮吾親也. 故家貧親老, 不擇官而仕; 若夫信其志, 約其親者, 非孝也.」詩曰: "有母之尸饔."」이라 하였다.

2.《賢文》(012)에「椎牛而祭墓, 不如鷄豚逮親存」이라 하였다.

283

"꽃은 봄빛을 드러내다가
비 한번, 바람 한번이면 진토로 되돌아감을 재촉하지만,
대나무는 고아한 절조를 견지하면서도
몇 번 서리에 몇 번 눈이면 오만함이 곧 낭간琅玕이 된다."

「花逞春光, 一番雨一番風, 催歸塵土;
竹堅雅操, 幾朝霜幾朝雪, 傲就琅玕.」

【琅玕】원래 옥처럼 생긴 돌. 그 모습이 대나무와 같아 좋은 대나무를 지칭하는 말이 되었음.

참고 및 관련 자료

◉《菜根譚》(483)에는 「花逞春光, 一番雨, 一番風, 催歸塵土; 竹堅雅操, 幾朝霜, 幾朝雪, 傲就琅玕」이라 하였다.

284

"말은 그 행동을 고려하여야 하고,
행동은 했던 말을 돌아보아야 한다."

「言顧行, 行顧言.」

참고 및 관련 자료

◎ 宋 陸九淵의 《策問》에 「夫言不顧行, 行不顧言, 誠是病也」라 하였다.

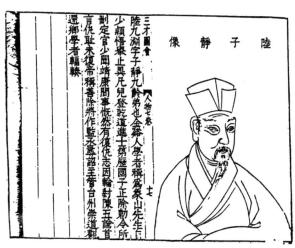

陸九淵(象山선생)

285

"일을 하는 것은 사람에게 달려 있고,
일을 이루는 것은 하늘에 달려 있다."

「爲事在人, 成事在天」

참고 및 관련 자료

1. 흔히 「謀事在人, 成事在天」으로 더 알려져 있다.
2. 《三國演義》(제103회)에 「孔明嘆曰: 謀事在人, 成事在天. 不可强也」라
하였다.
3. 《紅樓夢》(6)에도 실려 있다.

286

"남을 상하게 하는 말 한 마디는,
날카롭기가 마치 칼로 살을 도려내는 것과 같다."

「傷人一語, 痛如刀割.」

1.《抱朴子》疾謬篇에「傷人之語, 有劍戟之痛」이라 하였다.

2.《增廣賢文》에는 다음 구절과 순서를 바꾸어「殺人一萬, 自損三千. 傷人一語, 利如刀割」로 하나의 장으로 삼고 있다.

287

"만 명을 죽이려면
  스스로는 삼천 명의 손상은 있어야 한다."

「殺人一萬, 自損三千.」

참고 및 관련 자료

1.《西遊記》(제5회)에「勝負乃兵家常事. 古人云: "殺人一萬, 自損三千." 況捉了去的頭目, 乃是虎豹·狼蟲·玃獐·狐貉之類, 我同類未傷一個, 何須煩惱?」라 하였다.

2.《元史》本紀에도 실려 있다.

3.《全宋詞》葛長庚의 〈瑞鶴仙〉에도 인용되어 있다.

4.《增廣賢文》에도 실려 있다.

288

"돌을 부딪치면 원칙이 불꽃이 나게 마련이다.
 원수를 만나더라도 원한을 맺지 말라."

「擊石原有火, 逢仇莫結寃.」

참고 및 관련 자료

1. 이는 唐代 孟郊의 《孟東野集》〈勸學詩〉의 일부이다. 원시는 「擊石乃有火,
不擊乃無烟. 人學始知道, 不學非自然. 萬事須己運, 他得非我賢. 靑春須早爲,
豈能長少年?」으로 되어 있다.
2. 《太平廣記》(202)에는 「擊石易得火, 扣人難動心」이라 하였다.
3. 《增廣賢文》에는 「擊石原有火, 不擊乃無煙. 人學始知道, 不學亦枉然」이라
하여 하나의 장으로 처리되어 있다. 325에도 관련된 구절이 있다.

289

"포용함이 있으니 덕이 이에 큰 것이요,
 욕심이 없으니 마음이 스스로 한가롭다."

「有容德乃大, 無欲心自閑.」

참고 및 관련 자료

◉《明心寶鑑》安分篇에「擊壤詩云:"安分身無辱, 知幾心自閑; 雖居人世上,
却是出人間."」이라 하였다.

290

"외밭에서는 신발 끈을 고쳐 매지 말고,
 오얏나무 아래에서는 갓을 고쳐 쓰지 말라."

「瓜田不納履, 李下不整冠.」

참고 및 관련 자료

1. 古詩(樂府詩)의 〈君子行〉에 「君子防未然, 不處嫌疑間, 瓜田不納履, 李下
不整冠」(《藝文類聚》(41)에는 曹植의 〈君子行〉이라 함)이라 하였다.
2.《明心寶鑑》正己篇에는 太公의 말로 인용하여 「瓜田勿躡履, 李下不整冠」
이라 하였다.
3.《列女傳》齊威王虞姬篇에는 「經瓜田不納履, 過李下不整冠」이라 하였다.

291

"삼촌과 형수 사이에 서로 직접 주어서는 안 되며,
노인과 어린이가 어깨를 나란히 하고 걸어서도 안 된다."

「叔嫂不親授, 老幼不比肩.」

참고 및 관련 자료

1. 《禮記》曲禮(上)에 「離坐離立, 毋往參焉. 離立者, 不出中間. 男女不雜坐.
不同椸枷, 不同巾櫛, 不親授. 嫂叔不通問, 諸母不漱裳」라 하였다.
2. 《孟子》離婁(下)에 「淳于髡曰: "男女授受不親, 禮與?" 孟子曰: "禮也."
曰: "嫂溺則援之以手乎?" 曰: "嫂溺不援, 是豺狼也. 男女授受不親, 禮也; 嫂溺
援之以手者, 權也." 曰: "今天下溺矣, 夫子之不援, 何也?" 曰: "天下溺, 援之
以道; 嫂溺, 援之以手. 子欲手援天下乎?"」라 하였다.
3. 한편 《藝文類聚》(41)에 인용된 曹植의 〈君子行〉에 「嫂叔不親授, 長幼不
比肩」이라 하였다.
4. 《明心寶鑑》遵禮篇에는 《禮記》曰: 「男女不雜坐, 不親授. 嫂叔不通問, 父子
不同席」이라 하였다.

292

"잘못된 일 처리는 모두가 배우지 않았기 때문에 생기는 것이다.
억지로라도 하다 보면 저절로 자연스럽게 된다."

「誤處皆緣不學, 强作乃成自然.」

1. 앞 구절은 宋 唐仲友가 漢高祖(劉邦)을 평한
말로 「誤處皆緣不學, 改處皆由敏悟」라 하였으며,
뒤의 구절은 《孔叢子》 執節에 공총자(孔斌)와 安
釐王의 대화에 魯仲連을 거론하자 王이 「魯仲連
强作之者, 非體自然也」라 하였다. 이에 공빈이 「人
皆作之, 作之不止, 乃成君子; 作之不變, 習與性成,
則自然也」라 한 데서 비롯되었다.

2. 《幼學瓊林》 人事篇에는 「誤處皆緣不學, 强作
乃成自然」이라 하였다.

한 고조 유방

293

"장군과 재상의 머리 위에서 말을 몰아 달리고,
　공과 제후의 뱃속에서 배를 끌고 다니도다."

「將相頂頭堪走馬, 公侯肚內好撑船.」

1. 明 葉盛의 《水東日記》에 「宰相肚內好撑船」이라 하여 대담한 일에 큰 뜻을 지님을 뜻하는 말로 쓰인 것이다.

2. 明 王錡의 《寓圃雜記》(8), 《寄園寄所寄》(2), 《官場現形記》(27) 등에 널리 실려 있다.

3. 《京本通俗小說》(14)에는 「宰相腹中撑得船過」라 하였다.

4. 《金瓶梅詞話》(51)에도 인용되어 있다.

5. 《增廣賢文》에는 「將相頂頭堪走馬, 公侯肚裏好撑船」이라 하였다.

294

"집이 아무리 가난해도 자손이 읽을 책을 팔아서는 안 되고,
늙을수록 오히려 대나무를 심어 남이 볼 수 있게 해주는 여유를 가져라.
세상에 살면서 남과 풍파를 일으켜서는 안 되니,
단지 맑고 깨끗한 품위를 이 인간 세상에 남겨두어야 한다."

「貧不賣書留子讀, 老猶栽竹與人看;
不作風波於世上, 但留淸白在人間.」

295

"많은 사람이 모두 의심한다고 해서
한 사람의 독특한 견해를 막는 일이 없도록 하라.
자신의 뜻에 맡겨 임의대로 남의 말을 없애는 일이 없도록 하라."

「勿因群疑而阻獨見, 勿任己意而廢人言.」

참고 및 관련 자료

◉《菜根譚》(131)에 「毋因群疑而阻獨見, 毋任己意而廢人言; 毋私小惠而傷
大體, 毋借公論而快私情」이라 하였으며, 혹 "무리가 의심한다고 해서 자신
만의 견해를 포기하지 말라. 자신의 의견에 맡겨 남의 말을 폐하지 말라"로도
해석된다.

296

"길이 험한 곳을 만나 남을 위하여 걸음을 양보하여 비켜주면
곧 하늘도 넓고 땅도 넓음을 깨닫게 되고,
궁한 때를 만나 내가 먼저 서 푼三分쯤 남겨 긍휼을 베풀면
자연히 이치는 순조롭고 정은 편안하게 될 것이다."

「路逢險處, 爲人辟一步周行, 便覺天寬地闊;
　遇到窮時, 使我留三分撫恤, 自然理順情安.」

【三分】 십분의 삼. 삼할.

◎《菜根譚》(013)에 「徑路窄處, 留一步與人行; 滋味濃的, 減三分讓人嗜. 此
是涉世一極安樂法」이라 하였다.

297

"일이란 급하게 재촉하면 밝혀지지 않는다.
이를 느슨하게 하면 혹 저절로 명백해지는 경우가 있다.
그러니 조급하게 하여 남의 분함이
더욱 속히 드러나도록 해서는 안 된다.
사람이란 잘 인도해주어도 따르지 않는 경우가 있다.
이를 풀어놓으면 혹 저절로 교화되는 경우가 있다.
그러니 절박하게 다루어 그의 완고함을 부추기는 일이 없도록 하라."

「事有急之不白者, 寬之或自明, 勿操急以速其忿;
　人有切之不從者, 縱之或自化, 勿操切以益其頑.」

◎《菜根譚》(153)에「事有急之不白者, 寬之或自明, 毋躁急以速其忿; 人有操之不從者, 縱之或自化, 毋操切以益其頑」이라 하였다.

298

"가는 길이 각각 다르다 해도
집안을 꾸려나가기는 마찬가지이다."

「道路各別, 養家一般.」

◎《增廣賢文》에도 실려 있다.

299

"죽고 사는 것은 명이 있고,
부함과 귀함은 하늘에 달려 있다."

「死生有命, 富貴在天.」

1. 《論語》 顔淵篇에 「司馬牛憂曰: "人皆有兄弟, 我獨亡." 子夏曰: "商聞之矣: 死生有命, 富貴在天. 君子敬而無失, 與人恭而有禮. 四海之內, 皆兄弟也. 君子何患乎無兄弟也?"」라 하였다.
2. 《明心寶鑑》 順命篇에도 「子夏曰: "死生有命, 富貴在天."」이라 하였다.
3. 《增廣賢文》에도 실려 있다.

300

"편안한 태도와 한가한 정으로 오직 스스로 고상하기를 기약할 것이며,
청정함에 대한 표방과 올곧게 하여 남의 동정을 원하는 일이 없도록 하라."

「逸態閑情, 惟期自尚;
清標傲骨, 不願人憐.」

【傲骨】 자신의 지조에 대하여 오만할
정도로 올곧게 행동함. 戴埴의 《鼠璞》
에 「唐人李白不能屈身, 以腰間有傲骨」
이라 하였음.

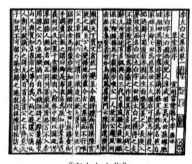

《李太白文集》

⊛《菜根譚》(533)에 「逸態閑情, 惟期自尚,
何事外修邊幅? 清標傲骨, 不願人憐, 無勞
多費胭脂」라 하였다.

301

"남들이 급히 굴 때 나는 급히 굴지 않았다가는,
　남들은 모두 한가한데 내 마음만 한가하지 못하게 된다."

「他急我不急, 人閑心不閑.」

302

"부자는 다음 해를 생각하고,
　가난한 자는 눈앞만 생각한다."

「富人思來年, 貧人顧眼前.」

참고 및 관련 자료

◉《增廣賢文》에는 「富人思來年, 貧人思眼前」이라 하였다.

303

"바쁜 속에 일 그르침이 많고,
취한 후에 진실 된 말 토해낸다."

「忙中多錯事, 醉後吐眞言.」

304

"산에 올라 호랑이를 잡기는 쉬워도,
입을 열어 남에게 도움을 청하기는 어렵다."

「上山擒虎易, 開口告人難.」

【告人難】 남에게 도움을 청하는 말을 하기는 어려움.

참고 및 관련 자료

1. 이는 元代 高則誠의 《琵琶記》 五娘剪髮賣髮에 처음 나오는 말이다.
2. 元 無名氏의 《奈何曲》에 「非奴苦要孝名傳, 只爲上山擒虎易, 開口告人難」
이라 하였다.

3.《事林廣記》(37),《警世通言》,《元曲選外編》(2)에는 '上山'이 '入山'으로 되어 있으며,《京本通俗小說》(15),《醒世恒言》(33),《永樂大全》(18) 등에도 널리 인용되어 있다.

4.《明心寶鑑》省心篇에도「入山擒虎易, 開口告人難」이라 하였다.

305

"배를 끄는 뛰어난 고수가 아니거든
  삿대 잡고 나서지 말라."

「不是撑船手, 休要提篙竿.」

참고 및 관련 자료

◎ 清 李漁의 《老星家戲改八字窮皂隷徒發萬全》에「不是撑船手, 休來弄竹竿. 衙門裡錢, 這等好趁? 要進衙門, 先要吃一付洗心湯, 把良心洗去」라 하였다.

306

"따뜻한 말 한마디 삼동三冬에도 따사롭고,
  기회에 맞지 않는 말 한 마디 유월에도 냉기가 돈다."

「好言一句三冬暖, 話不投機六月寒.」

【投機】 말이 서로 투합하여 기회에 맞음.

참고 및 관련 자료

◉元 王實甫의 《西廂記》(第3本第2折)에 「甛言蜜語三冬暖, 惡語傷人六月寒」
이라 하였다.

307

"음音을 아는 자는
그 음을 아는 자에게 들려주어야 한다.
음을 아는 자가 아니라면
더불어 말을 하지도 말라."

「知音說與知音聽, 不是知音莫與談.」

【知音】「伯牙絶弦」의 고사를 남긴 伯牙와 鍾子期의 일화를 말함. 《列子》
湯問篇에「伯牙善鼓琴, 鍾子期善聽. 伯牙鼓琴, 志在登高山. 鍾子期曰: "善哉!
峩峩兮若泰山!" 志在流水. 鍾子期曰: "善哉! 洋洋兮若江河!" 伯牙所念, 鍾子期
必得之. 伯牙游於泰山之陰, 卒逢暴雨, 止於巖下; 心悲, 乃援琴而鼓之. 初爲

霖雨之操, 更造崩山之音. 曲每奏, 鍾子期輒窮其趣. 伯牙乃舍琴而嘆曰: "善哉! 善哉! 子之聽夫! 志想象猶吾心也. 吾於何逃聲哉!"라 하였음. 그리고 《漢書》 陳元傳에는 「至音不合衆聽, 故伯牙絶絃; 至寶不同衆好, 故卞和泣血」이라 함.

1. 明 馮夢龍의 《警世通言》(卷一)에 「知音說與知音聽, 不是知音莫與談」이라 하였다.
2. 宋 呂祖謙의 《詩律武庫》(7) 聲樂門, 高山流水에는 「不是知音莫與彈」이라 하였다.
3. 《增廣賢文》에는 「知音說與知音聽, 不是知音莫與彈」이라 하여 약간의 글자가 다르다.

308

"참언은 훌륭한 군자를 허물어지게 하고,
미색은 소년을 미치게 하여 무너뜨린다."

「讒言敗壞眞君子, 美色消磨狂少年.」

309

"마음을 써서 온갖 계교計較를 부려보아도 하는 일마다 어그러지지만,
한 걸음 물러서 생각해보면 일마다 너그럽다."

「用心計較般般錯, 退步思量事事寬.」

【計較】 계산하고 비교함. 이익에 몰두함.

참고 및 관련 자료

1. 宋 兪文豹의 《吹劍四錄》에 「著心計較般般錯, 退步思量事事寬」이라 하였다.
2. 《增廣賢文》에도 실려 있다.

310

"다만 푸른 버드나무만 있으면 어디나 말을 맬 수 있는 것이요,
어디 가나 길이 있으니 모두가 장안長安으로 통할 수 있는 것이다."

「但有綠楊堪繫馬, 處處有路到長安.」

1. 南宋 普濟의 《五燈會元》(권20) 〈資壽尼妙惠禪師〉에 「尼問: "如何是奪人
不奪境?" 師曰: "野花開滿路, 遍地是淸香." 曰: "如何是奪境不奪人?" 師曰:
"茫茫宇宙人無數, 幾個男兒是丈夫?" 曰: "如何是人境俱不奪?" 師曰: "處處
綠楊堪繫馬, 家家門首透長安." 曰: "如何是人境兩俱奪?" 師曰: "雪覆蘆花,
舟橫斷岸."」이라 하였다.
2. 《增廣賢文》에는 「但有綠楊堪繫馬, 處處有路通長安」이라 하였다.

311

"사람의 욕심은 처음 일어날 때 이를 잘라 없애야 한다.
그렇게 하면 마치 새로 나는 싹을 자르는 것과 같아
그 일 해내기가 매우 쉽다.
만약 그 편함만 즐기다가 잠시라도 손가락을 집어넣었다가는
곧 만 길 깊이로 빠져들고 만다.
하늘의 이치는 잠깐 보일 때 충분히 채우고 개척開拓해야 한다.
그렇게 하면 마치 때 묻은 거울을 닦는 것과 같아
그 광채가 점점 더해질 것이다.
그러나 만약 그 어려움을 꺼리느라 조금이라도 퇴보가 있게 되면
그 멀어지기가 천 개의 산을 격한 것이 되느니라."

「人欲從初起時剪除, 如斬新芻, 工夫極易,
若樂其便, 而姑爲染指, 則深入萬仞;
天理自乍見時充拓, 如磨塵鏡, 光彩漸增,
若憚其難, 而稍爲退步, 便遠隔千山」

【染指】좋은 음식을 맛보려고 손가락을 솥에 집어넣어 더럽힘.《左傳》宣公
4년에「楚人獻黿于鄭靈公. 公子宋與子家將見, 子公之食指動, 以示子家, 曰:
"他日我如此, 必嘗異味."……及食大夫
黿, 召子公而不與也. 子公怒, 染指于
鼎, 嘗之而出」이라 함.

【充拓】擴充開拓함. 明 王守仁의《傳習
錄》卷上에「孩提之童, 無不知愛其親,
無不知敬其兄, 只是這個靈能不爲私
欲遮蔽, 充拓得盡, 便完完是他本體」
라 함.

王守仁(伯安, 陽明先生)《三才圖會》

참고 및 관련 자료

◉《菜根譚》(040)에「欲路上事, 毋樂其便而姑爲染指. 一染指便深入萬仞; 理路
上事, 毋憚其難而稍爲退步. 一退步便遠隔千山」으로 되어 있다.

312

"바람이 멈추고 난 후 다시 풍랑을 일으키지 말라.
배가 언덕에 닿은 후에는 배를 떠나라."

「風息時, 休起浪;
　岸到處, 便離船.」

참고 및 관련 자료

◎《菜根譚》(430)에「鴻未至, 先援弓, 兎已亡, 再呼犬, 總非當機作用; 風息時, 休起浪, 岸到處, 便離船, 纔是了手工夫」라 하였다.

313

"남의 악행은 감추어주고 대신 선을 들추어내며,
 행동은 조심하고 말은 신중히 하라."

「隱惡揚善, 謹行愼言.」

참고 및 관련 자료

1.《周易》大有卦에「君子以遏惡揚善」이라 하였다.
2.《中庸》6章에「子曰: "舜其大知也與! 舜好問而好察邇言, 隱惡而揚善, 執其兩端, 用其中於民, 其斯以爲舜乎!"」라 하였다.
3.《禮記》緇衣篇에「故言必慮其所終, 而行必稽其所敝, 則民謹于言而愼於行」이라 하였다.
4.《增廣賢文》에는「隱惡揚善, 執其兩端」으로 실려 있다.

314

"스스로 초연超然함에 처하고, 남과 함께 함에는 애연藹然히 하라.
득의했을 때는 감연歉然히 하며, 실의했더라도 태연泰然히 하라."

> 「自處超然, 處人藹然.
>   得意歉然, 失意泰然.」

【超然】《老子》(26장)에 「是以聖人終日行不離輜重, 雖有榮觀, 燕處超然」
이라 함.
【藹然】온화하고 따뜻하게 함.
【歉然】《孟子》盡心(上)에 「附之以韓魏之家, 如其自視歉然, 則過人遠矣」라
하였고, 朱熹 集註에 「歉然, 不自滿之義」라 함.

참고 및 관련 자료

◉淸 金纓의 《格言聯璧》存養類에 「自處超然, 處人藹然, 無事澄然, 有事
斬然, 得意淡然, 失意泰然」이라 하였다.

315

"늙을수록 더욱 건장하게 하고,
궁할수록 더욱 견강히 하라."

「老當益壯, 窮且益堅.」

참고 및 관련 자료

1. 《後漢書》 馬援傳에 「馬援早歲居北放牧, 曾謂賓客曰: “丈夫爲志, 窮當益堅, 老當益壯.”」이라 하였다.

2. 唐 王勃의 〈滕王閣序〉에 「嗚呼! 時運不濟, 命運多舛, 所賴君子安貧, 達人知命. 老當益壯, 寧知白首之心, 窮且益堅, 不墜靑雲之志」라 하였다.

316

"과거에 급제하여 이름이 방에 오르니,
가난하던 집에 광채가 솟아나지만,
자리 옆에 돈이 다 떨어지니,
장사壯士의 얼굴빛이 나지 않는구나."

「榜上名揚, 蓬門增色;
　床頭金盡, 壯士無顏.」

【蓬門】 아주 가난한 집안. 빈한한 문벌.
【床頭】 자리 옆. 신변.

1. 〈古詩〉에 「床頭黃金盡, 壯士無顏色」이라 하였다.

2. 唐 張籍의 〈行路難〉 시에 「君不見床頭黃金盡, 壯士無顏色?」이라 하였다.

3. 《幼學瓊林》에는 「然而床頭金盡, 壯士無顏; 囊內錢空, 阮郎羞澁」이라 하였다.

《幼學瓊林》

317

"검소하게 살다가 사치스러워지기는 쉬우나,
  사치를 누리다가 검소함으로 되돌아오기는 어렵다."

「由儉入奢易, 由奢入儉難.」

1. 宋 袁采의 《袁氏世範》에 「日入之數多于日出, 此所以常有餘. ……古人謂: "由儉入奢易, 由奢入儉難." 蓋謂此爾」라 하였다.

2. 宋 司馬光의 〈訓儉示康〉에 실려 있다.

3. 《增廣賢文》에는 「從儉入奢易, 從奢返儉難」으로 되어 있다.

318

"어려서는 성장하는 것이 누구나 천성대로 같으나,
 습관이 자연스럽게 본성에서 멀어지게 하는 것이다."

「少成若天性, 習慣成自然.」

참고 및 관련 자료

1.《論語》陽貨篇에「子曰: "性相近也, 習相遠也."」라 하였다.
2.《孔子家語》七十二弟子解에「少成則若性也, 習慣若自然也」라 하였다.
3. 賈誼《新書》保傅篇에는「孔子曰: "少成若天性, 習慣若自然."」이라 하였다.
4.《大戴禮記》保傅篇에도 비슷한 구절이 실려 있다.

319

"스스로 자신을 봉양함에는 모름지기 검약하게 하고,
 남의 초대로 손님이 되어서는 절대 더 머물고 싶어하지 말라."

「自奉必須儉約, 宴客切勿留連.」

【留連】놀이나 잔치에 나가 미련이 남아 되돌아올 줄 모르는 것. '流連'과 같음.《孟子》梁惠王(下)와《晏子春秋》에「流連荒亡, 爲諸侯憂. 從流下而忘反謂之流; 從流上而忘反謂之連; 從獸無厭謂之荒; 樂酒無厭謂之亡. 先王無流連之樂, 荒亡之行. 惟君所行也」라 함.

참고 및 관련 자료

1. 淸 朱用純의《治家格言》에 실려 있다.
2. 明 呂坤의《續小兒語》(四言)에「待人要豐, 自奉要約」이라 하였다.

320

"고목은 봄을 만나면 오히려 다시 피어나건만,
 사람은 소년 시절을 두 번 겪을 수 없도다."

「枯木逢春猶再發, 人無兩度再少年.」

참고 및 관련 자료

1. 元 關漢卿의《裴度還帶》(제2절)와《玉鏡臺》(1),《范張鷄黍》(1),《竇娥冤》楔子 등에「花有重開日, 人無再少年」이라 하였다.
2.《永樂大全》(2)에는「花謝尙有重開日, 人老終無再少年」이라 하였다.
3. 본《賢文》(271)에「百年容易過, 靑春不再來」라 하였다.
4.《宋詩抄》張詠의《乖崖詩抄》〈勸酒惜別〉에「人生年少不再來, 莫把靑春枉抛擲」이라 하였다.
5.《增廣賢文》에도 실려 있다.

321

"젊어서 욕심을 줄이니 얼굴이 언제나 보기 좋고,
  늙어서 관직을 구하려 들지 않으니 꿈자리도 한가롭다."

「少而寡欲顔常好, 老不求官夢亦閑.」

322

"책은 내가 아직 읽지 못한 것이 있지만,
  내 겪은 일은 남에게 일러줄 수 없는 것이 없도다."

「書有未曾經我讀, 事無不可對人言.」

참고 및 관련 자료

1. 淸 金纓의 《格言聯璧》持躬에 실려 있다.
2. 《宋史》司馬光傳에 「吾無過人者, 但生平所爲, 未嘗有不可對人言者耳」라
하였다.

323

"형제 숙질간에는
모름지기 서로 남는 것을 나누어 부족한 자에게 보태주어야 하며,
집안에서 장유長幼와 내외간에는
의당 가정의 법규와 주고받는 말을 엄숙히 하여야 한다."

「兄弟叔侄, 須分多潤寡;
　長幼內外, 宜法肅詞嚴」

참고 및 관련 자료

◉ 淸 朱用純의 《治家格言》에 실려 있다.

324

"밥 한 술 죽 한 그릇도 의당 그것이 여기까지 쉽게 올 수 없음을 생각하고,
실 반 올에도 항상 물자를 구하기 어려움을 생각하라."

「一飯一粥, 當思來處不易;
　半絲半縷, 恒念物力維艱.」

◉ 이는 淸 朱用純의 《治家格言》에 「一粥一飯, 當思來之不易; 半絲半縷, 恆念物力維艱」으로 되어 '處'가 '之'로 되어 있다.

325

"사람이 배우면 비로소 도를 알게 되지만,
 배우지 않으면 역시 한갓 그렇게 살게 될 뿐이다."

「人學始知道, 不學亦徒然.」

【徒然】 한갓 그대로 살아감. 다른 기록에는 '枉然'으로 되어 있음.

1. 唐代 孟郊의 〈勸學〉시의 일부이다. 288 주 참조.
2. 《增廣賢文》에는 「擊石原有火, 不擊乃無煙. 人學始知道, 不學亦枉然」이라
하였다.

326

"어리석을수록 자신의 의견대로 하기를 좋아하고,
 천할수록 자신만 옳다는 것을 즐겨한다."

「愚而好自用, 賤而好自專.」

참고 및 관련 자료

◉《中庸》(28장)에「子曰: "愚而好自用, 賤而好自專, 生乎今之世, 反古之道.
如此者, 災及其身者也."」라 하였다.

《中庸》

327

"책이 있으니 진정 부귀한 것이요,
 아무 일없이 무사하니 작은 신선이로다."

「有書眞富貴, 無事小神仙.」

328

"외로운 구름 한 조각 산 귀퉁이에서 나오되,
 떠나고 머묾에 대하여 어떤 매임도 없도다.
 맑은 거울(달)이 공중에 걸려 있되,
 예쁘고 추함에 대하여 아무런 간섭을 하지 않도다."

「出岫孤雲, 去來一無所繫;
 懸空朗鏡, 姸醜兩不相干.」

【出岫】구름이 산 귀퉁이에서 솟아오름. 한가함을 뜻함. 陶淵明의 〈歸去
來辭〉에 「雲無心以出岫, 鳥倦飛以知還」이라 함.
【懸空朗鏡】허공에 걸려 있는 밝은 달. 달을 상징하여 표현한 말.
【姸醜】예쁜 것과 추한 것.

1.《菜根譚》(254)에「孤雲出岫, 去留一無所係; 朗鏡懸空, 靜躁兩不相干」이라 하였다.

2.《增廣賢文》에는「流水下灘非有意, 白雲出岫本無心」이라 하여 약간 다르다.

〈歸去來辭〉

329

"그대에게 권하노니 복을 지음에 꼭 돈이 있어야 하는 것은 아니다.
재앙이 다가오면 천만금을 뿌린들 제거시킬 수 있겠는가?"

「勸君作福便無錢, 禍到臨頭使萬千?」

【使萬千】'천만금의 돈으로 부린들 소멸시킬 수 있겠는가?'의 뜻.

330

"선악을 선택해야 할 문턱에서 절대 착오가 없도록 하라.
한번 실수하면 만겁을 두고 사람 몸으로 다시 태어나기 어렵다."

「善惡關頭休錯認, 一失人身萬劫難.」

【人身】 사람의 몸으로 태어남. 불교에서 말하는 '六道' 중에 5번째로 태어남을
말함. 六道는 天道, 人道, 阿修羅道, 畜生道, 餓鬼道, 地獄道의 輪廻 과정을
말하며, 선악의 덕을 쌓아야 인도(사람)로 태어남.

참고 및 관련 자료

◉ 南宋 普濟의 《五燈會元》(권15) 雪門文偃禪師에 「莫將等閑, 空過時光. 一失
人身, 萬劫不復, 不是小事, 莫據目前」이라 하였다.

331

"덕을 쌓는 일은 마치 산을 만드는 것과 같다.
아홉 길을 쌓았을 때 마지막 한 삼태기를 그치지 말라.
사람을 용납함은 큰 바닷물과 같음을 배워라.
그렇게 가득 넘실거리면서도 오히려 온갖 냇물을 다 받아들인다."

「積德若爲山, 九仞頭休虧一簣;
　容人須學海, 十分滿尚納百川.」

【簣】흙을 퍼담아 나르는 기구. 삼태기.
【十分】매우. 부사. 바닷물이 그렇게 크게 가득 차 대단한 위용을 가졌으면
서도 하찮은 온갖 물줄기도 받아들임을 비유한 것.
【百川】온갖 물줄기.「海納百川」의 성어를 말함.

참고 및 관련 자료

1.《論語》子罕篇에「子曰:"譬如爲山, 未成一簣, 止, 吾止也. 譬如平地, 雖
覆一簣, 進, 吾往也."」라 하였다.
2. 李斯의〈上秦皇逐客書〉에「泰山不辭土壤, 故能成其大; 河海不擇細流,
故能就其深」이라 하였다.

332

"선을 행하는 것이 가장 즐거운 일이요,
　악을 짓고 나서는 도망칠 수가 없다."

「爲善最樂, 爲惡難逃.」

1.《後漢書》(42) 東平憲王蒼傳(劉蒼)에「日者問東平王: "居家何等最樂?" 王言: "爲善最樂."」이라 하였다.

2.《東觀漢紀》(東平王傳),《藝文類聚》(45),《北堂書鈔》(70), 淸 阮葵生의《茶餘客話》에도 실려 있다.

3.《明心寶鑑》繼善篇에는「爲善最樂, 道理最大」라 하였다.

4.《增廣賢文》에도 실려 있다.

333

"군대란 천 일을 기르지만
쓰기는 하루 아침이다."

「養兵千日, 用在一朝.」

1. 元 馬致遠《漢宮秋》(제2절)에「養軍千日, 用軍一時」라 하였다.

2.《水滸傳》(제61회)에도「盧俊義聽了大怒道: "養兵千日, 用在一朝. 我要你跟我去走一遭, 你便有許多推故."」라 하였다.

3.《三國志演義》(100回)에「朝廷養軍千日, 用在一時. 汝安敢出怨言, 以慢軍心」이라 하였으며,「養之千日, 用之一時」,「養兵千日, 用兵一時」,「養軍千日, 用兵一朝」 등 여러 가지 표현으로도 쓰인다.

4.《增廣賢文》에는「養軍千日, 用在一時」로 되어 있다.

5.《南史》陳暄傳에는「兵可千日而不用, 不可一日而不備」라 하였다.

334

"나라가 맑으면 재자才子가 귀함을 인정받고,
　집이 부유하면 아이가 교만스러워진다."

「國淸才子貴, 家富小兒嬌.」

【嬌】원 뜻은 '교태스럽다, 애교가 많다'이지만 많은 판본에 '驕'로 되어 있어
'아이가 교만스러워진다'의 뜻으로 보았음.

참고 및 관련 자료

1. 南宋 普濟의《五燈會元》(권19) 泐潭擇明禪師에 「師曰: "從來家富小兒驕,
偏向江頭弄畫撓. 引得老爺把持不住, 又來船上助歌謠."」라 하였다.
2. 元 秦簡夫의《東堂老》(제1절)에는 「運窮君子拙, 家富小兒驕」라 하였다.
3. 《明心寶鑑》省心篇에 「國淸才子貴, 家富小兒驕」라 하여 '嬌'가 '驕'로 되어 있다.
4. 《增廣賢文》에는 「國淸才子貴, 家富小兒嬌」로 되어 있다.

335

"만 가지 일이 모두 하품下品이요,
　오직 독서만이 높은 경지이다."

「萬般皆下品, 唯有讀書高.」

【下品】上品, 中品, 下品의 구분 가운데 가장 낮은 품격.

참고 및 관련 자료

1. 元 鄭廷玉의 《金鳳釵》(제2절)에 「正末題詩云: "天子重英豪, 文章教爾曹. 萬般皆下品, 惟有讀書高."」라 하였다.
2. 《琵琶記》(10)에도 인용되어 있다.

336

"선비는 자신을 알아주는 자를 위하여 쓰이는 것이요,
 절개는 추운 겨울에도 조락하지 않는 법이다."

「士爲知己用, 節不歲寒凋.」

참고 및 관련 자료

◉ 앞의 구절은 고대에 흔히 「士爲知己者死, 女爲悅己者容.」(《戰國策》 趙策), 「士爲知己用, 女爲說己容.」(《史記》 報任安書) 등으로 널리 알려져 있으며, 뒤의 구절은 《論語》 子罕便에 「歲寒, 然後知松柏之後凋也」의 뜻을 변형한 것이다.

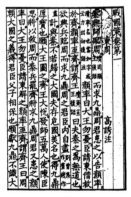

《戰國策》

337

"어부의 인도를 받지 않고서
 어찌 파도를 구경할 수 있겠는가?"

「不因漁父引, 怎得見波濤?」

【怎得】 '어떻게 ~할 수 있겠는가?'의 백화어 표현법.

참고 및 관련 자료

1. 경험 많은 이에게 가르침을 구하라는 뜻으로 《三寶大監西洋記》(제57회)에 「佛爺道: "張大仙差矣. 你豈不聞古人說得好: 不因漁夫引, 怎得就波濤?"」라 하였다.
2. 《古尊宿語錄》(11) 慈銘禪師에 「不因漁父引, 焉知水淺深」이라 하였다.
3. 淸 《育王崇來荃禪師語錄》에 「不因漁父引, 怎得見波濤」로 되어 있다.
4. 《增廣賢文》에도 실려 있다.

338

"단지 입 안에 남을 해칠 칼이 있는 줄만 알고 있지,
 소매 속에 단도를 감추고 있음은 알지 못한다."

「但知口中有劍, 不知袖裏藏刀.」

【口中有劍】말을 뜻함. 남에게 상처를 주는 말.
【袖裡藏刀】마음을 뜻함. 남을 속이고 이용하려는 못된 마음 씀씀이를 말함.

339

"봄누에는 죽음에 이르러서야 그 실이 다 풀리는 것이요,
 악한 말은 사람을 상하게 하고 나서 한탄해도 소멸시킬 수 없다."

「春蠶到死絲方盡, 惡語傷人恨難消.」

참고 및 관련 자료

1. 唐 李商隱의 〈無題〉 시에 「相見時難別亦難, 同風武力百花殘. 春蠶到死絲
方盡, 蠟炬成灰淚始乾. 曉鏡但愁雲鬢改, 夜吟應覺月光寒. 蓬山此去無多路,
靑鳥殷勤爲探看」이라 하였다.
2. 南宋 普濟의 《五燈會元》(권16) 法昌倚遇禪師에 「上堂: "汝若退身千尺, 我便
當處生芽; 汝若睹面相呈, 我便藏身露影. 眞得水洒不著, 風吹不入, 如個無孔
鐵錘相似. 且道法昌還有爲人處也無?" 良久曰: "利刀割肉瘡猶合, 惡語傷人
恨不消."」라 하였다.
3. 한편 같은 내용으로 《全唐詩》(539) 李商隱의 〈無題〉 시에 「春蠶到死絲
方盡, 蠟炬成灰淚始乾」이라 하였다.

340

"산에 들어 사람을 상하게 하는 범은 무섭지 않으나,
오직 사람의 인정 양 날 칼이 두렵다."

「入山不怕傷人虎, 只怕人情兩面刀.」

◉ 민간 속어이며 《增廣賢文》에도 실려 있다.

341

"세상에 가장 확실한 원리란 오직 백발이로다.
귀인의 머리 위라 해도 용서해준 적이 없다."

「世間公道惟白髮, 貴人頭上不曾饒.」

【公道】 누구나 인정하는 가장 확실한 원리.
【饒】 '용서하다'의 뜻. 여기서는 아무리 부유하거나 귀한 존재라 해도 흰머리는 용서 없이 나타남을 뜻함.

1. 唐, 杜牧(803~853)의 〈送隱者一絶〉시에 「無媒徑路草蕭蕭, 自古雲林遠市朝, 公道世間唯白髮, 貴人頭上不曾饒」라 하였다.
2. 《增廣賢文》에는 「公道世間唯白髮, 貴人頭上不曾饒」라 하였다.

342

"자신이 요구함이 없다면
가는 곳마다 인정이 후할 것이요,
자신이 술을 마시지 않는다면
남에 의해 술값 오르는 것 걱정할 것도 없다."

「無求到處人情好, 不飲隨他酒價高.」

1. 《明心寶鑑》 省心篇에는 「無求到處人情好, 不飲從他酒價高」로 되어 있다.
2. 《增廣賢文》에는 「無求到處人情好, 不飲任他酒價高」로 되어 있다.

343

"글씨와 그림은 아름다운 예술이다.
그러나 일단 여기에 정신을 잃고 집착하게 되면
장사꾼이 되고 만다.
산림은 경치 좋은 곳이다.
그러나 일단 잘 꾸미겠다고 연연하면
시장이나 조정처럼 시끄러운 곳이 되고 만다."

「書畫是雅事, 一貪癡便成商賈;
山林是勝地, 一營戀便成市朝.」

【商賈】 이익을 목적으로 하는 장사.
【市朝】 시장이나 조정. 사람들이 이익과 명예를 위하여 모여드는 곳.

참고 및 관련 자료

1. 《菜根譚》(258)에 「山林是勝地, 一營戀便成市朝; 書畫是雅事, 一貪痴便
成商賈. 蓋心無染着, 欲界是仙都, 心有係戀, 樂境成苦海矣」라 하였다.
2. 《收藏》 總論에 「收藏書畫是雅事, 原似雲煙過眼, 可以過而不留. 若一貪戀,
便生覬覦之心, 變雅爲俗矣」라 하였다.

344

"정욕과 생각은 모두가 망심妄心에 속하는 것이다.
망심을 녹여 없애 다한 이후에야 진심眞心이 발현된다.
긍지가 높아 거만하고 오만하게 구는 것은 객기客氣 아님이 없다.
객기를 항복시키고 난 이후에야 정기正氣가 바르게 펴진다."

「情欲意識屬妄心, 消殺得妄心盡, 而後眞心現;
矜高倨傲是客氣, 降伏得客氣平, 而後正氣調.」

【客氣】 지나치게 흥분되거나 과장된 행동 표현을 뜻함. 平常心이 아닌 심기.

▶ 참고 및 관련 자료

◉《菜根譚》(025)에 「矜高倨傲, 無非客氣, 降伏得客氣下, 而後正氣伸; 情欲意識, 盡屬妄心, 消殺得妄心盡, 而後眞心現」이라 하였다.

345

"바람을 이용하여 불을 피우면
힘이 적게 든다."

「因風吹火, 用力不多.」

참고 및 관련 자료

1. 宋 釋 普濟의 《五燈會元》 雙峰竟欽禪師에 「問: "如何是和尙爲人?" 師曰:
"因風吹火."」라 하였다.
2. 《金甁梅詞話》(80), 馮夢龍의 《警世通言》 白娘子永鎭雷峰塔에도 인용되어
있다.
3. 《增廣賢文》에도 실려 있다.

346

"세월은 마치 쏜살같고
 일월의 흐름은 마치 눈앞에 베틀의 북梭이 지나가는 것과 같다."

「光陰似箭, 日月如梭.」

【梭】베를 짤 때 가로 실을 넣는 기구. 빠르게 넣어 한 올씩 짜나감. '사'로
읽음.

1. 前蜀 韋莊의 〈關河道中〉 시에 「但見時光流似箭, 豈知天道曲如弓」이라
하였다.

2. 元 高則誠의 《琵琶記》 中相教女에는 「光陰似箭催人老, 日月如梭趲少年」
으로 되어 있다.

3. 한편 明 吳承恩의 《西遊記》(제9회)에는 「光陰似箭, 日月如梭, 不覺江流年
長一十八歲」라 하였다.

347

"길한 사람은 말을 적게 하고,
 성급한 사람은 말이 많다."

「吉人之辭寡, 躁人之辭多.」

【躁】 浮躁함. 躁急함. 성급하여 들떠 있음.
《論語》季氏篇에 "孔子曰:「侍於君子有三愆:
言未及之而言謂之躁, 言及之而不言謂之隱,
未見顔色而言謂之瞽.」라 하였음.

先聖(孔子) 《三才圖會》

348

"황금이 귀한 것이 아니요,
 안락이 곧 돈 많은 것에 해당한다."

「黃金未爲貴, 安樂値錢多.」

참고 및 관련 자료

1. 원래 北宋 邵雍(康節)의 시에서 나온 것이며, 元 關漢卿의 《裴度還帶》
(제2절)에 「花有重開日, 人無再少年. 休道黃金貴, 安樂最値錢」이라 하였다.
2. 《明心寶鑑》 省心篇에 「黃金未是貴, 安樂直錢多」라 하였고, 같은 곳에 「黃
金千兩, 未爲貴. 得人一語, 勝千金」이라 하였다.
3. 《增廣賢文》에도 실려 있다.

349

"아이와 후손이 나보다 낫다면 돈은 무엇에 필요하겠는가?
 아들과 후손이 나만 못하다면 역시 돈은 무엇에 필요하겠는가?"

「兒孫勝於我, 要錢做什麼.
  兒孫不如我, 要錢做什麼?」

【什麼】백화어 용법에 쓰이는 '무슨, 무엇'에 해당하는 말.

참고 및 관련 자료

◎ 《漢書》疏廣傳에 「子孫賢而多財, 則損其志; 愚而多財, 則益其過」라 하였다.

350

"돈을 쓸 줄 아는 사람은
그 집안이 얼마나 부유한가에 있지 않고,
풍류를 부릴 줄 아는 사람은
얼마나 많은 옷을 입고 있는가에 있지 않다."

「會使不在家豪富, 風雅不在著衣多.」

참고 및 관련 자료

◎ 《增廣賢文》에는 「會使不在家豪富, 風流不在着衣多」라 하여 '風雅'가
'風流'로 되어 있다.

351

"강하게 구는 가운데 더욱 강한 자가 있게 마련이요,
악인은 결국 악인에게 시달리게 되리라."

「强中更有强中手, 惡人自有惡人磨.」

참고 및 관련 자료

1. 元 無名氏의 《賺蒯通》(제3절)에 「那裡也惡人自有惡人磨, 這的是强中更遇强中手」라 하였고, 같은 元 無名氏의 雜劇 《桃花女》(2절)에는 「我想有這桃花女, 怎顯我的陰陽, 只等問成了親事時, 不怕不斷送在我手裡. 正是: 强中更有强中手, 惡人終被惡人磨」라 하였다.

2. 《西遊記》(제14회)에는 「劉太保前日打的斑爛虎, 還與打鬪了半日; 今日孫悟空不用爭持, 把這虎一棒打得稀爛, 正是'强中更有强中手'」라 하였다.

3. 그 외에 《謝金吾》(2), 《金瓶梅詞話》(43), 《西湖二集》(33) 등에도 실려 있다.

4. 《增廣賢文》에는 「强中更有强中手, 惡人終受惡人磨」라 하여 표현이 다르다.

352

"아는 일이 적을 때는 번뇌가 적지만,
 아는 사람이 많은 곳에는 시비도 많다."

「知事少時煩惱少, 識人多處是非多.」

참고 및 관련 자료

1. 《幽閨記》(32)에는 「熱心閑管是非多, 冷眼覷人煩惱少」라 하였다.

2.《墨憨齋定本傳奇》(12)에는「熱心招是非, 冷眼無煩惱」라 하였다.

3.《增廣賢文》에도 실려 있다.

353

"세간의 좋은 말은 책에 이미 다 말하였고,
　천하의 명산은 스님들이 거의 다 차지하고 있네."

「世間好語書說盡, 天下名山寺占多.」

참고 및 관련 자료

1.《韻府群玉》唐人詩歌韻에 실려 있다.

2.《增廣賢文》에는「世間好語書說盡, 天下名山僧占多」로 되어 있다.

3. 그러나 涵芬樓本《說郛》(14)에 인용된 宋 耐得翁의《就日錄》에는「世上好言佛說盡, 天下名山僧占多」로 되어 있다.

354

"덕을 쌓은 지 백 년이면 원기元氣가 후厚하고,
　독서한 지 삼 대면 아름다운 사람이 많이 난다."

「積德百年元氣厚, 讀書三代雅人多.」

【雅人】 문인. 공부하여 詩文으로 이름을 날리는 사람. 혹은 글을 많이 읽어 文雅하고 高邁한 인격을 지닌 자.

355

"가장 위는 부모요 중간은 자기 몸이며, 아래는 자식이다.
이를 정확히 하여 처리하는 것이 바야흐로 살아서 할 일이다.
상등의 품격을 세우고 중간쯤의 일을 하며 하등의 복을 누려야 한다.
이를 지켜 바르게 정하는 것이 바로 하나의 안락한 둥지이다."

「上爲父母, 中爲己身, 下爲兒女, 做得淸方了却平生事;
立上等品, 爲中等事, 享下等福, 守得定才是個安樂窩.」

【方】 '바야흐로'의 뜻. 아래의 才(纔)와 같음.
【安樂窩】 안락을 누리는 둥지. 자신이 안전을 얻을 수 있는 작은 삶터.

> 참고 및 관련 자료

◎ 北宋 邵雍(康節)은 자신의 호를 '安樂先生'이라 하고, 蘇門山에 은거하면서
자신의 집을 '安樂窩'라 하였으며, 〈無名公傳〉을 지어 「所寢之室謂之安樂窩,

不求過美, 惟求冬暖夏涼」이라 하였다. 그리고 〈安樂窩中四長吟〉을 지어 「安樂窩中快活人, 閑來四物幸相親: 一編詩逸收花月, 一部書嚴驚鬼神, 一炷香淸沖宇泰, 一樽酒美湛天眞」이라 하였다.

356

"한 마음으로 늘 깨어 있어야 비로소
신궁神弓과 귀신의 화살을 피할 수 있고,
티끌만큼의 먼지에도 물들지 않아야
비로소 땅과 하늘의 모든 그물을 열어젖힐 수 있느니라."

「一念常惺, 纔避得去神弓鬼矢;
纖塵不染, 方解得開地網天羅.」

【神弓鬼矢】 신의 활과 귀신의 화살. 피하기 어려운 재앙을 말함.
【纖塵】 아주 작은 티끌. 이것조차 마음을 괴롭히는 것으로 보았음. 范仲淹의
〈試筆〉에 「況有南窗姬易在, 此心那更起纖塵?」이라 함.
【地網天羅】 땅과 하늘에 널리 쳐져 있는 그물. 피하기 어려운 법망이나 함정
따위를 뜻함.

(참고 및 관련 자료)

◉《菜根譚》(375)에 「一念常惺, 纔避去神弓鬼矢; 纖塵不染, 方解開地網天羅」
라 하였다.

357

"부귀는 정情 없는 물건이다.
 그를 중하게 여길수록 그가 너를 해침이 그만큼 크리라.
 빈천貧賤은 오래 참고 사귈 친구이다.
 그에게 처하기를 좋게 할수록
 그는 너를 이롭게 함이 틀림없이 많으리라."

「富貴是無情之物, 你看得他重, 他害你越大;
　貧賤是耐久之交, 你處得他好, 他益你必多.」

참고 및 관련 자료

◉《菜根譚》(484)에는「富貴是無情之物, 看得他重, 他害你越大; 貧賤是耐久
之交, 處得他好, 他益你反深. 故貪商於而戀金谷者, 竟被一時之顯戮; 樂簞瓢
而甘敝縕者, 終享千載之令名」으로 되어 있다.

358

"겸손과 공경으로 남을 대접하고,
 충과 효로써 집안의 가풍으로 삼아라."

「謙恭待人, 忠孝傳家.」

359

"배우지 않으면 아무런 학술이 없다.
 독서가 곧 훌륭한 것이다."

「不學無術, 讀書便佳.」

참고 및 관련 자료

◉《漢書》霍光傳 贊에「不學亡術, 暗於大理」라 하였다.

360

"남자는 아내를 얻어 집안을 이루는 것이요,
 여자는 남자를 통해 가정을 이루는 것이다."

「男以女爲室, 女以男爲家.」

참고 및 관련 자료

1.《紅樓夢》(90),《淸平山堂話本》,《古今小說》(4),《水滸後傳》(39),《紅樓夢》
(90) 등에「男大當婚, 女大當嫁」라 하였다.
2.《幼學瓊林》夫婦篇에는「孤陰則不生, 獨陽則不長, 故天地配以陰陽; 男以
女爲室, 女以男爲家, 故人生偶以夫婦」라 하였다.

361

"뿌리 깊은 나무는 바람에 흔들림을 겁내지 않나니,
제 모습이 곧다면 어찌 해 그림자가 비스듬함을 근심하겠는가?"

「根深不怕風搖動, 表正何愁日影斜.」

참고 및 관련 자료

1. 《事林廣記》(9)에 「根深不怕風搖動, 樹正何愁月影斜」라 하였으며, 이것이 《增廣賢文》에는 「根深不怕風搖動, 樹正何愁月影斜」로 똑같이 실려 있다.
2. 《兒女英雄傳》(26)에 「心正不怕影兒斜, 脚正不怕倒蹈鞋」라 하였으며, 《林蘭香》(29)에도 이의 앞 구절이 인용되어 있다.

362

"능히 그만두면 진경塵境도 진경眞境이요,
아직 깨닫지 못하면 승가僧家도 속가俗家이니라."

「能休塵境爲眞境, 未了僧家是俗家.」

【塵境】 티끌 세상. 때 묻고 더러운 속세.
【眞境】 진솔한 仙界. 때가 묻지 않은 아름다운 세계.

참고 및 관련 자료

1. 이는 北宋 邵雍의 《伊川擊壤集》〈十三日游
上寺及黃澗〉 시의 구절이다.
2. 《菜根譚》(310)에는 「纏脫只在自心, 心了則屠
肆糟廛, 居然淨土. 不然, 縱一琴一鶴, 一花一卉,
嗜好雖淸, 魔障終在. 語云: "能休塵境爲眞境,
未了僧家是俗家." 信夫!」라 하였다.

邵雍(康節선생) 《三才圖會》

363

"집을 이루기는 마치 바늘로 흙을 퍼 올리는 것만큼 어렵지만,
  집안 망치기는 마치 큰물이 모래 휩쓸고 가듯이 쉬운 것이다."

「成家猶如針挑土, 敗家好似水推沙.」

364

"못에 물을 가득 가두어 가뭄을 방비하고,
농토를 깊이 갈아 집안을 풍족히 하라."

「池塘積水堪防旱, 田地深耕足養家」

참고 및 관련 자료

1. 思良齋의 〈勸農〉 시에 「池塘多放旋添祝, 田地深耕足養家」라 하였다.
2. 淸 褚人穫의 《堅瓠集》에도 실려 있다.
3. 《增廣賢文》에는 「池塘積水須防旱, 田土深耕足養家」라 하여 '田地'가 '田土'로
되어 있다.

365

"강학講學하면서 몸소 실천함을 숭상하지 않는다면
이는 구두선口頭禪에 불과한 것이다.
업적을 세움에 덕 심기를 생각지 않는다면
이는 금방 사라질 눈앞의 꽃처럼 되고 마는 것이다."

「講學不尙躬行, 爲口頭禪;
　立業不思種德, 如眼前花」

【口頭禪】 입으로만 선을 외움. 형식적으로 성의 없이 일을 처리함을 뜻함.
원래 불교 용어.

참고 및 관련 자료

◉《菜根譚》(057)에는 「讀書不見聖賢, 爲鉛槧傭; 居官不愛子民, 爲衣冠盜;
講學不尙躬行, 爲口頭禪; 立業不思種德, 爲眼前花」라 하였으며, 이《菜根譚》의
구절은 淸 唐訓方의《里語徵實》(卷中下)에 그대로 董思白의 말로 실려 있다.

366

"한 가닥 하지 않을 수 있는 기개와 절의는
바로 하늘을 떠받치고 땅을 떠받치는 기둥이요 주춧돌이로다.
한 점의 차마 못 하는 마음은
바로 백성을 살리고 만물을 살리는 뿌리요 싹이로다."

「一段不爲的氣節, 是撐天立地之柱石;
一點不忍的念頭, 是生民育物之根芽.」

참고 및 관련 자료

◉《菜根譚》(376)에는 「一點不忍的念頭, 是生民生物之根芽; 一段不爲的氣節,
是撐天撐地之柱石. 故君子於一蟲一蟻, 不忍傷殘; 一縷一絲, 勿容貪冒, 便可
爲民物立命, 天地立心矣」라 하였다.

367

"일찍 일어나면 삼광三光을 일으킬 수 있고,
   늦게 일어나면 삼황三慌을 일으키고 만다."

「早起三光, 遲起三慌」

【三光】세 가지 빛. 아침 일찍 일어나 머리를 빗고 세수하는 것을 頭光이라
하며, 마당을 쓸고 청소하는 것을 地光, 아궁이에 불을 지펴 아침밥 준비를
하는 것을 조광(竈光)이라 한다 함.
【三慌】三光의 일을 해내지 못하는 것.

참고 및 관련 자료

◉ 민간 속언이다.

368

"하늘에 순응하는 자는 살아남고,
   하늘에 역행하는 자는 죽고 만다."

「順天者存, 逆天者亡」

1. 《孟子》 離婁(上)에 「天下有道, 小德役大德, 小賢役大賢; 天下無道, 小役大, 弱役强. 斯二者, 天也. 順天者存, 逆天者亡」이라 하였다.

2. 《明心寶鑑》 天命篇에도 전재되어 있다.

3. 《增廣賢文》에도 실려 있다.

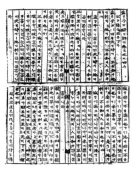

《孟子諺解》조선. 필자소장

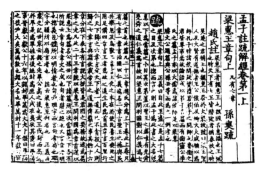

《孟子》漢 趙岐(주) 宋 孫奭(疏)

369

"세상 사는 길의 풍파는
내 마음을 단련하는 곳이요,
인정의 차고 따뜻함은
내 성품을 참게 하는 시험장이로다."

「世路風波, 煉心之境;
　人情冷暖, 忍性之場.」

【煉心】마음을 쇠처럼 단련하여 굳세게 함.
【忍性】성품 중에 참을성을 길러줌. 《孟子》告子(下)에 「所以動心忍性, 曾益
其所不能」이라 함.

370

"입을 상쾌하게 하는 음식을 많이 먹으면 끝내 병을 일으키고,
 마음을 즐겁게 하는 일이 지나치면 틀림없이 재앙이 생기고 만다."

「爽口食多終作疾, 快心事過必生殃」

참고 및 관련 자료

1. 《菜根譚》(105)에는 「爽口之味, 皆爛腸腐骨之藥, 五分便無殃; 快心之事,
悉敗身喪德之媒, 五分便無悔」라 하였다.
2. 《增廣賢文》에는 「爽口食多偏作病, 快心事過恐生殃」이라 하여 표현이
다르다.

371

"탕 임금과 무왕은 '악악諤諤'대는 신하로 인하여 창성한 것이요,
 걸왕과 주왕은 그저 '예, 예' 하는 신하들 때문에 망한 것이다."

「湯武以諤諤而昌, 桀紂以唯唯而亡.」

【湯武】商나라를 일으킨 湯王과 周나라를 일으킨 武王. 모두
　聖王으로 추앙받음.

【桀紂】夏나라를 망하게 한 桀王과 殷(商)나라를 망하게
　한 紂王. 모두 포악한 군주로 지칭됨.

【諤諤】왕의 잘못에 대하여 목숨을 내걸고 간언함을 뜻함.
　爭諫之臣을 가리킴.

【唯唯】왕의 어떠한 말에도 잘한다고 받들어주며 비위를
　맞추는 말. 奸臣, 諂諛之臣을 가리킴.

周 武王

참고 및 관련 자료

1. 《韓詩外傳》(권7)에 「千羊之皮, 不若日狐之腋; 衆人諾諾, 不若一士之諤諤.
昔者, 商紂黙黙而亡, 武王諤諤而昌」이라 하였고, 권10에는 「有諤諤爭臣者, 其
國昌; 有黙黙諛臣者, 其國亡」이라 하였다.

2. 《孔子家語》六本篇에 「孔子曰: "湯武以諤諤而昌, 桀紂以唯唯而亡. 君無
爭臣, 父無爭子, 兄無爭弟, 士無爭友, 無其過者, 未之有也."」라 하였다.

3. 《說苑》正諫篇에는 「孔子曰: "良藥苦於口, 利於病; 忠言逆於耳, 利於行.
故武王諤諤而昌, 紂嘿嘿而亡, 君無諤諤之臣, 父無諤諤之子, 兄無諤諤之弟, 夫
無諤諤之婦, 士無諤諤之友; 其亡可立而待."」라 하였다.

372

"도량은 좁더라도 기氣는 크게 가져야 하고,
　나이는 어리나 마음 씀은 원대하게 가져야 한다."

「量窄氣大, 髮短心長.」

【氣】 성질. 도량이 좁으면서 화는 잘 냄을 뜻한다.

참고 및 관련 자료

◉《左傳》(昭公 3년)에 「彼其髮短, 而心甚長, 其或寢處我也」라 하였다.

373

"착하게 하면 장수를 누리고,
 악하게 하면 틀림없이 일찍 죽는다."

「善必壽考, 惡必早亡.」

【壽考】 장수를 누림.《詩經》大雅 棫朴에 「周王壽考, 遐不作人」이라 함.

374

"아이가 있는 한 가난이 오래 갈 수 없고,
 자식이 없으면 복을 길게 누릴 수 없다."

「有兒貧不久, 無子福不長.」

참고 및 관련 자료

◎《增廣賢文》에는 「有兒窮不久, 無子富不長」이라 하여 표현이 다르다.

375

"치세와 함께하여 같은 도道로 하면 흥하지 못할 것이 없고,
 난세와 함께하여 같은 일을 하면 망하지 않음이 없다."

「與治同道罔不興, 與亂同事罔不亡.」

【罔】 '無'와 같음.

◉《尙書》太甲(下)에「德惟治, 否德亂. 與治同道罔不興, 與亂同事罔不亡」
이라 하였다.

376

"부귀함에는 반드시 본래의 분수에 따르면 되고,
 빈궁하다고 해서 생각을 굽힐 필요도 없다."

「富貴定要依本分, 貧窮不必枉思量.」

◉《增廣賢文》에는「富貴定要依本分, 貧窮不必再思量」이라 하였다.

377

"복이란 구한다고 얻을 수 있는 것이 아니니,
 기쁜 정신을 수양함을 복을 부르는 근본으로 여기면 될 뿐이다.
 재앙이란 가히 피한다고 되는 것이 아니니,
 살기殺機를 제거함을 재앙을 멀리하는 방법이라 여기면 될 뿐이다."

> 「福不可邀, 養喜神以爲招福之本;
>
> 　禍不可避, 去殺機以爲遠禍之方.」

【邀】'요구하다, 맞이하다'의 뜻.
【殺機】산 것을 죽게 하는 기능, 기밀.

참고 및 관련 자료

◎《菜根譚》(071)에는 「福不可徼, 養喜神, 以爲召福之本而已; 禍不可避, 去殺機, 以爲遠禍之方而已」라 하였다.

378

"사람은 재물 때문에 죽고,
　새는 먹이 때문에 죽는다."

> 「人爲財死, 鳥爲食亡.」

참고 및 관련 자료

1.《官場維新記》(13)에 실려 있다.
2.《全唐詩外編》에는 「鳥饑緣食亡, 人能爲財死」라 하였다.

3. 《吳越春秋》(5)에는 「高飛之鳥, 死於美食; 深泉之魚, 死於芳餌」라 하였다.
4. 《增廣賢文》에도 실려 있다.

379

"남의 쌀 한 말 탐내다가
도리어 자신의 반 년 식량을 잃을 것이요,
남의 돼지 다리 하나 다투다가
도리어 자신의 양¥ 한 마리를 잃게 된다."

「貪他一斗米, 失去半年糧;
　爭他一脚豚, 反失一肘羊.」

【一肘羊】 원래 '양의 다리 하나'를 말하나, 흔히 '양 한 마리(隻)'로 해석함.

참고 및 관련 자료

1. 南宋 普濟의 《五燈會元》(권19) 護國景元禪師에 「曰: "向上還有路也無?"
師曰: "有." 曰: "如何是向上路?" 師曰: "黑漫漫地." 僧便喝. 師曰: "貪他一
粒米, 失却半年糧."」이라 하였다.
2. 《增廣賢文》에도 실려 있다.

380

"탐하지 아니함을 보물로 삼으니,
　서로 각자 가지고 있는 것이 서로 상케 함이 아니 되리라."

「不貪爲寶, 兩不相傷.」

참고 및 관련 자료

1. 이는 春秋時代 宋나라 어떤 사람이 寶玉을 얻어 子罕에게 주었으나 子罕이
받지 않으면서 한 말이다. 《左傳》(襄公 15년)에 「我以不貪爲寶, 爾以玉爲寶.
若以與我, 皆喪寶焉, 不若人有其寶」라 하였다.

2. 《新序》節士篇에 「宋人有得玉者, 獻諸司城子罕, 子罕不受. 獻玉者曰: "以示
玉人, 玉人以爲寶, 故敢獻之." 子罕曰: "我以不貪爲寶, 爾以玉爲寶. 若與我者,
皆喪寶也, 不若人有其寶." 故宋國之長者曰: "子罕非無寶也, 所寶者異也. 今以
百金與搏黍以示兒子, 兒子必取搏黍矣; 以和氏之璧與百金以示鄙人, 鄙人必
取百金矣, 以和氏之璧與道德之至言, 以示賢者, 賢者必取至言矣. 其知彌精,
其取彌精; 其知彌觕, 其取彌觕. 子罕之所寶者至矣."라 하였다.

3. 《呂氏春秋》異寶篇, 《韓非子》喩老篇 및 《淮南子》精神訓에도 실려 있다.

381

"그림 속의 물은 바람도 없는데 물결을 일으키고,
　수놓은 꽃은 비록 예쁘기는 하나 향기를 맡을 수 없다."

「畫水無風偏作浪, 綉花雖好不聞香.」

【綉】繡와 같음.

참고 및 관련 자료

◉《增廣賢文》에도 실려 있다.

382

"가난할 때는 달사達士에게 돈 한 푼 갖다 주는 경우가 없으나,
  병들고 나면 고인高人이 찾아와 처방이 어떠니 하고 떠들어댄다."

「貧無達士將金贈, 病有高人說藥方.」

참고 및 관련 자료

◉《增廣賢文》에도 실려 있다.

383

"삼생三生이라는 것이 있음은 그나마 행운이니,
 밥 한술의 은혜도 잊어서는 아니 된다."

「三生有幸, 一飯不忘.」

【三生】前生, 今生, 來生. 이러한 윤회가 있음
은 내가 다시 태어날 수 있는 기회요 행운이
라는 뜻.
【一飯不忘】《史記》淮陰侯列傳에 韓信이
가난한 어린 시절 빨래하는 아낙에게 밥을
얻어먹은 적이 있었음. 이것을 나중에 성공
하여 천금으로 갚은 고사를 말함. 흔히「漂母
一飯」,「一飯千金」이라는 성어로 알려져 있음.
「信釣於城下, 諸母漂, 有一母見信飢, 飯信, 竟
漂數十日. 信喜, 謂漂母曰: "吾必有以重報母."
母怒曰: "大丈夫不能自食, 吾哀王孫而進食,
豈望報乎!"」라 하였음.

〈韓信〉清 上官周《晚笑堂畫傳》

384

"선함을 보거든 그에 미치지 못한 듯 여기고,
 악함을 보거든 마치 뜨거운 물속에서 물건을 찾듯이 여겨라."

「見善如不及, 見惡如探湯.」

1. 《論語》季氏篇에 「孔子曰: "'見善如不及, 見不善如探湯.' 吾見其人矣, 吾聞
其語矣. '隱居以求其志, 行義以達其道.' 吾聞其語矣, 未見其人也."」라 하였다.
2. 《明心寶鑑》繼善篇과 《增廣賢文》에도 실려 있다.

385

"숲 속에 은둔하면 영욕榮辱이 없고,
 노상에서 도의를 실천하면 염량炎凉이 없다."

「隱逸林中無榮辱, 道義路上泯炎凉.」

【炎凉】세태의 차고 더운 변화를 뜻함.
【泯炎凉】《菜根譚》에는 '無炎凉'으로 되어 있음. '炎凉'은 인정과 세태의
 변화를 말함.

◉ 《菜根譚》(248)에는 「隱逸林中無榮辱, 道義路上無炎凉」이라 하였다.

386

"가을이 오면 온 산 가득 단풍으로 아름답고,
  봄이 오면 좋은 꽃향기 없는 곳이 없도다."

「秋至滿山皆秀色, 春來無處不花香.」

참고 및 관련 자료

1.《元曲選外編》〈破窯記〉(1)에「秋到自然山有色, 春來那個樹無花」라 하였다.
2.《增廣賢文》에는「秋至滿山多秀色, 春來無處不花香」이라 하였다.

387

"악은 어두운 곳을 꺼려 하고,
  선은 밝은 곳을 꺼린다."

「惡忌陰, 善忌陽.」

참고 및 관련 자료

1. 《菜根譚》(139)에 「惡忌陰, 善忌陽. 故惡之顯者禍淺, 而隱者禍深; 善之顯者功小, 而隱者功大」라 하였다.

2. 본 《賢文》(133)의 「爲惡畏人知, 惡中猶有善路, 爲善急人知, 善處卽是惡根」과 같은 주제이다.

388

"아궁이 근처에는 땔감을 멀리하고,
  항아리에는 물을 가득 채워 화재를 예방하라."

「窮竈門, 富水缸.」

참고 및 관련 자료

1. 이는 화재예방을 위한 민간격언으로, 淸 李光庭의 《鄕言解頤》 開口七事에 「窮竈門, 富水缸, 曲突徙薪, 免致焦頭爛額矣」라 하였다.

2. 《漢書》 霍光傳과 《說苑》 權謀篇에 「客有過主人者, 見竈直堗, 傍有積薪. 客謂主人曰:「曲其堗, 遠其積薪. 不者, 將有火患.」 主人嘿然不應. 居無幾何, 家果失火. 鄕聚里中人, 哀而救之, 火幸息. 於是殺牛置酒, 燔髮灼爛者在上行, 餘客用功次坐, 而反不錄言曲堗者」라 하였다.

3. 《明心寶鑑》 省心篇에 「曲堗徙薪無爲功, 焦頭爛額爲上客」이라 하였다.

389

"집안의 도둑 막기가 가장 어렵다.
 심지어 집안의 양식까지 훔쳐낸다."

「家賊難防, 偸斷屋糧.」

【偸斷】'偸光'과 같으며 '몽땅 훔쳐감'을 뜻함.

참고 및 관련 자료

◎ 南宋 普濟의 《五燈會元》 同安志禪師法嗣, 梁山緣觀禪師에 「問: "家賊難防時如何?" 師曰: "識得不爲冤"이라 하였다.

390

"앉아서 먹기만 하면 산더미만큼 많은 재산도 먹어치울 수 있고,
 놀기에 바쁘면 생업이 황폐해진다."

「坐吃如山崩, 游嬉則業荒.」

参考 및 관련 자료

1. 元 秦簡夫의 《東堂老》(제1절)에 「自從俺父親亡過十年光景, 只在家裡死
丕丕的閑著, 那錢物則有出去的, 無有進來的, 便好道: 坐吃山空, 立吃地陷」
이라 하였다.
2. 唐 韓愈의 〈進學解〉에 「業精於勤, 荒於嬉」라 하였다.

391

"노비는 준수하고 멋진 자를 쓰지 말고,
　처첩은 절대 예쁜 화장을 하지 못하도록 하라."

「奴婢勿用俊美, 妻妾切勿豔妝.」

참고 및 관련 자료

◉ 朱用純의 《治家格言》에 「童僕勿用俊美, 妻妾切勿豔妝」이라 하였다.

392

"세상에 살면서 질박하게 살기에 힘쓰고,
　자식을 가르침에는 옳은 방법을 기준으로 하라."

「居身務期質樸, 訓子要有義方.」

참고 및 관련 자료

1. 朱用純의 《治家格言》에 「居身務期質樸, 敎子要有義方」이라 하였다.
2. 《左傳》(隱公3년)에 「臣聞: 愛子, 敎之以義方, 弗納于邪」라 하였다.
3. 본 《賢文》(573)에 「貧士養親, 菽水承歡; 嚴父敎子, 義方是訓」이라 하였다.

393

"부유하다고 해서 자식을 가르치지 않으면
　돈과 식량이 틀림없이 소진해 없어질 것이요,
　귀하다고 해서 자식을 가르치지 않으면
　그 지위를 오래 누릴 수 없다."

「富若不敎子, 錢穀必消亡;
　貴若不敎子, 衣冠受不長.」

【衣冠】여기서는 벼슬하면서 입는 의관. 벼슬하는 높은 지위를 뜻한다.

394

"능히 맹자孟子 어머니의 세 번 집을 옮긴 가르침을 따르고,
　연산燕山의 다섯 아들 가르치듯 하라."

「能師孟母三遷教, 定卜燕山五桂芳.」

【孟母三遷】《列女傳》鄒孟軻母에「鄒孟軻之母也, 號孟母. 其舍近墓, 孟子之小也, 嬉遊爲墓間之事: 踊躍築埋. 孟母曰: "此非吾所以居處子也." 乃去, 舍市傍, 其嬉戲爲賈人衒賣之事. 孟母又曰: "此非吾所以居處子也." 復徙舍學宮之傍, 其嬉遊乃設俎豆揖讓進退. 孟母曰: "眞可以居吾子矣." 遂居之」라 하였음.

〈孟母斷機〉 및 〈孟母三遷之教〉 기념비

【燕山五桂】《宋史》竇儀傳에 五代 後晉 때 燕山 사람 竇均의 다섯 아들이 차례로 진사에 급제하자 그 친구 馮道가 그에게 詩를 써서 「燕山竇十郎, 敎子有義方. 靈椿一株老, 丹桂五枝芳」이라 축하하였다 함. 燕山은 지금의 북경 지역이며, 五桂는 竇均의 다섯 아들 儀, 儼, 侃, 偁, 僖를 가리킴.

⬡ 참고 및 관련 자료

◉《幼學瓊林》花木篇에「王祐知子必貴, 手植三槐; 竇均五子齊榮, 人稱五桂」라 하였고, 祖孫父子篇 續增에는「桂子聯芳, 見燕山之家教; 蘭孫苗秀, 瞻馬氏之淸徽」라 하였다.

395

"나라에 어진 신하가 있으면 사직이 편안하고,
　집안에 못된 자식이 있으면 식구들 근심이 많아진다."

「國有賢臣安社稷, 家有逆子惱爺娘」

【爺娘】 원래는 시아버지, 시어머니를 뜻하나 여기서는 가족으로 풀었음.

396

"남을 평하되 말로 한 것은 시간이 오래가지 못하고,
　남을 평한 말을 기록한 것은 오래간다."

「說話人短, 記話人長.」

397

"각각 사람마다 자신의 집 문 앞 눈이나 쓸 일이지,
 남의 집 기와에 내린 서리는 관여하지 말라."

「各人打掃門前雪, 休管他人瓦上霜.」

참고 및 관련 자료

1. 明 馮夢龍의 《警世通言》玉堂春落難逢夫에「王定拜別三官而去, 正是: 各人自掃門前雪, 莫管他人瓦上霜」이라 하였다.
2. 《明心寶鑑》存心篇에「各人自掃門頭雪, 莫管他家屋上霜」이라 하였다.

398

"평소 다만 남의 단점은 말할 줄 알면서,
 어찌 자신의 좁은 도량은 돌아보지 않는가?"

「生平只會說人短, 何不回頭把己量?」

참고 및 관련 자료

◉《增廣賢文》에도 실려 있다.

399

"말이란 쉽게 근심을 불러오는 것이니
친구를 대할 때에 그저 한두 마디로 줄여라.
글이란 능히 세속을 교화시킬 수 있는 것이니
아이들을 몇 줄이라도 더 읽도록 가르쳐라."

「言易招憂, 對親友少說兩句;
　書能化俗, 敎兒孫多讀幾行.」

400

"은혜를 베풀었거든 기억에 담아두지 말고,
은혜를 입었거든 이를 잊지 않도록 하라."

「施惠勿念, 受恩莫忘.」

참고 및 관련 자료

◉漢 崔瑗의 〈座右銘〉에 「無道人之短, 無說己之長; 施人愼勿念, 受施愼
勿忘」이라 하였다.

401

"남에게 각박하게 굴면서 이룬 집안은 이치상 오래 누릴 수 없고,
윤상倫常을 어그러뜨리는 행동은 그 즉시 사라져 망하고 만다."

「刻薄成家, 理無久享;
　倫常乖舛, 立見消亡.」

【倫常】 인간으로 지켜야 할 떳떳한 윤리. 五常, 五倫 등.
【乖舛】 어그러지고 뒤틀림.

참고 및 관련 자료

◉ 朱用純의 《治家格言》에 실려 있다.

402

"남이 자신을 괴롭히더라도 말로 투정하지 말라.
일이 지나고 나면 마음이 청량해지리라."

「觸來莫與說, 事過心淸凉.」

1. 元 鄭廷玉의 《忍字記》「忍之一字豈非常, 一生忍過却清凉」이라 하였다.

2. 《增廣賢文》에는 「觸來莫與競, 事過心清凉」이라 하였다.

403

"만사가 모두 먼저 정해져 있는 것이거늘,
　뜬구름 같은 생애에 헛되이 바쁘게 구네."

「萬事皆先定, 浮生空自忙.」

1. 明 凌濛初의 《初刻拍案驚奇》(권1)에 「這幾位名人, 說來說去, 都是一個意思. 總不如古語云: "萬事分死定, 浮生空自忙."」이라 하였다.

2. 《全閩詩話》(4) 朱文公에 인용된 《堅
瓠集》과 元曲 《貨郎旦》(1)에는 「萬事分
已定, 浮生空自忙」이라 하였다.

3. 《明心寶鑑》 順命篇에는 「萬事分已
定, 浮生空自忙」이라 하였다.

4. 《增廣賢文》에는 「萬事皆已定, 浮生
空自忙」이라 하여 《明心寶鑑》과 같다.

404

"군자는 겉모습을 보고 판단해서는 안 된다.
 바다의 그 많은 물을 말로 다 잴 수는 없도다."

「君子不可貌相, 海水不可斗量.」

참고 및 관련 자료

1. 元 無名氏의 《少尉遲》에 「軍師, 量他無名小卒, 何足道哉? 房玄齡云: 老
 將軍, 古語有云: "凡人不可貌相, 海水不可斗量."」이라 하였다.

2. 《荊釵記》(21), 《古今小說》(27)에도 실려 있다.

3. 《千金記》(1)에는 「海水斗難量」이라 하였고, 《醒世恒言》(3)과 《西遊記》(62)
 에는 「人不可相貌, 海水不可斗量」이라 하였다.

4. 《淮南子》泰族訓에는 「江海不可斗斛」이라 하였다.

5. 한편 《史記》仲尼弟子列傳에 「澹臺滅明, 武城人, 字子羽. 少孔子三十九歲.
 狀貌甚惡. 欲事孔子, 孔子以爲材薄. 旣已受業, 退而修行, 行不由徑, 非公事不
 見卿大夫. 南游至江, 從弟子三百人, 設取予去就, 名施乎諸侯. 孔子聞之, 曰:
 "吾以言取人, 失之宰予; 以貌取人, 失之子羽."」라 하였다.

6. 《抱朴子》刺驕篇에는 「君子無以貌取人」이라 하였다.

7. 《增廣賢文》에는 「凡人不可貌相, 海水不可斗量」이라 하여 '君子'가 '凡人'
 으로 되어 있다.

405

"쑥대 풀 아래 그래도 난초 향기 있을 수 있듯,
 풀 이엉 초가집에서 혹 왕공王公이 날 수도 있다네."

「蓬蒿之下, 或有蘭香;
 茅茨之屋, 或有王公.」

참고 및 관련 자료

◎《增廣賢文》에는「蒿草之下還有蘭香, 茅茨之屋或有侯王」이라 하여 표현이
다르다.

406

"한 집이 배부르고 따뜻하나 천 개의 집안이 원망을 품고,
 만세를 가리라 모책을 세웠건만 이세二世 만에 망하고 말았네."

「一家飽暖千家怨, 萬世機謀二世亡.」

【二世】秦始皇의 아들 胡亥를 가리킴. 秦皇(贏政)이 천하를 통일하고 나서 죽은 후 왕의 諡號 제도를 없애고 萬世까지 가리라 하여 '始皇帝, 二世皇帝, 三世皇帝……'로 칭하도록 하였지만 이세 호해에 이르러 나라가 망하고 말았음.

407

"여우는 허물어진 옛 섬돌 틈에 잠자고
토끼는 황폐해진 누대에서 뛰노누나.
이곳은 모두 당시 노래 부르고 춤추던 영화로운 곳이었지.
이슬은 노란 국화에 맺히고 안개는 시든 풀밭에 어지럽구나.
모두가 옛날 전쟁 싸움터였다네."

「狐眠敗砌, 兔走荒臺, 盡是當年歌舞地;
　露冷黃花, 烟迷綠草, 悉爲舊日爭戰場.」

【狐眠敗砌】옛날 화려했던 건축물의 허물어진 계단 구멍에 여우가 굴을 삼아 잠자고 있음.
【兔走荒臺】옛날 화려했던 누대 자리에 토끼가 이리저리 뛰어다님.

> 참고 및 관련 자료

◎《菜根譚》(290)에는 「狐眠敗砌, 兔走荒臺, 盡是當年歌舞之地; 露冷黃花, 烟迷衰草, 悉屬舊時爭戰之場. 盛衰何常? 强弱安在? 念此令人心灰」라 하였다.

408

"세상의 진분塵氛을 뽑아버려야
흉중에 저절로 화염火炎과 수경水競이 없어질 것이요,
마음의 비루함과 인색함을 모두 소각해 버려야
눈앞에 때맞추어 새들 재잘거리고 꽃향기 그윽하리라."

「撥開世上塵氛, 胸中自無火炎水競;
　消去心中鄙吝, 眼前時有鳥語花香.」

【塵氛】 티끌 세상의 험한 분위기.
【水競】 '火炎'에 상대되는 말로 쓰였으며 물이 다투어 흐름을 뜻함. 《菜根譚》
에는 '氷競'으로 되어 있음.
【鄙吝】 비루하고 인색함.

⌐ 참고 및 관련 자료 ⌐

1. 《菜根譚》(377)에는 「撥開世上塵氛, 胸中自無火炎氷競; 消却心中鄙吝, 眼前
時有月到風來」라 하였다.
2. 唐 牟融의 〈題孫君山亭〉 시에 「長年樂道遠塵氛, 靜築藏修學隱論」이라
하였다.

409

"빈궁하면 자재自在함이 있고,
 부귀하면 그만큼 근심도 많다."

「貧窮自在, 富貴多憂.」

【自在】 구속됨이 없음을 뜻함.

참고 및 관련 자료

1. 北宋 道原의 《景德傳燈錄》에 「寧可淸貧自樂, 不作濁富多憂」라 하였다.
2. 《增廣賢文》에도 실려 있다.
3. 뒤의 구절은 우리 속담의 "천석군은 천 가지 걱정, 만석군은 만 가지 걱정"과 같다.

410

"이미 지난 일을 허물 삼지 말라.
 엎질러진 물을 다시 담기 어렵다."

「旣往不咎, 覆水難收.」

【咎】‘허물로 삼다’의 뜻.

【覆水難收】《拾遺記》에 「太公望初娶馬氏, 讀書不事産, 馬求去. 太公封齊,
馬求再合, 太公取水一盆. 傾於地, 令婦收水, 惟得其泥; 太公曰: “若能離更合,
覆水定難收!”」라 함.(《漢書》朱買臣傳에도 같은 이야기가 들어 있음.)

참고 및 관련 자료

1.《論語》八佾篇에 「哀公問社於宰我. 宰我對曰: “夏后氏以松, 殷人以柏, 周人
以栗, 曰, 使民戰栗.” 子聞之, 曰: “成事不說, 遂事不諫, 旣往不咎.”」라 하였다.
2.《漢書》何進傳에 「國家之事, 亦何容易. 覆水不可收, 宜深思之」라 하다.
3. 范曄《後漢書》光武帝紀에 「反水不收, 後悔無及」이라 하였다.
4.《增廣賢文》에는 「成事莫說, 覆水難收」라 하여 전혀 다른 뜻으로 쓰였다.
5.《幼學瓊林》夫婦篇에는 「可怪者買臣之妻, 因貧求去, 不思覆水難收; 可醜
者相如之妻, 貪夜私奔, 單識絲桐有意」라 하였다.

411

“사람으로서 먼 염려가 없으면
　반드시 가까운 근심이 있게 마련이다.”

「人無遠慮, 必有近憂.」

참고 및 관련 자료

1.《論語》衛靈公篇에 실려 있다.
2.《明心寶鑑》省心篇과 《增廣賢文》에도 전재되어 있다.

412

"목마름에 임해서 우물을 파는 일이 없도록 하고,
비가 오기 전에 집을 수리하여라."

「勿臨渴而掘井, 宜未雨而綢繆.」

【綢繆】 잘 수리하여 고치고 대비함.

참고 및 관련 자료

1. 《素問》에 「病已成而後藥之, 猶渴而掘井; 鬪而鑄兵, 不亦晚乎?」라 하였다.

2. 《詩經》 豳風 鴟鴞篇 「迨天下之未陰雨, 徹彼 桑土, 綢繆牖戶」라 하였다.

3. 朱用純의 《治家格言》에 「宜未雨而綢繆, 毋臨 渴而掘井」이라 하였다.

4. 《晏子春秋》 內篇雜上에는 「晏子對曰: "不然. 夫愚者多悔, 不肖者自賢, 溺者不問隊, 迷者不問路. 溺而後問隊, 迷而後問路, 譬之猶臨難而遽鑄兵, 臨噎而遽掘井, 雖速亦無及已."」라 하였다.

5. 이에 따라 「臨渴掘井」과 「未雨綢繆」의 성어가 생겨났다.

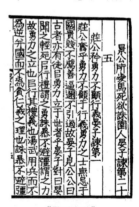

《晏子春秋》

413

"차라리 곧음을 향하여 취할지언정
굽실거리며 요구하지는 말라."

「寧向直中取, 不可曲中求.」

참고 및 관련 자료

1. 《封神演義》(제23회)에 「豈可曲中而取魚乎? 非丈夫之所爲也. 我寧在直中取,
不可曲中求」라 하였다.
2. 《增廣賢文》에도 실려 있다.

414

"제멋대로 횡포하게 구는 자에게는
절대로 자신의 기를 굳센 것처럼 보이지 말라.
나를 비방하는 것을 그치게 할 수 있는 것은
스스로 수양을 닦는 데에 있다."

「馭橫切莫逞氣, 止謗還要自修.」

1. 三國 魏나라 徐幹의 《中論》虛道에 「語稱:"救寒莫如重裘, 止謗莫如自修, 療暑莫如親氷."信矣哉!」라 하였다.

2. 《三國志》魏志 王昶傳에 「人或毀己, 當退而求之於身, 若己有可毀之行, 則彼語當矣; 若己無可毀之行, 則彼言妄矣. 且聞人毀己而忿者, 惡醜聲之加人也, 人報者滋甚, 不如黙而自修也. 諺云:"救寒莫如重裘, 止謗莫如自修."」라 하였다.

415

"한때의 기분을 참아내면,
 백날의 근심을 면할 수 있다."

「忍得一時之氣, 免得百日之憂.」

1. 明 無名氏의 《四馬投堂唐》(제2절)에 「元帥息怒, 可不道:"忍一時之氣, 免百日之憂"也?」라 하였다.

2. 《紅樓夢》(9)에 「忍得一時忿, 終身無惱悶」이라 하였다.

3. 《明心寶鑑》戒性篇에는 「忍一時之氣, 免百日之憂」라 하였다.

4. 《增廣賢文》에도 실려 있다.

416

"시비는 다만 입을 많이 열기 때문에 생기는 것이요,
번뇌는 모두가 억지로 머리를 내밀기 때문에 생기는 것이다."

「是非只爲多開口, 煩惱皆因强出頭.」

참고 및 관련 자료

1. 宋 陳元靚의 《事林廣記》 人事類 〈處世警言〉에 들어 있다.
2. 元曲 《鴛鴦被》(1), 《瀟湘雨》(1)에도 실려 있다.
3. 《永樂大全》(41), 《古今小說》(22), 《警世通言》(3)에는 뒤의 구절이 「煩惱皆因巧弄舌」로 되어 있다.
4. 《明心寶鑑》 存心篇에 「是非只爲多開口, 煩惱皆自强出頭」라 하였다.
5. 《增廣賢文》에도 실려 있다.

417

"술은 비록 성품을 기른다 하나 도리어 성품을 어지럽히기도 하고,
물은 능히 배를 띄우지만 역시 배를 엎어버리기도 한다."

「酒雖養性還亂性, 水能載舟亦覆舟.」

【酒雖養性】《抱朴子》暢玄篇에「宴安逸豫, 淸醪芳醴 亂性者也」라 함.
【載舟覆舟】《後漢書》皇甫張段列傳에「水可載舟, 亦可覆舟」라 함.

参고 및 관련 자료

1.《荀子》王制篇에「庶人安政, 然後君子安位. 傳曰:"君子, 舟也; 庶人者, 水也. 水則載舟, 水則覆舟."此之謂也」라 하였다.
2.《孔子家語》등에도 실려 있다.

418

"자신을 이겨내는 자는
만나는 일마다 모두가 약석藥石이 되지만,
남의 탓으로 돌리는 자는
입을 열면 곧바로 사람을 괴롭히는 과모戈矛가 된다."

「克己者, 觸事皆成藥石;
　尤人者, 啓口卽是戈矛」

【藥石】약재로 쓰이는 돌. 광물질.《左傳》(襄公 23년)에「季孫之愛我, 疾疢也;
孟孫之惡我, 藥石也」라 함.
【戈矛】사람을 다치게 하는 병기. 흉기.

参고 및 관련 자료

◉《菜根譚》(147)에는「反己者, 觸事皆成藥石; 尤人者, 動念卽是戈矛. 一以闢
衆善之路; 一以濬諸惡之源, 相去霄壤矣」라 하였다.

419

"정직함을 가지고 원한을 갚고,
 정의로움을 가지고 원수를 풀어라."

「以直報怨, 以義解仇.」

참고 및 관련 자료

◉《論語》憲問篇에「或曰: "以德報怨, 何也?" 子曰: "何以報怨? 以直報怨,
以德報德."」이라 하였다.

420

"장경莊敬하게 하면 날로 강해지고,
 편안하게 굴기만 하면 날로 게을러진다."

「莊敬日強, 安肆日偸.」

【莊敬】장엄히 하여 공경스럽게 행동함.
【肆】제멋대로 함.
【偸】노력하지 않고 편안함만을 추구함. 게으름. 구차스러움.

참고 및 관련 자료

⊛《禮記》表記에「君子莊敬日强, 安肆日偸」라 하였다.

421

"법을 두려워하면 아침마다 즐거울 것이요,
 공무를 속이면 날마다 근심이니라."

「懼法朝朝樂, 欺公日日憂.」

참고 및 관련 자료

1.《明心寶鑑》存心篇에도「懼法朝朝樂, 欺公日日憂」라 하여 똑같이 실려 있다.
2.《增廣賢文》에도 들어 있다.

422

"맑은 날씨에 나서려 하지 않더니,
 비 오는 날을 기다려 나서겠다고 하는구나."

「晴乾不肯去, 只待雨淋頭.」

1. 南宋 普濟의 《五燈會元》(권15) 大潙懷宥禪師에 「僧應諾, 師便大曰: "敎沐不肯休, 直待雨淋頭."」라 하였다.

2. 明 馮夢龍의 《古今小說》蔣興哥重會珍珠衫에는 「晴乾不肯走, 直待雨淋頭」라 하였다.

3. 明 許仲琳의 《封神演義》(제33회)에도 「天晴不肯走, 只待雨淋頭」로 되어 있다.

4. 《景德傳燈錄》(19), 《湧幢小品》(9), 《全宋詞》 등에는 「晴乾不去, 待雨淋頭」라 하였다.

5. 《祖堂集》(12)에는 「乾時須好去, 莫待雨淋頭」라 하였다.

6. 《增廣賢文》에는 「晴天不肯去, 直待雨霖頭」로 되어 있다.

423

"달은 보름에 이르면 광명이 가득한 것이요,
 사람은 중년에 이르면 만사가 끝난 것이로다.
 아이들과 자손들은 그들대로 타고 난 복이 있으니
 그들을 위하여 말이나 소가 되지는 말라."

「月到十五光明滿, 人到中年萬事休.
 兒孫自有兒孫福, 莫與兒孫作馬牛.」

【萬事休】 모든 일이 끝났음을 말함. 원래는 모든 일이 釋然히 해결됨을 뜻함. 白居易 〈老熱〉시에 「一飽百情足, 一酣萬事休」라 하였으며, 《琵琶記》에 「你快把粮來還了我, 我萬事全休」라 하였음.

【馬牛】일부 표현에는 '遠憂'로 되어 있음.

참고 및 관련 자료

1. 元 無名氏의 《漁樵記》(제3절)에 「月過十五光明少, 人到中年萬事休. 兒孫自有兒孫福, 莫爲兒孫作馬牛」라 하였다.

2. 關漢卿의 《蝴蝶夢》 楔子에도 「月過十五光明少, 人到中年萬事休. 兒孫自有兒孫福, 莫爲兒孫作遠憂」라 하였다.

3. 앞의 구절은 徐守信의 〈絶句〉, 宋 羅大經의 《鶴林玉露》, 《元曲選》 〈魔合羅〉, 《朱砂擔》, 《永樂大全》(4) 등에도 인용되어 있다.

4. 《增廣賢文》에는 「月過十五光明少, 人到中年萬事休, 兒孫自有兒孫福, 莫爲兒孫作馬牛」라 하였다.

5. 《明心寶鑑》 存心篇에는 「兒孫自有兒孫福, 莫與兒孫作遠憂」라 하였다.

424

"사람이 일흔을 사는 것은 예로부터 드물다.
그대에게 묻노니 아직도 얼마의 춘추가 있겠는가?"

「人生七十古來稀, 問君還有幾春秋?」

참고 및 관련 자료

1. 杜甫의 〈曲江〉 시에 「朝回日日典春衣, 每日江頭盡醉歸. 酒債尋常行處有,

人生七十古來稀. 穿花蛺蝶深深見, 點水蜻蜓款款飛. 傳言風光共流轉, 暫時
相賞莫相違」라 하였다.

2.《增廣賢文》에는「酒債尋常行處有, 人生七十古來稀」라 하여 두보의 시구만
실려 있다.

《杜甫草堂》

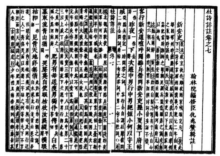
《杜詩詳註》

425

"마땅히 힘을 내야 할 곳에서는 힘을 내고,
　머리를 감출 때는 머리를 감추어라."

「當出力處須出力, 得縮頭時且縮頭.」

【縮頭】자라나 거북이 머리를 목 안으로 집어넣듯이 함을 뜻함.

참고 및 관련 자료

1. 宋 惟白의 《續傳燈錄》(권8)에 「僧問: "如何是佛祖西來意?" 師曰: "入市烏龜."
曰: "意旨如何?" 師曰: "得縮頭時且縮頭."」라 하였다.

2. 元曲 《秋胡戲妻》에는 「如今且學烏龜法, 縮了頭來不見人」이라 하였다.

3. 《增廣賢文》에는 「近來學得烏龜法, 得縮頭時且縮頭」(이는 《五燈會元》(16)과
《永樂大全》(24)에 실려 있음)라 하여 표현이 다르다.

4. 明 沈德符의 《萬曆野獲編》(26)에는 「出頭容易縮頭難」이라 하였다.

426

"사람이 백 년을 채워 살지 못하면서,
항상 천 년 어치의 근심을 품고 사네."

「人生不滿百, 常懷千歲憂.」

참고 및 관련 자료

1. 漢代 樂府詩 〈西門行〉에 「生年不滿百, 常懷千歲憂. 晝短苦夜長, 何不秉
燭遊? 爲樂當及時, 何能待來玆? 愚者愛惜費, 但爲後世嗤. 仙人王子喬, 難可
與等期」(《古詩十九首》 제15수)라 하였다.

2. 《增廣賢文》에는 「人生不滿百, 常懷千年憂」로 되어 있다.

3. 「常懷千年憂」는 「常懷千年愁」, 「常懷千載憂」 등으로 표현되기도 한다.

427

"약으로 일시의 병은 고칠 수 있지만 마음의 병은 고칠 수 없고,
　술로 일시의 근심은 풀 수 있으나 마음의 깊은 근심을 풀 수 없네."

「藥能醫假病, 酒不解眞愁.」

【假病】 일시의 병. 약으로 치료하면 나을 수 있는 몸의 병.
【眞愁】 생로병사 등 숙명처럼 타고난 고통.

참고 및 관련 자료

◉《增廣賢文》에도 실려 있다.

428

"다리를 만나거든 말에서 내려 건너고,
　땅으로 갈 수 있는 길이 있거든 구태여 배를 타고 가지는 말라."

「逢橋須下馬, 有路莫登舟.」

참고 및 관련 자료

1. 宋 趙德麟의 《侯鯖錄》(6)에는 「逢橋須下馬, 過渡莫爭船」이라 하였다.

2. 《事林廣記》(9)에는 「逢橋須下馬, 有路莫行船」이라 하였다.

3. 《苕溪漁隱叢話》 前集(54)에는 《高齋詩話》를 인용하여 「逢橋須下馬, 遇夜 莫行船」이라 하여 조금씩 다르게 인용되어 있다.

429

"길 가다 험한 곳을 만나면 모름지기 돌아서 피하여라.

　일이 터지고 나면 스스로도 자유롭게 될 수가 없게 된다."

「路逢險處須當避, 事到頭來不自由.」

참고 및 관련 자료

1. 《尋親記》(6)에 처음 보인다.

2. 《增廣賢文》에는 「路逢險處須回避, 事到頭來不自由」와 「路逢險處須當避, 不是才人莫獻詩」의 두 구절이 실려 있다.

430

"오吳나라 궁궐의 꽃과 풀은 황량한 오솔길에 파묻혔고,

　진晉나라 때 멋진 옷차림은 옛 언덕으로 변하였네."

「吳宮花草埋幽徑, 晉代衣冠成古丘」

【吳宮】 지금의 南京(唐代 金陵이라 불렀음)에 있던 고대 삼국 吳, 東晉과 남조의 宋, 齊, 梁, 陳 등 여섯 王朝가 수도로 삼았던 곳. 남조 문화의 화려함을 꽃피웠던 곳.

【衣冠】 고대 귀인의 복장을 뜻함.

참고 및 관련 자료

◉ 이는 唐 李白〈登金陵鳳凰臺〉시 구절의 일부이다. 「鳳凰臺上鳳凰遊, 鳳去臺空江自流. 吳宮花草埋幽徑, 晉代衣冠成古丘. 三山半落靑天外, 二水中分白鷺洲. 總爲浮雲能蔽日, 長安不見使人愁」라 하였다.

詩仙 李白(701~762)

431

"공명과 부귀가 한 사람에게 영원한 것이라면,
한수漢水도 응당 서북쪽으로 흘렀을 것이다."

「功名富貴若長在, 漢水亦應西北流」

【漢水】 長江 상류의 지류이며, 중국 지형은 西高東低로 모든 물이 동쪽으로 흐름. 이에 물이 서북쪽으로 흐른다는 말은 있을 수 없음을 표현한 것임.

참고 및 관련 자료

❀이 역시 李白의 《江頭吟》 시의 일부이다.
「木蘭之枻沙棠舟, 玉簫金管坐兩頭. 美酒樽中
置千斛, 載妓隨波任去留. 仙人有待乘黃鶴, 海客
無心隨白鷗. 屈平辭賦懸日月, 楚王臺榭空山丘.
興酣落筆搖五岳, 詩成笑傲凌滄州. 功名富貴若
長在, 漢水亦應西北流」라 하였다.

李太白(李白) 《三才圖會》

432

“푸른 무덤에 풀만 우거지니
만 가지 상념이 자연히 식은 재처럼 냉랭하고,
황량黃粱의 꿈이 깨어지니
이 한 몸이 역시 구름이 떠다니는 것 같구나.”

「青冢草深, 萬念盡同灰冷;
　黃粱夢覺, 一身都是雲浮.」

【青冢】원래 한나라 때 王昭君의 무덤을 뜻함. 흉노로 끌려간 왕소군(王嬙)이
죽어서 묻혔음. 원래 흉노지역은 풀이 흰색이 많았으나 왕소군의 무덤만은
푸른 풀이 났다는 고사. 지금의 내몽고 呼和浩特에 그 무덤이 남아 있음.
【黃粱夢】‘黃粱之夢’의 줄인 말. 이는 唐 傳奇小說 沈旣濟의 《枕中記》의
故事로 흔히 ‘邯鄲之夢’, ‘一炊之夢’ 등으로 널리 알려져 있음. 盧生이란 사람이
邯鄲의 한 주막에서 呂翁이라는 道士를 만나 베개 하나를 얻어 잠을 자게
되었음. 꿈속에 온갖 부귀영화를 누리다가 깨어보니 주막에서 짓고 있던

黃粱(기장) 밥이 아직 뜸이 들기 전이었다 함. 비슷한 이야기가 《三國遺事》
에 '調信之夢'으로 실려 있음. '南柯一夢'과도 비슷한 고사이며, 인생이 一
場春夢의 허무한 꿈이라는 뜻.

[참고 및 관련 자료]

◎《菜根譚》(503)에는 「紅燭燒殘, 萬念自然灰冷; 黃粱夢破, 一身亦似雲浮;
千載奇逢, 無如好書良友; 一生淸福, 只在碗茗爐煙」이라 하였다.

433

"사람은 공평하게 하면 말이 없어지고,
　물은 수평을 이루게 하면 흐르지 않는다."

「人平不語, 水平不流」

[참고 및 관련 자료]

1. 宋 惟白의 《續傳燈錄》(권23)에 실려 있다.
2. 唐 韓愈의 〈送孟東野序〉에 「大凡物不得其平則鳴, 草木之無聲, 風撓之鳴;
水之無聲, 風蕩之鳴」이라 하였다.
3.《續傳燈錄》(23), 《五燈會元》(18), 《永樂大全》(41), 《醒世恒言》(17) 등에 널리
인용되어 있다.
4.《管子》侈靡篇에는 「水平而不流」라 하였다.
5. 그러나 《增廣賢文》에는 「人貧不語, 水平不流」로 되어 있으며, 이는 원래
《後漢書》皇甫張段列傳에 있는 말이다.

434

"너무 싼 물건은 사지를 말라.
 제멋대로 노는 방탕한 자는 받아들이지 말라."

「便宜莫買, 浪蕩莫收.」

【便宜】 백화어로 '물건의 값이 싸다'의 뜻. 이러한 물건을 사지 말라 함은
가짜일 수 있기 때문임.
【浪蕩】 낭비하고 방탕한 아이들. 이를 받아들이면 화를 불러올 수 있다는 뜻.

435

"남으로 하여금 내가 덕 있는 자라 여기게 하지 말라.
 도리어 나를 원수로 삼게 된다."

「不以我爲德, 反以我爲仇.」

참고 및 관련 자료

1.《詩經》邶風 谷風에「不我能慉, 反以我爲仇. 旣阻我德, 賈用不售」라 하였다.
2.《增廣賢文》에도 실려 있다.

436

"꽃이 있으니 바야흐로 술을 따르게 되고,
달이 없으니 누대에 오르지 않네."

「有花方酌酒, 無月不登樓.」

참고 및 관련 자료

◉《增廣賢文》에도 실려 있다.

437

"아무리 약한 사람도 세 마디 강한 말을 할 수 있고,
아무리 강한 나무라도 석 자 정도의 솜 같은
약한 가지를 가지고 있다."

「人有三句硬話, 樹有三尺綿頭.」

【綿頭】 솜털처럼 약한 가지나 싹눈.

438

"한 집안에 딸을 잘 기르니 백 집에서 며느리 삼고 싶어하고,
한 마리 말이 걷지 못하니 백 마리 말이 근심을 함께 하네."

「一家養女百家求, 一馬不行百馬憂.」

참고 및 관련 자료

1. 元曲《百花亭》(2)과《林蘭香》(8)에「一家兒女百家求」라 하였다.
2.《增廣賢文》에도 실려 있다.

439

"산이 깊으니 끝내 맹호를 숨을 수 있게 해 주는 것이요,
바다가 크기에 마침내 작은 물줄기도 받아들이는 것이다."

「深山畢竟藏猛虎, 大海終須納細流.」

【細流】온갖 물줄기.「海納百川」의 성어를 말함. 李斯의〈上秦皇逐客書〉에
「泰山不辭土壤, 故能成其大; 河海不擇細流, 故能就其深」이라 하였음.

◉《增廣賢文》에도 실려 있다.

440

"여기에 이르러 마치 천 리까지 다 보겠다고 여기지만,
 어찌 알고 있으리오, 겨우 이제 한 층밖에 오르지 않았음을."

「到此如窮千里目, 誰知繞上一層樓.」

1. 자신이 대단하다 여기나 실제로는 겨우 첫발을 디딘 정도에 불과함을 풍자한 것이다.
2. 唐 王之渙의 〈登鸛雀樓〉에 「白日依山盡, 黃河入海流. 欲窮千里目, 更上一層樓」라 하였으나 여기서는 이 구절을 逆으로 한 것이다.

王之渙 詩 〈登鸛雀樓〉河丁 全相摹(현대)

441

"세상 어려움을 알려면
먼저 쓸개를 핥는 고통이 있어야 함을 누가 알고 있겠는가?
세상 인정을 모두 터득하고 나니 저절로 고개가 끄덕여진다."

「欲知世事誰嘗膽, 會盡人情暗點頭.」

【嘗膽】 '臥薪嘗膽'을 뜻한다. 《史記》越王句踐世家에 실려 있음.

442

"은혜를 깊이 받은 곳에서는 의당 먼저 물러나라.
뜻을 실컷 얻었을 때는 즉시 그쳐야 한다.
그리하여 시비가 귀로 들어오지 않도록 하라.
그렇게 하지 않으면 종전의 은혜가 도리어 원수가 되고 만다."

「受恩深處宜先退, 得意濃時便可休;
　莫待是非來入耳, 從前恩愛反爲仇.」

◉《增廣賢文》에도 실려 있으며 출처는 알 수 없다.

443

"가난한 집일지라도 깨끗이 마당을 쓸고,
 가난한 집 여인일지라도 깨끗이 머리를 빗으면,
 모습과 색깔이 비록 뛰어나게 아름답지는 않다 해도
 기상과 태도는 저절로 우아함이 있게 될 것이다."

「貧家光掃地, 貧女淨梳頭,
　景色雖不麗, 氣度自優游.」

참고 및 관련 자료

◉《菜根譚》(085)에는 「貧家淨掃地; 貧女淨梳頭. 景色
雖不艶麗; 氣度自是風雅. 士君子, 一當窮愁寥落, 奈何
輒自廢弛哉?」라 하였다.

444

"집안의 그릇을 질박하면서 정결하게 하면
하찮은 질그릇이라 해도 금옥보다 낫고,
음식을 간단하면서도 정성들여 하면
채마밭의 채소가 진수보다 훌륭하니라."

「器具質而潔, 瓦缶勝金玉;
　飲食約而精, 園蔬愈珍饈.」

【珍饈】 '珍羞'와 같음. 珍羞盛饌을 뜻함.

(참고 및 관련 자료)

◉ 朱用純의 《治家格言》에 실려 있다.

445

"세상에 떠도는 무익한 말은 입에 담지 말고,
 자신의 일이 아니거든 간섭하지 말고 나서기를 적게 하라."

「無益世言休著口, 不干己事少當頭.」

446

"오호五湖의 밝은 달이 계속 비치고 있는 한,
 낚시할 곳 없을까 걱정하지 말라."

「留得五湖明月在, 不愁無處下金鉤.」

【五湖】《幼學瓊林》地輿篇에 「饒州之鄱陽, 岳州之靑草, 潤州之丹陽, 鄂州之
洞庭, 蘇州之太湖, 此爲天下之五湖」라 하여 鄱陽湖, 靑草湖, 丹陽湖, 洞庭湖,
太湖를 들고 있음. 그러나 구체적인 다섯 호수라기보다는 은둔지를 뜻함.
【金鉤】낚시 바늘.

참고 및 관련 자료

1. 《西遊記》(제82회)에 「留得五湖明月在, 何愁無處下金鉤?」라 하였다.

2. 《事林廣記》(9)에도 실려 있다.

3. 《續傳燈錄》(12)에는 「存得五湖明月在, 不愁無處下金鉤」로 되어 있다.

4. 《永樂大全》(15)에는 「但願五湖明月財, 不愁無處下絲綸」이라 하였다.

5. 《增廣賢文》에도 실려 있다.

447

"군자를 향하여 아첨하지 말라.
군자는 원래 사사로운 은혜를 베풂이 없다.
소인과 원수 될 일을 하지 말라.
소인에게는 그에게 상대해 줄 사람이 있다."

「休向君子諂媚, 君子原無私惠;
　休與小人爲仇, 小人自有對頭.」

【諂媚】 아첨으로 사랑을 받으려는 행동.

참고 및 관련 자료

1. 《菜根譚》(187)에 「休與小人仇讐, 小人自有對頭; 休向君子諂媚, 君子原無私惠」라 하였다.

2. 明 呂得勝의 《小兒語》에 「休與小人爲仇, 小人自有對頭」라 하였다.

3. 본 《賢文》(351)의 「强中更有强中手, 惡人自有惡人磨」와 같은 주제이다.

448

"명리라는 것은 고삐 줄이다. 이것을 끌어 잡아당기되,
거꾸로 끌면 증오가 생기고 바르게 끌면 사랑이 생겨난다.
부귀라는 것은 뜬구름과 같은 것이다. 이를 바르게 간파하면
얻어도 기뻐하지 않게 되고 잃어도 근심하지 않게 된다."

「名利是繮鎖, 牽纏時, 逆則生憎, 順則生愛;
富貴如浮雲, 覷破了, 得亦不喜, 失亦不憂.」

【繮鎖】繮은 소나 말을 꼼짝 못하게 하는 고삐 줄. 宋 柳永의 〈夏雲峰〉에
「向此免名繮利鎖, 虛廢光陰」이라 하였음.
【富貴如浮雲】《論語》述而篇에「子曰: "飯疏食飲水, 曲肱而枕之, 樂亦在其
中矣. 不義而富且貴, 於我如浮雲."」이라 하였음.

2. 상운上韻

「상운上韻」이란 고대 중국어의 평상거입平上去入 사성四聲 중에 상성上聲에 해당하는 운을 뜻한다. 매 구절의 끝에 이 운자에 해당하는 글자로 되어 있음을 말한다. 예로 「이迤, 지指, 기己」 등은 모두가 상운의 글자들이다.

총 63 구절이 들어 있다.

449

"높이 오르려면 반드시 낮은 곳으로부터 시작하고,
멀리 가고자 하면 반드시 가까운 곳으로부터 시작해야 한다."

「若登高必自卑, 若涉遠必自邇.」

참고 및 관련 자료

1. 《中庸》(15장)에 「君子之道, 辟如行遠必自邇, 辟如登高必自卑」라 하였다.
2. 《尙書》太甲(下)에 「若昇高, 必自下; 若陟遐, 必自邇」라 하였다.
3. 《墨子》經說(遐)에는 「行者必先近而後遠」이라 하였다.
4. 《老子》(64장)에 「合抱之木, 生於毫末. 九層之臺, 起於累土. 千里之行, 始於足下」라 하였다.
5. 《五燈會元》(15)에는 「欲行千里, 一步爲初」라 하였다.
6. 《增廣賢文》에도 실려 있다.

450

"칼을 갈면서 날카롭지 않음을 원망하지만
칼이 날카로우면 사람의 손가락을 상한다.
재물을 구하면서 많아지지 않음을 한탄하지만
재물이 많으면 자신을 얽어맨다."

「磨刀恨不利, 刀利傷人指;
　求財恨不多, 財多終累己.」

◎《增廣賢文》에는 「魔刀恨不利, 刀利傷人指. 求財恨不多, 財多害人子」라
하여 표현이 다르며 훨씬 순통하다.

451

"복을 나누어주는 자는
재물에 약간의 손해가 나지만,
복을 나누어주지 않는 자는
자신의 몸 전체에 손상을 입는다."

「有福傷財, 無福傷己.」

【有福】 흔히 '복을 나누어주다'로 해석함. '無福'은 이에 상대되는 뜻.

◎《增廣賢文》에도 실려 있다.

452

"병은 조금 낫는 데서 더 깊어지고,
 효도는 처자 때문에 사그러든다."

「病加于小愈, 孝衰于妻子.」

참고 및 관련 자료

1. 《荀子》性惡篇에「妻子具而孝衰于親, 嗜欲
得而信衰于友」라 하였다.

2. 《鄧析子》轉辭篇에는「患生於官成, 病始於
少瘳, 禍生於懈慢, 孝衰於妻子. 察此四者, 愼終
如始也」라 하였다.

3. 《說苑》敬愼篇에「曾子有疾, 曾元抱首, 曾華
抱足, 曾子曰: "吾無顔氏之才, 何以告汝? 雖無能,
君子務益. 夫華多實少者, 天也; 言多行少者,
人也. 夫飛鳥以山爲卑, 而層巢其巓; 魚鱉以淵
爲淺, 而穿穴其中; 然所以得者餌也. 君子苟能

荀子(荀卿, 荀況, 孫卿)

無以利害身, 則辱安從至乎? 官怠於宦成, 病加
於少愈, 禍生於懈惰, 孝衰於妻子; 察此四者, 愼終如始."詩曰: '靡不有初, 鮮克
有終.'」이라 하였다.

4. 《文子》符言篇에도「宦敗於官茂, 孝衰於妻子, 患生於憂解, 病甚於且癒.
故愼終如始, 則無敗事」라 하였다.

453

"평소에는 그가 누구와 친한가를 볼 것이요,
 성공했을 때는 어떤 이를 추천하는가를 볼 것이며,
 부유했을 때는 그가 어떻게 처신하는가를 볼 것이요,
 가난했을 때는 그가 어떤 것을 취하지 않는가를 볼 것이니라."

「居視其所親, 達視其所擧,
　富視其所不爲, 貧視其所不取.」

참고 및 관련 자료

1.《史記》魏世家에 魏나라 文侯가 재상을 결정할 때 있었던 고사이다. 「李悝
曰: 君不察故也, 居視其所親, 富視其所與, 達視其所擧, 窮視其所不爲, 貧視其
所不取」라 하였다. 《說苑》臣術篇에는 「魏文侯且置相, 召李克而問焉, 曰: "寡人
將置相, 置於季成子與翟觸, 我孰置而可?" 李克曰: "臣聞之, 賤不謀貴, 外不
謀內, 疎不謀親, 臣者疎賤, 不敢聞命." 文侯曰: "此國事也, 願與先生臨事而
勿辭." 李克曰: "君不察故也, 可知矣, 貴視其所擧, 富視其所與, 貧視其所不取,
窮視其所不爲, 由此觀之, 可知矣." 文侯曰: "先生出矣, 寡人之相定矣." 李克出,
過翟黃, 翟黃問: "吾聞君問相於先生, 未知果孰爲相?" 李克曰: "季成子爲相."
翟黃作色不說曰: "觸失望於先生." 李克曰: "子何遽失望於我, 我於子之君也,
豈與我比周而求大官哉? 君問相於我, 臣對曰: '君不察故也, 貴視其所擧, 富視
其所與, 貧視其所不取, 窮視其所不爲, 由此觀之可知也.' 君曰: '出矣, 寡人之相
定矣.' 以是知季成子爲相." 翟黃不說曰: "觸何遽不爲相乎? 西河之守, 觸所任也;
計事內史, 觸所任也; 王欲攻中山, 吾進樂羊; 無使治之臣, 吾進先生; 無使傅
其子, 吾進屈侯附. 觸何負於季成子?" 李克曰: "不如季成子, 季成子食采千鍾,
什九居外一居中; 是以東得卜子夏, 田子方, 段干木, 彼其所擧人主之師也, 子之

所擧, 人臣之才也."翟黃逌然而慚曰: "觸失對於先生, 請自修, 然後學."言未卒, 而左右言季成子立爲相矣, 於是翟黃黙然變色内慚, 不敢出, 三月也」라 하였다.

2.《新序》,《呂氏春秋》,《韓詩外傳》,《十八史略》,《戰國策》 등에 아주 널리 실려 있다.

454

"족함을 알아 항상 만족하면 종신토록 욕됨이 없고,
　그침을 알아 그에 맞추어 그치면 종신토록 치욕이 없을 것이다."

「知足常足, 終身不辱;
　知止常止, 終身不恥.」

참고 및 관련 자료

1.《老子》(44장)에 「知足不辱, 知止不殆」라 하였다.

2.《明心寶鑑》安分篇에도 「知足常足, 終身不辱. 知止常止, 終身無恥」라 하였다.

3. 淸 金纓의 《格言聯璧》惠言類와 《增廣賢文》에도 실려 있다.

老子(李聃, 李耳)

455

"군자도 재물을 좋아하지만 이를 취함에는 도가 있는 법이다.
 소인은 이익에 방종하게 굴어 하늘의 이치를 돌아보지 않는다."

「君子愛財, 取之有道;
 小人放利, 不顧天理.」

참고 및 관련 자료

1. 南宋 普濟의 《五燈會元》(권20) 東林道顔禪師에 「上堂: "元宵已過, 化主出門,
六群比丘, 各從其類. ……不敬功德天, 誰嫌黑暗女. 有智主人, 二俱不受." 良久
曰: "君子愛財, 取之以道."」라 하였다.
2. 《增廣賢文》에는 「君子愛財, 取之有道; 貞婦愛色, 納之以禮」라 하여 전혀
다르다.

456

"패역스럽게 들어온 것은 역시 패역스럽게 나가며,
 남을 해치고 나면 마침내 자신에게 해가 돌아온다."

「悖入亦悖出, 害人終害己.」

참고 및 관련 자료

1. 《大學》(제10장)에 「是故言悖而出者, 亦悖而入; 貨悖而入者, 亦悖而出」이라 하였다.
2. 본 《賢文》(551)의 「有生必有死, 孽錢歸孽路」와 같은 주제이다.

《大學》

457

"사람이 선하지 않으면 사귀지 말고,
물건이 의롭지 않은 것이면 취하지 말라."

「人非善不交, 物非義不取」

참고 및 관련 자료

◎ 《論語》里仁篇 「富與貴, 是人之所欲也, 不以其道得之, 不處也」라 하였고, 述而篇에는 「子曰: "飯疏食飲水, 曲肱而枕之, 樂亦在其中矣. 不義而富且貴, 於我如浮雲."」이라 하였다.

458

"몸은 새장 안을 벗어나 그밖에 있으려 하며,
 마음은 텅 빈 내 몸 안에 있도록 하라."

「身欲出樊籠外, 心要在腔子裏.」

【出樊籠外】 새장 안의 속박을 벗어남. 세속을 벗어나
 자연으로 복귀한 경지를 뜻함. 陶淵明의 〈歸園
 田居〉 제5수에 「久在樊籠裏, 復得返自然」이라
 하였음.
【腔子】 뱃속. 비워 깨끗하게 함을 뜻함.

陶淵明

참고 및 관련 자료

1. 이는 《二程遺書》(권7)와 《近思錄》 存養篇에 실려 있다.
2. 《明心寶鑑》 存心篇에는 「游大夫錄: "心要在腔子裏."」라 하였다.

程顥(明道先生)

程頤(伊川先生)

459

"남의 한 쪽 말만 들었다가
간사한 자에게 속임을 당하는 일이 없도록 하라.
자신의 뜻대로 마구 하다가
감정氣의 부림을 당하는 일이 없도록 하라."

「勿偏信而爲奸所欺, 勿自任而爲氣所使.」

460

"처음 차이는 털끝만 해도
이를 잃는 것은 천리만큼 엄청나다."

「差之毫釐, 謬之千里.」

참고 및 관련 자료

1. 《禮記》經解篇에 「差若毫釐, 繆之千里」라 하였다.
2. 《大戴禮記》禮察篇에는 「君子愼始, 差若毫釐, 繆之千里」라 하였다.
3. 司馬遷《史記》太史公自序에는 「失之毫釐, 差之千里」라 하였다.

4. 孫過庭《書譜》에도 「差之一毫, 失之千里」라 하여 널리 인용되는 구절이다.

5. 《增廣賢文》에는 「差之毫釐, 失之千里」라 하였다.

《書譜》句 摩河 宣柱善(현대)

461

"남의 말을 따라 함은 스스로 말하느니만 못하고,
남에게 요구함은 자신에게 요구함만 못하다."

「使口不如自走, 求人不如求己.」

참고 및 관련 자료

1. 《文子》上德篇에 「怨人不如自怨, 求諸人不如求之己」라 하였다.

2. 《增廣賢文》도 실려 있다.

462

"부유할 때 반드시 어짊을 겸하도록 하라.
 사람은 누구나 살기를 원하지 죽기를 원하는 자는 없다."

「爲富兼爲仁, 願生莫願死.」

참고 및 관련 자료

◎《孟子》滕文公(上)에「陽虎曰: "爲富不仁矣, 爲仁不富矣."」라 하였다.

463

"사람들은 자신에게 흰머리가 나는 것을 보고 질색을 하지만
 나는 내 머리 희어지는 것을 보고 즐거워하도다.
 세상에 젊은 나이에 얼마나 많은 소년이
 흰머리 되기도 전에 죽고 말았는가?"

「人見白頭嗔, 我見白頭喜;
 多少少年亡, 不到白頭死.」

◉《增廣賢文》에도 실려 있다.

464

"도적이 비록 소인이기는 하나,
  그 지모는 군자보다 나을 때도 있다."

「賊是小人, 智過君子.」

◉ 宋 費袞의《梁溪漫志》에 실려 있다.

465

"군자라야 진실로 궁할 수 있는 것이니,
  소인은 궁하면 이에 넘치느니라."

「君子固窮, 小人窮斯濫矣.」

1. 《論語》衛靈公篇에「衛靈公問陳於孔子. 孔子對曰: "俎
豆之事, 則嘗聞之矣; 軍旅之事, 未之學也." 明日遂行. 在
陳絶糧, 從者病, 莫能興. 子路慍見曰: "君子亦有窮乎?"
子曰: "君子固窮, 小人窮斯濫矣."」라 하였다.
2. 《增廣賢文》에도 실려 있다.

孔子

466

"후손이 끊어진 집안의 무덤은
호색광好色狂의 무리가 아닌 것이 없고,
창기娼妓의 조상은
모두가 꽃을 탐하는 부랑아들이었다."

「絶嗣之墳, 無非好色狂徒;
　娼妓之祖, 盡是貪花浪子.」

467

"담장에도 틈이 있고,
벽에도 귀가 있다."

「壁有縫, 墙有耳.」

참고 및 관련 자료

1. 明 阮大鋮의 《春燈謎記》에 「墙有縫,
壁有耳; 防口舌, 有哄傳」이라 하였다.
2.《詩經》小雅 小弁에 「君子無易由言,
耳屬于垣」이라 하였다.
3.《千字文》에 '屬耳垣牆'이라 하였고,
흔히 "隔牆有耳"라는 민간 성어로도 널리
쓰인다.

《千字文》屬耳垣牆

468

"좋은 일은 문밖으로 나가지 못하지만
나쁜 일은 천리까지 퍼져 나간다."

「好事不出門, 惡事傳千里.」

참고 및 관련 자료

1. 宋 道原의 《景德傳燈錄》紹宗禪師에 「僧問: "如何是西來意?" 師曰: "好事
不出門, 惡事傳千里."」라 하였다.

2. 南宋 普濟의 《五燈會元》(권9)에도 비슷한 말이 실려 있다.

3. 宋 孫光憲의 《北夢瑣言》(권6)에 「所謂"好事不出門, 惡事行千里." 士君子 得不戒之乎?」라 하였다.

4. 《水滸傳》(第24回)에 「好事不出門, 惡事傳千里」라 하였다.

5. 《西遊記》(73)에도 실려 있다.

6. 《增廣賢文》에도 실려 있다.

469

"그 사람 옷 입은 것이 몸에 맞지 않는구나.
몸을 치장함이 화려하고 사치하구나.
비록 시중 아이들의 부러움을 사지만,
도리어 식자識者들은 비루하다고 여기리라."

「之子不稱服, 奉身好華侈,
雖得市童憐, 還爲識者鄙.」

(참고 및 관련 자료)

◎《詩經》曹風 候人의 구절 「彼其之子, 不稱其服」을 풀어쓴 것이다.

470

"군자는 배우고 나면 사람을 사랑하게 되고,
소인은 배우고 나면 부리기가 쉽다."

「君子學道則愛人, 小人學道則易使」

참고 및 관련 자료

◎《**論語**》陽貨篇에「子之武城, 聞弦歌之聲. 夫子莞爾而笑, 曰: "割雞焉用牛刀?" 子游對曰: "昔者, 偃也聞諸夫子曰: '君子學道則愛人, 小人學道則易使也.'" 子曰: "二三子! 偃之言是也. 前言戲之耳."」라 하였다.

471

"천하에 옳지 못한 부모란 있을 수 없고,
세상에 가장 얻기 어려운 것이 형제로다."

「天下無不是底父母, 世間最難得者兄弟.」

【不是】是는 '옳다'의 뜻.
【底】백화어 的과 같음. '~은/는'의 뜻.

참고 및 관련 자료

1. 이는 明代 程登吉(允升)의 《幼學瓊林》 兄弟篇에 실려 있다.

2. 앞의 구절은 원래는 宋 羅仲素의 〈論舜盡事親之道〉에서 한 말이며, 뒤의
구절은 《北齊書》 循吏列傳에 蘇琼의 故事에서 나온 말이다.

3. 淸 李漁의 《憐香伴》(제21齣)에 「到是奴家害羞了, 天下無不是的父母, 怎生
仇怨著他?」라 하였다.

4. 明 馮夢龍의 《古今小說》(권10)에 「若失了個兄弟, 分明罰了一手, 折了一足,
乃終生缺陷. 說到此地, 難得者兄弟, 易得者田地」라 하였다.

5. 《初刻拍案驚奇》(17)에도 실려 있다.

6. 《增廣賢文》에는 「天下無不是的父母, 世上最難得者兄弟」로 되어 있다.

472

"푸른 색 물감은 쪽에서 나오지만 쪽보다 더 푸르고,
얼음은 물에서 생겨나지만 물보다 차다."

「靑出於藍而勝於藍, 氷生於水而寒於水.」

참고 및 관련 자료

荀子

◉「靑出於藍」의 고사이다. 《荀子》勸學篇에
「君子曰: 學不可以已. 靑, 取之於藍, 而靑於藍;
冰, 水爲之, 而寒於水. 木直中繩; 輮以爲輪,
其曲中規, 雖有槁暴, 不復挺者, 輮使之然也.
故木受繩則直, 金就礪則利, 君子博學而日參省
乎己, 則知明而行無過矣. 故不登高山, 不知天之
高也; 不臨深溪, 不知地之厚也; 不聞先王之遺言,
不知學問之大也. 干·越·夷·貉之子, 生而同聲,
長而異俗, 敎使之然也」라 하였다.

473

"바보, 귀머거리 노릇할 자신 없거든
시어머니 시아버지가 되지 말라.

그러나 자식으로서는 부모의 허락을 얻고 부모의 뜻을 따라야
비로소 사람이요 아들인 것이다."

「不癡不聾, 不作阿姑阿翁;
　得親順親, 方可爲人爲子.」

【阿姑阿翁】 백화어로 시어머니와 시아버지를 가리킴.

참고 및 관련 자료

1. 《太平御覽》(496)에 인용된 《愼子》의 逸文에 「諺云: "不聰不明, 不能爲王;
不瞽不聾, 不能爲公."」이라 하였다.

2. 唐 趙璘의 《因話錄》(권1)에 唐 郭子儀의 아들 郭曖가 昇平公主를 아내로
맞아 불화를 빚은 끝에 곽애가 공주를 꾸짖자, 이를 들은 곽자의가 아들을
묶어 궁궐로 데리고 들어가 처벌해 줄 것을 요구하였다. 그러나 代宗이 곽자의
에게 「諺云: "不痴不聾, 不作阿家阿公." 小兒女子閨帷之言, 大臣安用聽?」이라
한 고사가 실려 있다.

3. 《北史》 長孫平傳에는 「不痴不聾, 不作大家翁」이라 하였다.

4. 《隋書》(46)에는 「不痴不聾, 未敢作大家翁」이라 하였다.

5. 한편 《釋名》(권4)에는 「不瘖不聾, 不成姑公」이라 하는 등 많은 곳에 언급
되어 있다.

6. 《幼學瓊林》 祖孫父子篇에는 「不痴不聾, 不作阿家阿翁; 得親順親, 方可
爲人爲子」라 하였다.

7. 뒤의 구절은 《孟子》 離婁(上)에 「不得乎親, 不可以爲人; 不順乎親, 不可
以爲子」라 하였다.

474

"골육의 정이 변하는 경우에 처하거든
마땅히 조용히 하여 격렬하게 반응하지 말라.
가정이 쇠퇴함을 당하였거든
의당 척려惕厲하여 위축되지는 말라."

「處骨肉之變, 宜從容不宜激烈;
　當家庭之衰, 宜惕厲不宜委靡.」

【惕厲】삼가고 조심함. 경계하고 격려함.《周易》乾卦 久三 爻辭에「君子終
日乾乾, 夕惕若厲, 无咎」라 하였음.
【委靡】위축되어 희미해짐.

参고 및 관련 자료

◉《菜根譚》(114)에는「處父兄骨肉之變, 宜從容不宜激烈; 遇朋友交遊之失,
宜剴切不宜優游」라 하였다.

475

"이 하루가 지났으니
생명 역시 그만큼 감소한 것이다."

「是日一過, 命亦隨減.」

476

"아래의 기본을 배워 위로 통하기에 힘쓰도록 하라.
 가까운 것을 버리고 먼 것을 좇아가는 일이 없도록 하라."

「務下學而上達, 毋舍近而趨遠.」

参고 및 관련 자료

1.《論語》憲問篇에「子曰: "莫我知也夫!" 子貢曰: "何爲其莫知子也?" 子曰: "不怨天, 不尤人, 下學而上達. 知我者其天乎!"」라 하였고, 子張篇에는「子夏曰: "博學而篤志, 切問而近思, 仁在其中矣."」라 하였다.
2.《孟子》離婁(上)에는「道在邇而求諸遠」이라 하였다.

477

"수입을 헤아려 지출하라.
 작은 물이 모여 큰물이 된다."

「量入爲出, 湊少成多.」

참고 및 관련 자료

1.《禮記》王制篇에「冢宰制國用, 必于歲
之杪, 五穀皆入, 然後制國用, ……量入以
爲出」이라 하였다.
2.《漢書》董仲舒傳에는「衆少成多, 積小
致鉅」라 하였다.

董仲舒《三才圖會》

478

"골짜기는 쉽게 메울 수 있어도,
사람의 마음은 가득 채우기 어렵다."

「溪壑易塡, 人心難滿.」

【谿壑易滿】 아무리 깊은 계곡이나 골짜기라도 물을 가득 채울 수 있으나
사람의 좁은 몸체의 욕망은 채울 수 없음을 뜻함.

1. 《菜根譚》(286)에는 「眼看西晉之荊榛, 猶矜白刃; 身屬北邙之狐兔, 尙惜黃金. 語云: "猛獸易伏, 人心難降; 谿壑易滿, 人心難滿." 信哉!」라 하였으며,《菜根譚》 일부 판본에는 '溪壑易塡'으로 되어 있다.

2. 《明心寶鑑》 省心篇에 「太公曰: "人心難滿, 谿壑易盛."」이라 하였다.

3. 《北齊書》 幼主紀 論에는 「虐人害物, 搏噬無厭, 賣獄鬻官, 溪壑難塡」이라 하였다.

4. 《幼學瓊林》 人事篇에는 「欲心難厭如溪壑, 才物易盡若漏卮」라 하였다.

479

"사람을 쓰는 것과 사람을 가르치는 것,
이 두 가지는 서로 상반된다.
사람을 쓰는 것은 장점을 취하는 것이요,
사람을 가르치는 것은 그 단점을 책임지우는 것이다."

「用人與敎人, 二者却相反,
　用人取其長, 敎人責其短.」

【責】질책하고 책임을 느끼도록 가르침.

1. 《從政遺規》〈薛文淸公要語〉에「用人當取其長而舍其短. 若求各方於一人,

則世無可用之才矣」라 하였다.

2. 元 蘇天爵의 《元朝名臣事略》(8)에 「用人當用其所長, 教人當教其所短」이라
하였다.

480

"사람을 때려도 얼굴을 때리지는 말며,
 사람을 꾸짖어도 그 단점을 들춰내지는 말라."

「打人莫傷臉, 罵人莫揭短.」

참고 및 관련 자료

◉《金瓶梅詞話》(제86회)에 「你打人休打臉, 罵人休揭短. 有勢休要使盡了, 趕人
不可趕上」이라 하였다.

481

"벼슬하는 이는 청렴, 삼감, 부지런함을 훌륭한 법규로 삼아야 하며,
 음식은 천천히, 따뜻하게, 부드러운 것을 먹는 것을 비결로 삼아야 한다."

「仕宦芳規淸愼勤, 飮食要訣緩暖軟.」

【仕宦】 벼슬하는 일.

482

"물의 따뜻함과 차가움에 대하여 물고기는 제 스스로 알고,
꽃이 피거나 꽃이 지거나 봄은 관여하지 않는다."

「水暖水寒魚自知, 花開花謝春不管.」

【謝】 꽃이 시들어 지는 것을 말함.

참고 및 관련 자료

1.《菜根譚》(509)에 「花開花謝春不管, 拂意事休對人言; 水暖水寒魚自知, 會心處還期獨賞」이라 하였다.

2. 北宋 道原의《景德傳燈錄》袁州蒙山道明禪師에 「某甲雖在黃梅隨衆, 實未省自己面目. 今蒙指授入處, 如人飮水, 冷暖自知. 今行者, 卽是某甲師也」라 하였다. 이에 따라 「如人飮水, 冷暖自知」, 「如魚飮水, 冷暖自知」 등의 성어가 있다.

483

"달팽이 뿔 위에 자웅을 겨루고,
　돌이 부딪쳐 나는 빛의 시간을 두고 장단을 다툰다."

「蝸牛角上校雌雄, 石火光中爭長短.」

【蝸牛】달팽이. 아주 좁은 공간을 비유함.
《莊子》則陽篇에「惠子聞之而見戴晉人.
戴晉人曰：“有所謂蝸者, 君知之乎？”曰：
“然.”“有國於蝸之左角者曰觸氏, 有國於蝸之
右角者曰蠻氏, 時相與爭地而戰, 伏尸數萬,
逐北旬有五日而後反.”」이라 함.
【石火】돌이나 부싯돌이 부딪칠 때 나는 아주
짧은 불꽃. 매우 짧은 시간을 비유함.

莊子《三才圖會》

참고 및 관련 자료

1.《菜根譚》(235)에는「石火光中, 爭長競短, 幾何光陰？蝸牛角上, 較雌論雄,
許大世界？」라 하였다.

2. 이는 白居易의〈對酒〉시에「蝸牛角上爭何思, 石火光中寄此身. 隨富隨貧
且歡樂, 不開口笑是痴人」이라 하여 여기에서 유래되었다.

3.《邵氏見聞錄》(16)에는「蝸牛角上爭閑事, 石火光中寄此身」이라 하였다.

484

"마음을 가다듬어 고인이 어렵게 여겼던 것을 배워놓아라.
발을 디뎌 세상을 살되 혹 세속에 휩쓸려 전전할까 걱정하라."

「留心學到古人難, 立脚怕隨流俗轉.」

참고 및 관련 자료

◉《禮記》射義에 「幼壯孝弟, 耆耋好禮, 不從流俗」이라 하였다.

485

"무릇 자신이 옳다고 여겨 옳은 것처럼 하면
이는 곧 한 가지 옳음을 놓치는 것이요,
단점이 있으면서 그 단점을 감추면
다시 하나의 단점을 더 보태는 것이 된다."

「凡是自是, 便少一是;
有短護短, 更添一短.」

【護】 자신의 잘못을 감추고 엄호함.

참고 및 관련 자료

1. 《老子》(42장)에「自見者不明, 自是者不彰」이라 하였다.
2. 明 呂坤의 《呻吟語》存心篇에「有過是一過, 不肯認過, 又是一過」라 하였다.

486

"아침에 일어나 집 안을 깨끗이 쓸고 청소하여
　내외를 정결히 하며,
　저녁에 자기 전에 문을 닫고 대문을 잠글 때도
　반드시 직접 점검하여라."

「灑掃庭除, 要內外整潔;
　關鎖門戶, 必親自檢點.」

참고 및 관련 자료

◎ 朱用純 《治家格言》에「黎明即起, 灑掃庭除, 要內外整潔; 即昏便息, 關鎖門戶, 必親自檢點」이라 하였다.

"천하에 처리하기 어려운 일이란 없다.

다만 두 가지 '어찌할까'를 없애기만 하면 될 뿐이다.

천하에 대하기 어려운 사람이란 없다.

다만 '세 가지 반드시 스스로 반성한다'만 있으면 될 뿐이다."

「天下無難處之事, 只消兩個如之何;

天下無難處之人, 只要三個必自反.」

【如之何】《論語》衛靈公篇에「子曰: "不曰'如之何, 如之何'者, 吾末如之何也
已矣."」라 하여 두 번이나 '如之何'라 한 것을 말함.

【必自反】《孟子》離婁(下)에「孟子曰: "君子所以異於人者, 以其存心也. 君子
以仁存心, 以禮存心. 仁者愛人, 有禮者敬人. 愛人者人恆愛之; 敬人者人恆敬
之.有人於此, 其待我以橫逆, 則君子必自反也: '我必不仁也, 必無禮也, 此物
奚宜至哉?' 其自反而仁矣, 自反而有禮矣, 其橫逆由是也, 君子必自反也: '我必
不忠.' 自反而忠矣, 其橫逆由是也, 君子曰: '此亦妄人也已矣. 如此則與禽獸
奚擇哉? 於禽獸又何難焉?' 是故君子有終身之憂, 無一朝之患也."」라 하여 3번
'必自反'이라 하였으며, 離婁(上)에는「孟子曰: "愛人不親反其仁; 治人不治反
其智; 禮人不答反其敬. 行有不得者, 皆反求諸己, 其身正而天下歸之. 詩云:
'永言配命, 自求多福.'"」이라 하여 '反其仁', '反其智', '反其敬'을 두고 하는
말이 아닌가 함.

참고 및 관련 자료

◉ 明 呂坤의 《呻吟語》敦倫篇에「天下無難處之事, 只消兩個如之何; 天下無
難處之人, 只得三個必自反」이라 하였다.

488

"무릇 일을 잘 처리하려면
모름지기 삼로三老에게 여쭈어라."

「凡事要好, 須問三老.」

【三老】 중국 고대부터 鄕, 縣 등에 경험과 학식이 있는 노인을 지정하여
이들로 하여금 그 고을의 교화를 담당하게 했던 직책(명예직). 《漢書》高帝
紀(上)에 「擧民年五十以上, 有修行, 能帥衆爲善, 置爲三老, 鄕一人. 擇鄕三
老一人爲縣三老」라 하였음.

참고 및 관련 자료

1. 明 康海의 《山中狼》(제3齣)에 「俺敎了您, 您要吃俺, 世上有這等奇事麽?
常言道: "若要好, 問三老." 俺與您去尋著三個老的, 問他, 這是該吃俺不該吃俺?」
이라 하였다.
2. 《事林廣記》(9)에도 인용되어 있다.
3. 《增廣賢文》에도 실려 있다.

489

"묻기를 좋아하면 여유가 있을 것이요,
자기 생각대로만 하면 협소해진다."

「好問則裕, 自用則小.」

참고 및 관련 자료

◉《尙書》仲虺之誥에「能自得師者王, 謂人莫己若者亡. 好問則裕, 自用則小」
라 하였다.

490

"집은 너무 화려하게 짓지 말고,
 일에는 너무 기교를 부리지 말라."

「勿營華屋, 勿作淫巧.」

【淫巧】 그릇이나 기물이 너무 정교함을 말한다. 흔히 '奇技淫巧'라 함.

참고 및 관련 자료

◉《尙書》泰誓(下)에「作奇技淫巧, 以悅婦人」이라 하고, 孔穎達 疏에「奇奇
謂奇異技能, 淫巧謂過度工巧. 二者大同, 但技據人身, 巧指器物爲異耳」라
하였다.

491

"만약 작은 일의 가可함을 두고 다투다가는,
곧바로 대도大道를 잃게 된다."

「若爭小可, 便失大道.」

참고 및 관련 자료

◎《增廣賢文》에도 실려 있다.

492

"단지 능히 본분에 따라 하기만 하면 된다.
그렇게 하면 끝내 번뇌라는 것은 없으리라."

「但能依本分, 終須無煩惱.」

참고 및 관련 자료

◎《增廣賢文》에도 실려 있다.

493

"남이 하는 말 중에 너의 마음에 거슬리는 것이 있거든
반드시 도리로 이를 따져 살펴보아라.
만약 남의 말 중에 너의 뜻을 따라주는 것이 있거든
반드시 그것이 도리에 어긋나는 것이 아닌가 따져보아라."

「有言逆於汝心, 必求諸道;
　有言遜於汝志, 必求諸非道.」

참고 및 관련 자료

◉《尙書》太甲(下)에「若升高, 必自下. 若陟遐, 必自邇. 無輕民事惟難, 無安
厥位惟危. 愼終于始. 有言逆于汝心, 必求諸道. 有言遜于汝志, 必求諸非道.
嗚呼! 弗慮胡獲, 弗爲胡成. 一人元良, 萬邦以貞. 君罔以辯言亂舊政, 臣罔以寵
利居成功. 邦其永孚于休」라 하였다.

494

"손해 볼 줄 알아 한 자리 뒤로 물러나 앉아라.
남과 잘 사귀려면 큰 것을 작은 것으로 여겨 낮추어라."

「吃得虧, 坐一退;
　要得好, 大做小.」

495

"뜻은 의당 높이 가지되 마음은 낮추고,
　담膽은 크게 갖되 마음은 작게 가져라."

「志宜高而身宜下, 膽欲大而心欲小.」

참고 및 관련 자료

1.《淮南子》主術訓에 「凡人之論, 心欲小而志欲大, 智欲圓而行欲方, 能欲多
而事欲鮮」이라 하였다.

2.《明心寶鑑》存心篇에 「孫思邈言: "膽
欲大, 而心欲小. 智欲圓, 而行欲方."」이라
하였다.

3. 한편《幼學瓊林》人事篇에는 「智欲圓而
行欲方, 膽欲大而心欲小」라 하였다.

《幼學瓊林》

496

"배움이란 마치 벼처럼 이로운 것이며,
 배우지 않음은 마치 쑥대나 잡풀과 같은 것이다."

「學者如禾如稻, 不學者如蒿如草.」

참고 및 관련 자료

◎《增廣賢文》에는 「好學者如禾如稻, 不好學者如蒿如草」라 하여 표현이
다르다.

497

"입술이 없으면 이가 시린 법이요,
 가르침이 해이하면 부유함을 보전하기 어렵다."

「脣亡齒必寒, 敎弛富難保.」

참고 및 관련 자료

1.「脣亡齒寒」의 고사를 인용한 것이다.《左傳》(僖公5年)에「晉侯復假道於虞
以伐虢. 宮之奇諫曰: "虢, 虞之表也. 虢亡, 虞必從之. 諺所謂輔車相依, 脣亡

齒寒者, 其虢虞之謂也」라 하였다.

2.《戰國策》에「趙之於齊楚也, 隱蔽也. 猶齒之有脣也, 脣亡則齒寒. 今日亡趙, 則明日及齊楚」라 하였다.

498

"책을 통해 좋은 친구 맺으니 천 년의 기이한 만남이요,
  문 안에 어진 남자아이 났으니 한 집안의 살아 있는 보배로다."

「書中結良友, 千載奇逢;
  門內産賢郎, 一家活寶.」

참고 및 관련 자료

◉《菜根譚》(503)에는「紅燭燒殘, 萬念自然灰冷; 黃粱夢破, 一身亦似雲浮; 千載奇逢, 無如好書良友; 一生淸福, 只在碗茗爐煙」이라 하였다.

499

"한바탕의 가질 수 없는 부귀가 미친 듯이 앞다투어 내게로 와
  비록 얻었다 하나 도리어 모두 잃을 것들이요,

백 년을 좋은 광음으로 보내어 바삐 지나가
비록 장수했다 하나 역시 요절한 것이로다."

「一場閑富貴, 很很挣來, 雖得還是失;
　百年好光陰, 忙忙過去, 縱壽亦爲夭」

【閑】 실질적이 아닌 것. 헛된 것.
【光陰】 세월. 시간.

참고 및 관련 자료

◉《菜根譚》(501)에 「一場閑富貴, 狠狠爭來, 雖得還是失; 百歲好光陰, 忙忙過了, 縱壽亦爲夭」라 하였다.

500

"일마다 모두 성공한다 해도
한 가지 일을 끝내지 못할 경우를 방비하고,
사람마다 다 좋다고 해도
한 사람이 고뇌하는 경우를 방비할 것이니라."

「事事有功, 須防一事不終;
　人人道好, 須防一人著惱」

【人人道好】道는 '말하다'의 동사.
【著惱】고뇌를 드러냄.

참고 및 관련 자료

◉《菜根譚》(418)에「酷烈之禍, 多起於玩忽之人; 盛滿之功, 常敗於細微之事. 故語云: "人人道好, 須防一人著惱; 事事有功, 須防一事不終."」이라 하였다.

501

"차라리 한 말의 쌀을 더 보태어줄지언정
 한 사람 식구를 더 보태지는 말라."

「寧添一斗, 莫添一口.」

참고 및 관련 자료

1. 민간 속어로 가난을 비유한 것이다.
2. 淸 文康의 《兒女英雄傳》(제30회)에「就眼前算算, 無端的添了七八口人了. 俗話說得好: "但添一口, 不添一斗."」라 하였다.
3.《綴白裘》(10)와 《綉襦記》(28)에는「寧分數斗, 莫增一口」라 하였다.
4.《增廣賢文》에도 실려 있다.

502

"학문이란 단지 흩어진 마음을 다시 찾는 것이니,
  말 잘 한다는 것을 자랑하지 말아라."

「但求放心, 休夸利口.

【放心】 원래 순수한 마음이 흩어져 학문을 하기 어려운 상태.《孟子》참조.
【利口】 말 잘하는 것. 언변에 뛰어남을 뜻함.《尙書》周官篇에「無以利口亂
  厥官」이라 함.

참고 및 관련 자료

◎《孟子》告子(上)에「孟子曰: "仁, 人心
也; 義, 人路也. 舍其路而不由, 放其心而不
知求, 哀哉! 人有雞犬放, 則知求之; 有放心,
而不知求. 學問之道無他, 求其放心而已矣."」
라 하였다.

《孟子集注》四部刊要本

503

"좋은 사람 되기를 배우고자 한다면
  반드시 좋은 친구를 찾아라.

식초와 같은 효모를 집어넣고
어찌 좋은 술을 얻고자 하는가?"

「要學好人, 須尋好友.
  引酵若酸, 那得好酒?」

참고 및 관련 자료

◉ 明 呂得勝의 《小兒語》에 「要成好人, 須尋好友. 引酵若酸, 那得甛酒?」라
하였다.

504

"차라리 부모의 매를 맞을지언정
 부모의 말로 꾸지람은 듣지 않도록 하라."

「寧遭父母手, 莫遭父母口.」

참고 및 관련 자료

◉ 민간 속어이다.

505

"개는 충성을 다할 뿐 그 집이 가난하다고 본성을 잃는 법이 없으며,
자식은 효도를 다할 뿐 부모 못생긴 것에 혐의를 두지 않는다."

「狗不嫌家貧, 兒不嫌母醜.」

참고 및 관련 자료

❀《殺狗記》(16) 吳忠看主에 「曾聞古人道:"兒不嫌母醜, 犬不怨主貧."兒員外
不知爲何把小官人趕將出去. 我聽得沒處安身, 却在城南破瓦窯中權歇」이라
하였다.

506

"의외의 재물을 탐내지 말고,
지나친 양의 술을 마시지 말라."

「勿貪意外之財, 勿飮過量之酒.」

참고 및 관련 자료

❀ 朱用純의《治家格言》에 실려 있다.

507

"앞서 나갈 때 곧 물러설 때를 생각하고,
 일을 시작할 때는 그 일을 손 놓아야 할 때를 생각하라."

「進步便思退步, 着手先圖放手.」

참고 및 관련 자료

◉《菜根譚》(250)에는「進步處, 便思退步, 庶免觸藩之禍; 着手時, 先圖放手,
纔脫騎虎之危」라 하여 문장이 다르다.

508

"고니를 조각하다가
 집오리를 닮았다고 혐의를 두지 말고,
 단지 호랑이를 그리려다
 개를 그리지나 않을까 걱정하라."

「不嫌刻鵠類鶩, 只怕畫虎成狗.」

【鶩】집오리. 고니와 집오리는 생긴 것이
비슷하여 그런 대로 인정할 수 있으나
호랑이와 개는 전혀 달라 그러한 착오를
짓지 않도록 할 것임을 강조한 것.

〈駱賓王詠鵝詩意圖〉 淸 惲壽平(畫)

참고 및 관련 자료

◉《後漢書》馬援傳에 마원이 자신의 조카에게 보낸 편지에서 자신의 두 친구
(龍伯高와 杜季良)를 비유하여 한 말이다. 「龍伯高敦厚周愼, 口無擇言, 謙約
節儉, 廉公有威, 吾愛之重之, 願汝曹效之. 杜季良豪俠好義, 憂人之憂, 樂人
之樂, 淸濁無所失, 父喪致客, 數君畢至, 吾愛之重之, 不願汝曹效之. 效伯高
不得, 猶爲謹敕之士, 所謂刻鵠不成尙類鶩者也; 效季良不得, 陷爲天下輕
薄子, 所謂畫虎不成反類狗者也」라 하여 「畫虎類犬」, 「畫虎成狗」, 「畫虎
刻鶩」 등의 성어가 되었다.

509

"남에게 선함을 요구하되 너무 높이 하지 말고,
그가 할 수 있는 것이 무엇인가를 생각하라.
남의 악惡을 공격하되 너무 엄하게 하지 말고,
그에게 사랑스러운 면이 무엇인가를 생각하라."

「責善勿過高, 當思其可以;
　攻惡勿太嚴, 要思其可愛.」

1.《菜根譚》(023)에는 「攻人之惡, 毋太嚴, 要思其堪受; 敎人以善, 毋過高, 當使其可從」이라 하였다.
2.《史典》(願體集)에는 「攻人之惡毋太嚴, 敎人之善毋太高」라 하였다.

510

"현재의 복을 누리는 것은 마치 등잔불 켜는 것과 같아
  시간이 지날수록 기름이 줄어든다.
  장래의 복을 배양하는 것은 마치 기름을 더 붓는 것과 같아
  기름을 부어줄수록 그 등불은 오래간다."

「享現在之福如點燈, 隨點則隨滅;
  培將來之福如添油, 愈添則愈久.」

참고 및 관련 자료

◉ 淸 金纓의《格言聯璧》齊家類에 「現在之福, 積自祖宗者, 不可不惜; 將來之福, 貽于子孫者, 不可不培. 現在之福如點燈, 隨點則隨竭; 將來之福如添油, 愈添則愈明」이라 하였다.

511

"은혜 가운데에는 해(害)가 생겨나는 원인이 있다.
그러므로 유쾌한 기분일 때 모름지기 얼른 고개를 돌려라.
실패한 뒤에 혹 도리어 성공하는 경우가 있다.
그러므로 마음이 흔들리는 곳이라 해도
곧바로 손을 놓고 포기하는 일이 없도록 하라."

> 「恩裏由來生害, 得意時須早回頭;
> 敗後或反成功, 拂心處莫便放手.」

【莫便放手】《菜根譚》〈寶光寺本(下)〉에는 '切莫放手'로 되어 있음.

> ### 참고 및 관련 자료

◉《菜根譚》(010)에는 「恩裡由來生害, 故快意時, 須早回頭; 敗後或反成功, 故拂
心處, 莫便放手」라 하였다.

〈陶淵明醉歸圖〉 明 張鵬(畫)

3. 거운去韻

　「거운去韻」이란 고대 중국어의 평상거입平上去入 사성四聲 중에
거성去聲에 해당하는 운을 뜻한다. 매 구절의 끝에 이 운자에 해당
하는 글자로 되어 있음을 말한다. 예로 「용用, 중重, 통痛」 등은
모두가 거운의 글자들이다.

　총 107 구절이 들어 있다.

512

"친구를 많이 사귀면
그만큼 돈이 많이 들고,
친구를 적게 사귀면
그만큼 씀씀이를 줄일 수 있다."

「多交費財, 少交省用.」

513

"천리 먼 길에 터럭 같은 작은 예물 보내니,
예물은 가벼우나 인의仁義는 중히 여김일세."

「千里送毫毛, 禮輕仁義重.」

참고 및 관련 자료

1. 《南唐書》에 실려 있는 고사에서 유래되었다. 大理國이 緬伯高라는 사신을
시켜 天鵝라는 새를 귀한 조공품으로 여겨 唐나라에 바치러 가다가 沔陽湖
에서 이를 씻어주다가 놓치자 그 떨어진 깃털만 가지고 와서 「將鵝貢唐朝,

山高路遙遙. 沔陽湖失鵝, 倒地哭號號. 上稟唐天子, 可饒緬伯高. 禮輕情意重, 千里送鵝毛」라 하였다 한다. 이에 宋代 吳曾의《能改齋漫錄》逸文에도 이 고사를 인용하고 있으며, 뒤에 邢俊臣의 詩에「物輕仁義重, 千里送鵝毛」라 하여 널리 퍼졌다. 흔히 「千里送鴻毛, 物輕禮不輕」 등으로도 표현되며, 또는「千里鵝毛」,「千里鴻毛」의 성어로도 쓰인다.
2.《增廣賢文》에는「千里送毫毛, 禮輕仁義重」 이라 하였다.

〈人物交談圖〉(彩畫磚) 漢

514

"골육끼리 서로 죽이니
콩을 삶는데 콩깍지를 때는 것과 같구나.
형제가 서로 사랑하니
쑥 뜸의 고통도 나누어 하는구나."

「骨肉相殘, 煮豆然萁;
兄弟相愛, 灼艾分痛.」

참고 및 관련 자료

1.《世說新語》文學篇에 실려 있으며 三國 魏나라 文帝(曹丕)가 아우 曹植을 시기하여 죽이려 한 고사에서 유래되었다. 흔히 〈七步詩〉로 알려졌으며「七步

成詩」의 성어를 남겼다. 조비가 조식에게 일곱 걸음 내에 시를 짓도록 하자, 즉시 「煮豆持作羹, 漉菽以爲汁; 其在釜下燃, 豆在釜中泣, 本是同根生, 相煎何太急?」이라 하였다. 한편《漢魏六朝百三家集》陳思王集에《漫叟詩話》를 인용하여 「煮豆燃豆其, 豆在釜中泣, 本是同根生, 相煎何太急?」이라 하였다.

조조

2. 「灼艾分痛」은 宋太祖 趙匡胤과 그 아우 太宗 趙炅의 우애를 말한 것으로 조경이 병이 들자 태조가 직접 쑥뜸을 놓아주면서 아우가 괴로워하자 자신도 뜸을 떠 그 고통을 나눈 고사이다.《宋史》太祖紀에 「太宗嘗病亟, 帝往視之, 親爲灼艾. 太宗覺痛, 帝亦取艾自灸」라 하였다.

3.《幼學瓊林》兄弟篇에 「煮豆燃其, 謂其相害; 斗粟尺布, 譏其不容」이라 하였고, 같은 곳에 「姜家大被以同眠, 宋君灼艾而分痛」이라 하였으며, 身體篇에는 「澤及枯骨, 西伯之深仁; 灼艾分痛, 宋祖之友愛」라 하였다. 飮食篇에는 「易粃以粟, 鄒侯爲民庶之意拳拳; 煮豆燃其, 子建悟兄弟之情切切」이라 하고, 花木篇에는 「煮豆燃其, 比兄殘弟; 砍竹遮筍, 棄舊憐新」이라 하여 널리 인용되는 고사이다.

515

"몸으로서 실행하여 가르치면 누구나 따르지만,
말로만 가르치면 소송이 잇따른다."

「以身敎者從, 以言敎者訟.」

【訟】 반감을 가지고 대듦을 뜻함.

516

"두텁게 쌓기만 하는 것은 조금만 취하느니만 못하고,
 마구 요구함은 자신의 비용을 줄이는 것만 못하다."

「厚積不如薄取, 濫求不如減用.」

517

"한 글자 판결문이 일단 관청으로 들어가고 나면,
 아홉 마리 소가 뽑아내려 해도 빼내올 수 없다."

「一字入公門, 九牛拖不出.」

참고 및 관련 자료

1. 南宋 普濟의 《五燈會元》(20) 天童曇華禪師에 「上堂云: "參禪人切忌錯用心.

悟明見性是錯用心, 成佛灼祖是錯用心, 看經講敎是錯用心, 行住坐臥是錯用心, 吃粥吃飯是錯用心, 屙屎送尿是錯用心, 一動一靜, 一往一來, 是錯用心. 更有一處錯用心, 歸宗不敢與諸人說破, 何故? 一字入公門, 九牛車不出.」이라 하였다.

2.《醒世姻緣傳》(46),《負曝閑談》(1),《續傳燈錄》(31) 등 아주 널리 인용되어 있다.

3.《增廣賢文》에는「一字入公門, 九牛拔不出」이라 하였다.

518

"'이理'라는 글자는 그리 크지 않으나
   천 사람이 끌어도 움직이지 않는다."

「理字不多大, 千人抬不動.」

【理】 불변의 진리. 움직일 수 없을 정도로 확고부동하다는 뜻.

참고 및 관련 자료

1.《詩經》大雅 烝民篇에「人亦有言, 德輶如毛, 民鮮克擧之. 我儀圖之, 維仲山甫擧之, 愛莫助之. 袞職有闕, 維仲山甫補之」라 하였다.

2.《中庸》(33장)의「詩云: "德輶如毛", 毛猶有倫, "上天之載, 無聲無臭", 至矣!」라 한 말과 주제가 같다.

519

"두 사람이 서로 자신이 옳다고 여겨
반목하여 말을 물고 늘어지지 않고는 그치지 않을 때,
단지 따뜻한 말 한 마디로 상대를 칭찬하면
곧 끝없는 즐거움으로 변하게 된다.
두 사람이 서로 상대가 그르다고 하여
패가망신하지 않고는 그치지 않을 때,
다만 고개를 돌려 자신의 착오를 인정하기만 하면
곧 끝없는 이익이 있게 된다."

「兩人自是, 不反目稽脣不止, 只溫語稱他人一句好,
便有無限歡欣;
兩人相非, 不破家亡身不止, 只回頭認自己一句錯,
便有無邊受用.」

【反目稽脣】계는 비교, 순은 말. 상대의 말을 따지고 들며 싸움.
【受用】이익을 봄.

> **참고 및 관련 자료**

◉《朱子語錄》(권9)에「今只是要理會道理, 若理會得一分, 便有一分受用, 理會得二分, 便有二分受用」이라 하였다.

520

"화기는 상서로움을 불러오고,
괴팍한 기氣는 못된 것을 불러온다."

「和氣致祥, 乖氣致戾.」

【乖氣】 어그러지고 乖愎한 氣.
【戾】 못된 것. 죄악. 邪惡한 異氣

참고 및 관련 자료

◉《漢書》劉向傳에 「和氣致祥, 乖氣致異」라 하였다.

521

"사람을 상대로 희롱하다가는 덕을 상실하게 되고,
물건을 가지고 놀기를 즐기다가는 뜻을 상실하게 된다."

「玩人喪德, 玩物喪志.」

◉《尙書》旅獒篇에 실려 있으며 孔穎達의 傳에「以人爲戱弄則喪其德, 以器物爲戱弄則喪其志」라 하였다.

522

"복이 찾아올 즈음에는 마음이 영험해지고,
 재앙이 찾아올 때는 마음이 어두워진다."

「福至心靈, 禍至心晦.」

◉《資治通鑑》後漢天福 12年에「戊寅, 帝還至晉陽」의 胡三省 주에「鄙語有之: "福至心靈, 禍來心昧."」라 하였다.

523

"총애를 입으면 마치 놀란 듯이 하고,
 허물을 들으면 즐거워하라."

「受寵若驚, 聞過則喜.」

참고 및 관련 자료

1. 《老子》(13장)에 「寵辱若驚, 貴大患若身. 何謂寵辱若驚? 寵爲上, 辱爲下, 得之若驚, 失之若驚, 是謂寵辱若驚」이라 하였다.
2. 歐陽修의 〈辭特轉吏部侍郞表〉에 「受寵若驚, 況被非常之恩? 事君無隱, 敢傾至懇之誠?」이라 하였다.
3. 《孟子》公孫丑(上)에 「子路, 人告之以有過則喜」라 하였다.

524

"창업이란 진실로 힘든 것이지만,
 그 성공을 지켜내는 것도 쉽지는 않다."

「創業固難, 守成不易.」

참고 및 관련 자료

1. 《唐書》房元齡傳에 「帝嘗問: "創業守文孰難?" 元齡曰: "方時草昧, 群雄競逐, 攻破乃降, 戰勝乃剋, 創業則難." 魏徵曰: "王者之興, 天授人與, 旣得天下, 則安于驕逸, 守文爲難." 帝曰: "元齡從我定天下, 見創業之難; 徵與我安天下, 見守文之不爲易. 然創業之不易, 旣往矣. 守文之難, 方與公等愼之."」라 하였다.

2.《**貞觀政要**》君道 貞觀 10년에는 더 자세히 기록되어「貞觀十年, 太宗謂
侍臣曰: "帝王之業, 草創與守成孰難?" 尚書左僕射房玄齡對曰: "天地草昧,
群雄競起, 攻破乃降, 戰勝乃克. 由此言之, 草創爲難."
魏徵對曰: "帝王之起, 必承衰亂, 覆彼昏狡, 百姓樂推,
四海歸命; 天授人與, 乃不爲難. 然旣得之後, 志趣驕
逸. 百姓欲靜而徭役不休, 百姓凋殘而侈務不息; 國之
衰弊, 恒由此起. 以斯而言, 守文則難." 太宗曰: "玄齡昔
從我定天下, 備嘗艱苦, 出萬死而遇一生, 所以見草創之
難也, 魏徵與我安天下, 慮生驕逸之端, 必踐危亡之地,
所以見守文之難也. 今草創之難, 旣已往矣, 守文之難,
當思與公等愼之."라 하였다.

唐太宗《三才圖會》

3. 司馬光의 《**資治通鑑**》(195) 唐太宗 貞觀12년에는「創業難, 守成更難」이라
하였다.

4. 흔히「創業易守成難」으로 널리 알려져 있으며 '守成'은 '守文'과 같은
뜻이다.

525

"문 안에 군자가 있으면 문 밖에 군자가 찾아오고,
문 안에 소인이 있으면 문 밖에 소인이 찾아온다."

「門內有君子, 門外君子至;
　門內有小人, 門外小人至.」

1. 明 馮夢龍의 《警世通言》 俞伯牙摔琴謝知音에 「鍾子期道: "對人出言謬矣. 豈不聞十室之邑必有君子? 門內有君子, 門外君子至. 對人若欺負山野中沒有聽琴之人, 這夜靜更深荒崖下也不該有撫琴之客了."」라 하였다.

2. 《明心寶鑑》 正己篇에 「門內有君子, 門外君子至. 門內有小人, 門外小人至」라 하였다.

526

"동해의 물이 일찍이 파도가 멈춘 적이 없다고 들었고,
 북망산에 일찍이 빈 땅을 본 적이 없다 하였도다."

「東海曾聞無定波, 北邙未肯留閑地」

【北邙】 중국 고대 여러 조대의 서울이었던 洛陽 북쪽에 있는 고대 무덤 터. 흔히 인생의 허무를 비유하는 말로 거론됨.

참고 및 관련 자료

1. 《菜根譚》(524)에는 「東海水曾聞無定波, 世事何須抵腕? 北邙山未省留閑地, 人生且自舒眉」라 하였다.

2. 본 《賢文》(080)의 「北邙荒冢無貧富, 玉壘浮雲變古今」과 같은 주제이다.

527

"불꽃을 쫓아가면 비록 따뜻하기는 하겠지만
따뜻한 뒤에는 곧 차가움을 더 느끼게 된다.
사탕수수를 먹으면 능히 달게 여길 수는 있으나
단맛 나머지는 곧 쓴맛이 생겨난다."

「趨炎雖暖, 暖後更覺寒增;
食蔗能甘, 甘餘便生苦趣.」

【蔗】사탕수수. 흔히 '甘蔗'로 표기함.《世說新語》排調篇에 「顧長康噉甘蔗,
恒自尾至本. 人問所以? 云: "漸入佳境."」이라 하였음.

참고 및 관련 자료

◉《菜根譚》(531)에는 「趨炎雖暖, 暖後更覺寒威; 食蔗能甘, 甘餘便生苦趣.
何似養志於淸修而炎涼不涉, 棲心於淡泊而甘苦俱忘, 其自得爲更多也?」라
하였다.

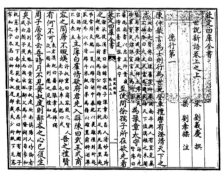

劉義慶《世說新語》

528

"명리를 쫓음에는 자신의 능력을 잘 살펴야 한다.
남의 개별적인 장점만 보고 덤볐다가
질투심이 생기느니 그러한 일이 없도록 해야 한다.
집안을 이끎에는 들어오는 수입과 인력을 계산하여야 한다.
남이 하는 대로 했다가는 헛되이 가계가 파탄하는 일이 생기느니
그러한 일이 없도록 해야 한다."

「爭名利, 要審自己分量, 休眼熱別個, 輒生嫉妬之心;
撑門戶, 要算起家來路, 莫步趨他人, 妄起挪扯之計.」

【眼熱】 부러워함, 선모함.
【來路】 들어오는 것. 경제나 인력의 들어오는 양.
【挪扯】 돈을 유용하여 경제가 파탄함.

529

"가정이 화목하면
거친 밥도 그 남은 즐거움까지 실컷 맛볼 수 있지만,
골육간에 괴리가 생기면
진수성찬도 그 지극한 맛이 사라지고 만다."

「家庭和睦, 疎食盡有餘歡;

　骨肉乖違, 珍饈亦減至味.」

【乖違】 괴리되고 위배됨. 화목하지 못함.
【珍饈】 珍羞와 같음. 珍羞盛饌의 줄인 말.

530

"그가 어떤 허물을 짓는가를 보면 그가 어떤 사람인지 알 수 있다.
　그릇 깨질까 두려워 쥐를 잡지 못하는 자이다."

「觀過知仁, 投鼠忌器.」

(참고 및 관련 자료)

1. 두 구절은 의미상 어떤 연관을 이루는지 분명하지 않다.

2.《論語》里仁篇에 「子曰: "人之過也, 各於其黨, 觀過, 斯知仁矣."」라 하였다.

3.《漢書》吳祐傳에는 「觀過, 斯知人矣」라 하여 '仁'이 '人'으로 되어 있다.

4. 한편 뒤의 구절은 《漢書》賈誼傳과 賈誼《新書》治安策에 「里諺曰: "欲投
鼠而忌器."」此善喩也, 鼠近於器, 尚憚不投, 恐傷其器, 況於貴臣之近主乎?」라
하였다.

531

"사랑하더라도 그의 결점도 알고 있어야 하고,
증오하더라도 그의 장점은 알고 있어야 한다."

「愛而知其惡, 憎而知其善.」

⊛ 《禮記》 曲禮(上)에 「賢者狎而敬之, 畏而愛之. 愛而知其惡, 憎而知其善. 積而
能散, 安安而能遷」이라 하였다.

532

"가난하면서 원망이 없기는 어렵지만,
부유하면서 교만하지 않기는 쉽다."

「貧而無怨難, 富而無驕易.」

⊛ 《論語》 憲問篇에 「子曰: "貧而無怨難, 富而無驕易."」라 하였고, 學而篇에는
「子貢曰: "貧而無諂, 富而無驕, 何如?" 子曰: "可也; 未若貧而樂, 富而好禮
者也."」라 하였다.

533

"맑은 하늘 날아가는 새를 보고
괄괄 흐르는 물속에 고기 노는 모습을 보게 되면,
우주의 활발한 기機를 인식하게 되도다.
서리 내린 하늘에 학 울음을 듣고
눈 내린 밤에 닭 울음을 듣게 되면,
건곤의 청순한 기운을 터득하게 되도다."

「晴空看鳥飛, 流水觀魚躍, 識宇宙活潑之機;
霜天聞鶴唳, 雪夜聽鷄鳴, 得乾坤淸純之氣」

【鶴唳】 학이 우는 소리. 자연의 여유로움을 뜻함.

참고 및 관련 자료

◉《菜根譚》(526)에는「霜天聞鶴唳, 雪夜聽鷄鳴, 得乾坤淸純之氣; 晴空看鳥飛,
活水觀魚戲, 識宇宙活潑之機」라 하였다.

534

"먼저 번거로움을 참아내는 법부터 배워라.
절대로 기분 내키는 대로 하지 말라.

성격이 조급하고 마음이 거칠게 되면
일생 아무것도 이루지 못한다."

「先學耐煩, 切莫使氣,
　性躁心粗, 一生不濟.」

【不濟】아무것도 이루지 못함. '不成'과 같음.

参고 및 관련 자료

◉《尙書》君陳篇에 「必有忍, 其乃有濟」라 하였다.

535

"세상 사람 그 누구나 자신을 받들어주는 것을 좋아한다.
　그러나 받들어주는 자가 좋은 뜻을 가진 자가 아닐 수도 있다.
　받들어주는 척하면서
　사실은 너를 가지고 놀리는 자도 있음을 모르는구나."

「擧世好承奉, 承奉非佳意;
　不知承奉者, 以爾爲玩戲.」

536

"득의하였을 때 자신의 능력을 과장하지 말 것이며,
불우하다고 해서 세상을 질투하지 말라.
만물은 성하면 반드시 쇠하게 마련이며,
융성한 성공도 교체가 있게 마련이다."

「得時莫誇能, 不遇休妒世.
　物盛則必衰, 有隆還有替.」

참고 및 관련 자료

1. 「物盛則衰」는 「物極必反」, 「物壯則老」, 「否極泰來」, 「樂極生悲」, 「剝極必復」,
「苦盡甘來」 등과 같다.
2. 《老子》(30장)에 「物壯則老, 是謂不道」라 하였다.

537

"지름길 비탈진 곳에서는
한 걸음 양보하여 남이 가도록 비켜주고,
맛이 진한 좋은 음식은
서 푼三分쯤 덜어서 남에게 맛보게 양보하라."

「路徑仄處, 留一步與人行;
　滋味濃的, 減三分讓人嗜.」

【路徑仄處】 다른 본에는 '路徑窄處'로 되어 있음.
【三分】 십분의 삼. 삼할.

참고 및 관련 자료

1.《菜根譚》(013)에는 「徑路窄處, 留一步與人行; 滋味濃的, 減三分讓人嗜. 此是涉世一極安樂法」이라 하였다.
2.《史典》(顧體集)에는 「路徑窄處, 須讓一步與人行; 滋味濃的, 須留三分與 人食」이라 하였다.

538

"사람 됨됨이를 배울 때에는 큰 것을 배우고 작은 것은 배우지 말라.
　지기志氣가 한 번 비속하게 더러워지고 나면 품격이 높아지기 어렵다.
　집안을 이끎에는 작은 것을 배우고 큰 것을 배워서는 안 된다.
　문 앞이 한번 활짝 열리고 나면 뒤에 가계를 이어나가기가 어렵다."

「爲人要學大, 莫學小, 志氣一卑汚了, 品格難乎其高;
　持家要學小, 莫學大, 門面一弄闊了, 後來難乎其繼.」

【弄闊】대문으로 재물이 마구 나감을 뜻함.

539

"다투고 싸우는 곳에서 몇 마디 청랭淸冷한 언어를 뱉어낸다면
　이는 곧 무한한 살기殺機를 쓸어 없애는 것이요,
　한미寒微한 길에서 한 점의 붉고 뜨거운 심장을 사용한다면
　이는 스스로 허다한 생의生意를 심어 배양하는 것이다."

「爭鬪場中, 出幾句淸冷言語, 便掃除無限殺機;
　寒微路上, 用一片赤熱心腸, 遂培植許多生意.」

【爭鬪】《菜根譚》에는 '熱鬧'로 되어 있음.
【殺機】죽이는 기틀이나 힘, 작용.
【生意】殺機에 상대되는 뜻으로 세상 만물을 살리는 작용이나 의지.

　참고 및 관련 자료

◉《菜根譚》(431)에는 「從熱鬧場中, 出幾句淸冷言語, 便掃除無限殺機; 向寒
微路上, 用一點赤熱心腸, 自培植許多生意」라 하였다.

540

"하루만 배운 선생님이라도
종신토록 부모처럼 모셔야 한다."

「一日爲師, 終身爲父.」

참고 및 관련 자료

1. 元 關漢卿의 《玉鏡臺》에 「小姐拜哥哥, 一日爲師, 終身爲父」라 하였고,
《西遊記》(31, 81)에도 인용되어 있다.
2. 《增廣賢文》에는 「一字爲師, 終身如父」라 하였다.

541

"옷은 새 옷만 한 것이 없지만,
사람은 옛 사람만 한 이가 없다."

「衣不如新, 人不如故.」

【故】옛사람. 이미 연고가 있어 아는 사람이나 부부. 친구, 舊官 등.

1. 古詩 〈古豔歌〉에 「煢煢白兎, 東走西顧. 衣不如新, 人不如故」라 하였다.
(《太平御覽》)

2. 그러나 《藝文類聚》(30)에 「後漢竇玄形貌絶異, 天子以公主妻之. 舊妻與
玄書別曰: "棄妻斥女, 敬白竇生: 卑賤鄙陋, 不如貴人. 妾日已遠, 彼日已親.
何所告訴, 仰呼蒼天. 悲哉竇生, 衣不厭
新, 人不厭故. 悲不可忍, 怨不自去. 彼獨
何人, 而居是處."」라 하여 竇玄 妻의
〈古怨歌〉라고도 한다.

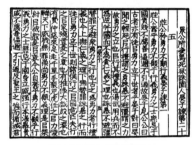

3. 《晏子春秋》內篇 雜上에 「衣莫若新,
人莫若故」라 하였다.

4. 《尙書》 盤庚(上)에 「遲任有言曰:
"人惟求舊, 器非求舊, 惟新"」이라 하였다.

《晏子春秋》四部叢刊本

542

"한 마디 말을 참고 한 가지 노함을 잠재워라.
하나의 집착에서 관대하게 하고 한 걸음을 물러날 줄 알아라."

「忍一言, 息一怒;
饒一着, 退一步.」

◎《增廣賢文》에는 「忍一句, 息一怒; 饒一着, 退一步」라 하여 '言'이 '句'로
되어 있다.

543

"나이 서른이 되도록 스스로 자립하지 못하면
 마흔이 되어 미움을 받게 되고,
 쉰이 되어서는 곧 죽음의 길로 찾아들게 된다."

「三十不立, 四十見惡, 五十相將尋死路.」

참고 및 관련 자료

1.《古今小說》(33)에「三十不榮, 四十不富, 五十看看尋死路」라 하였다.
2.《論語》爲政篇에「子曰: "吾十有五而志于學, 三十而立, 四十而不惑, 五十
而知天命, 六十而耳順, 七十而從心所欲, 不踰矩."」라 하였고, 〈陽貨篇〉에는
「子曰: "年四十而見惡焉, 其終也已."」라 하였으며, 〈子罕篇〉에는「子曰: "後生
可畏, 焉知來者之不如今也? 四十·五十而無聞焉, 斯亦不足畏也已."」라 하였다.
3.《增廣賢文》에는「三十不豪, 四十不富, 五十將近尋死路」라 하여 표현이 전
혀 다르다.

544

"아들을 사랑했지만 늙어
 그 아들로부터 보살핌을 받지 못하는 경우가 있고,
 총명함이 도리어
 그 총명함으로 인해 착오를 일으키는 경우가 있다."

「愛兒不得愛兒憐, 聰明反被聰明誤.」

참고 및 관련 자료

1. 蘇東坡의 〈洗兒〉 시에 「人皆養子望聰明, 我被
聰明誤一生. 但願吾兒魯且陋, 無災無難到公卿」이
라 하였다.

2. 明 周楫 《西湖二集》(권4)에 「蘇東坡曉得一生
吃虧在聰明二字, 所以有感作這首詩. 然與其聰明
反被聰明誤, 不如做個愚蠢之人, 一生無災無難, 安
安穩穩, 做到九棘三槐, 極品垂朝, 何等快活, 何等
自在?」라 하였다.

3. 그밖에 明 康海의 《沂東樂府》(2), 王九思의
《碧山新稿》 등에도 실려 있다.

蘇軾(1037~1101)

4. 馮惟敏의 《海浮山堂詞稿》에는 「聰明反被聰明害」로 되어 있다.

545

"마음이 한 번 떠나면 끝내 떠나보내야 한다.
다시 이에 미련을 느낀다 해도 머물러 주지 않는다."

「心去終須去, 再三留不住.」

546

"이유 없이 대들어 간섭하는 자는
이치로 설득하여 보낼 수 있고,
마구 거슬려 나를 압박해 오는 자는
정으로 용서해 주면 된다."

「非意相干, 可以理遣;
　橫逆加來, 可以情恕.」

참고 및 관련 자료

◎《晉書》衛玠傳에「玠嘗以人有不及, 可以情恕; 非意相干, 可以理遣, 故終
身不見喜慍之色」이라 하였다.

547

"가난과 환난이 있으면 친척이 서로 보살펴주어야 하고,
혼인과 상사의 일에는 이웃이 서로 도와주어야 한다."

「貧窮患難, 親戚相顧;
　婚姻死喪, 隣保相助.」

【隣保】 이웃을 뜻함.

참고 및 관련 자료

1.《顔氏家訓》兄弟篇에「二親旣歿, 兄弟相顧, 當如形
之與影, 聲之與響」이라 하였다.
2.〈呂氏鄕約〉에「一曰德業相勸, 二曰過失相規, 三曰
禮俗相交, 四曰患難相恤」이라 하였다.

顔之推《顔氏家訓》

548

"친한 사람은 그 친한 정을 잃지 않도록 하며,
친구는 그 인연을 져버리지 않도록 하라."

「親者毋失其爲親, 故者毋失其爲故.」

【故】 연고가 있어 알고 지내는 사람. 인연 관계가 있는 친구.

549

"득의하고 났으면 다시 더 나아가려 하지 말라.
모든 일은 의당 여유를 남겨야 한다."

「得意不宜再往, 凡事當留餘步.」

1. 《事林廣記》(9)와 《五朝名臣言行錄》(10-1)에 「優游之所勿久戀, 得意之處 勿再往」이라 하였다.
2. 《兒女英雄傳》(16), 《官場現形記》(53) 등에도 인용되어 있다.
3. 《治家格言》에 「凡事當留餘地, 得意不宜再往」이라 하였다.

550

"차라리 '어찌 오지 않을까' 하고
 의아해하며 기다리는 대상이 될지언정,
 '왜 어서 사라지지 않을까' 하고
 혐오하는 인물이 되지는 말라."

「寧使人訝其不來, 勿令人厭其不去.」

551

"태어난 자는 반드시 죽음이 있고,
 나쁜 짓으로 얻은 돈은 나쁜 길로 되돌아가게 마련이다."

「有生必有死, 孽錢歸孽路.」

참고 및 관련 자료

◉ 본 《賢文》(456)의 「悖入亦悖出, 害人終害己」와 같은 주제이다.

552

"돈이나 재물이 들어올 곳이 없음을 걱정하지 말고,
 쓸 곳이 많음을 걱정하라."

「不怕無來處, 只怕多去處.」

참고 및 관련 자료

◉ 돈이나 재물을 두고 한 말로 보고 있다.

553

"어떤 상황을 보거든 영활靈活하게 대처하라.
나무토막을 지키며 토끼를 기다리는 짓을 하지 말라."

「務要見景生情, 切莫守株待兔.」

【生情】 어떤 일에 靈活하게 대처함을 뜻함.
【守株待兔】 송나라 어떤 이가 밭에 나갔다가 토끼가 달려와 나무 그루터기에
머리를 부딪쳐 죽는 것을 보고 계속 그 곳을 지키며 같은 일이 일어나기를
기다렸다는 고사.

참고 및 관련 자료

1. 《韓非子》五蠹篇에「宋人有耕田者, 田中有株, 兔
走觸株, 折頸而死, 因釋其耒而守株, 冀復得兔, 兔不
可復得, 而身爲宋國笑. 今欲以先王之政, 治當世之民,
皆守株之類也」라 하였다.
2. 淸 李漁의 《閑情寓寄》(頤養·行樂)에「苟能見景生
情, 逢場作戱, 卽可悲可涕之事, 亦變歡娛」라 하였다.

〈韓非〉 中國歷史傳物舘

554

"집을 망치고 몸을 망치는 일은
주로 말을 잘못하여 그렇게 되는 경우가 8할이다.
세상이 쇠미해지고 도가 바뀌는 것은
백 가지 곧은 것 중에 한 가지도 만나지 못하였기 때문이다."

「喪家亡身, 多言占了八分;
 世微道替, 百直曾無一遇」

【道替】 세상의 옳은 도가 사라져 풍속이 나쁘게 바뀜.
【百直】 백가지 옳고 곧은 도. 혹은 정직한 사람.

555

"참을 수 있는 데까지 참고 또 견딜 수 있는 데까지 견뎌내라.
참지 못하고 견뎌내지 못하면 작은 일이 큰 일로 변하고 만다."

「得忍且忍, 得耐且耐,
 不忍不耐, 小事變大」

⚛《增廣賢文》에는「得忍且忍, 得耐且耐, 不忍不耐, 小事成大」라 하여 '變'자가
'成'자로 되어 있다.

556

"일은 비밀을 지켜야 이루어지고,
　말은 새어나가면 실패하고 만다."

「事以密成, 語以洩敗」

【洩敗】 일부 판본에는 '泄敗'로 되어 있음. '洩'과 '泄'은 같은 뜻의 글자임.

참고 및 관련 자료

1.《韓非子》說難에「夫事以密成, 語以泄敗. 未必其身泄之也, 而語及所匿之事,
如此者身危. 彼顯有所出事, 而乃以成他故, 說者不徒知所出而已矣, 又知其所
以爲, 如此者身危」라 하였다.
2.《史記》(63) 韓非子傳에도 인용되어 있다.

557

"서로 네가 나으니 내가 나으니 하고 영웅심을 다투다가는,
집안의 생계는 점점 퇴락하고 말 것이다."

「相論逞英雄, 家計漸漸退.」

참고 및 관련 자료

1. 실질적인 생계에 힘쓸 것을 권한 주제이다

2. 《增廣賢文》에는 「相論逞英豪, 家計漸漸消」라 하였다.

558

"어진 아내는 지아비를 귀하게 하고,
못된 아내는 지아비를 실패하게 한다."

「賢婦令夫貴, 惡婦令夫敗.」

참고 및 관련 자료

1. 《明心寶鑑》 婦行篇에 「賢婦令夫貴; 惡婦令夫賤」이라 하였다.

2. 《增廣賢文》에도 실려 있다.

縣吐具解　校正增補　新無雙明心寶鑑

繼善篇(계션편)

○子는孔子니 後皆倣此라

子ㅣ曰爲善者는天이報之以福코 爲不善者는天이報之以禍ㅣ니라

재왈위선자는 텬이 보지이복고 위불션자는 텬이 보지이화ㅣ니라

子ㅣ가라사대, 착함을하는자는, 하날이, 복으로써, 갑고, 착하지못함을하는자는 하날이, 재화로써, 갑나니라

漢昭烈이 將終에 勅後主曰 勿以善小而不爲코 勿以惡小而 爲之라하

한쇼렬 쟝죵에 칙후쥬왈 물이션쇼이불위코 물이악쇼이 위지라하

○昭烈의名은備오字는玄德이오 後主의名은禪이니 昭烈의子라

한나라, 소렬황뎨가, 장차, 죽을때에, 후쥬에게, 조칙하야갈아대, 착한것이면, 적더라도써하지말고, 악한것이면, 적더래도써하지말라

莊子ㅣ曰 一日不念善이면 諸惡이 皆自起니라

장자왈 일일불념션이면 제악이 개자긔니라

○莊子의 名은周라

장자ㅣ갈아대 하로도 착함을, 생각지아니하면, 모든, 악한것이, 다, 스사로, 닐어

《明心寶鑑》近代版

559

"한 사람이 경사를 입으니,
　모든 백성이 그 덕을 보네."

「一人有慶, 兆民永賴.」

참고 및 관련 자료

1. 《尙書》呂刑篇에 「一人有慶, 兆民賴之, 其寧有永」이라 하였다.
2. 《增廣賢文》에는 「一人有慶, 兆民咸賴」라 하였다.

560

"부귀한 집안이면서
　도리어 기극忌克하게 군다면
　어찌 부귀를 향유할 수 있겠는가?
　총명한 사람이면서
　의당 거두고 감추어야 함에도 도리어 이를 뽐내고 자랑한다면
　어찌 실패하지 않을 수 있겠는가?"

「富貴家宜寬厚, 而反忌克, 如何能享?
聰明人宜斂藏, 而反炫耀, 如何不敗?」

【寬厚】너그럽고 후덕함.
【忌克】아주 각박하게 구는 것. '忌刻'과 같음. 쌍성연면어.
【炫耀】자랑하고 뽐냄.

참고 및 관련 자료

◉《菜根譚》(031)에는「富貴家宜寬厚, 而反忌刻. 是富貴而貧賤其行矣, 如何能享? 聰明人宜斂藏, 而反炫耀, 是聰明而愚懵其病矣, 如何不敗?」라 하였다.

561

"괴이한 것을 보아도 괴이하게 여기지 않으면,
그 괴이함은 제풀에 사라지고 만다."

「見怪不怪, 怪乃自敗」

【怪】괴이하여 사람의 호기심을 끄는 것.

◎ 宋 洪邁의 《夷堅三志己》 姜七家豬에 「姜怫然曰: "畜生之言, 何足爲信? 我已
數月來知之矣. 見怪不怪, 其怪自壞."」라 하였다.

562

"하나의 정正이면 백 가지 사악함을 누를 수 있다.
　견문이 적으면 틀림없이 괴이한 것이 많은 법이다."

「一正壓百邪, 少見必多怪.」

1. 康海의 《王蘭卿》(제2절)에 「常言道: "三關度一米, 一正敵百邪." 休只管教
藥淘的他行贏氣怯」이라 하였다.
2. 漢 牟融의 〈理惑論〉에 「諺曰: "少所見, 多所怪, 睹鴕駝, 言馬腫背."」라
하였다.

563

"군자의 사귐은 담담하여 성취를 이루게 되고,
　소인의 사귐은 달콤하여 허물어지고 만다."

「君子之交淡以成, 小人之交甘以壞」

참고 및 관련 자료

1.《禮記》表記에「故君子之接如水, 小人之接如醴, 君子淡以成, 小人甘以壞」
라 하였다.

2.《莊子》山木篇에는「且君子之交淡若水, 小人之交甘若醴; 君子淡以親, 小人
甘以絶」이라 하였다.

3.《幼學瓊林》朋友賓主篇 續增에「君子之交淡如水, 同心之言臭如蘭」이라
하였다.

4.《明心寶鑑》交友篇에는 莊子의 말을 인용하여「君子之交淡若水; 小人之
交甘若醴」라 하였다.

564

"자고 일어나는 시간이 이른가 늦은가를 보면
  그 집안이 흥할지 패할지를 알 수 있다."

「視寢興之早晚, 知人家之興敗」

565

"적막한 오두막에서 제비 잠자는 모습을 보노라면
한 가닥 깨끗한 취향과 그윽한 심사가 일어난다.
꽃다운 텃밭에서 벌 바삐 날아다니는 것을 보노라면
티끌세상의 온갖 감정과 세태를 간파하게 된다."

「寂寞衡茅觀燕寢, 引起一段冷趣幽思;
芳菲園圃看蝶忙, 覷破幾般塵情世態.」

【衡茅】衡門과 같으며 오두막집을 뜻함.
【冷趣】차고 깨끗한 逸趣.
【覷破】看破와 같음. 알아차림.
【幾般】몇 가지. 백화어 표현임. 아래 구의
　　'一種'과 대를 이룬 量詞의 결합.

乾隆〈霽靑金彩海宴河淸尊〉(부분)

> 참고 및 관련 자료

◉《菜根譚》(528)에는「芳菲園圃看蜂忙, 覷
破幾般塵情世態; 寂寞衡茅觀燕寢, 引起一
種冷趣幽思」라 하였다.

566

"말은 충성되고 믿음 있게 하며,
행동은 독실하고 경건히 하라."

「言忠信, 行篤敬.」

참고 및 관련 자료

1. 《論語》衛靈公篇에 「子張問行, 孔子曰:
"言忠信, 行篤敬, 雖蠻貊之邦, 行矣."」라 하
였다.
2. 《周易》乾卦에 「君子進德修業, 忠信所
以進德也」라 하였다.

〈如初 김응현 글씨〉

567

"군자는 가난을 편안히 여기고,
달인은 천명天命을 안다."

「君子安貧, 達人知命.」

【安貧】 가난을 편안히 여김. 《論語》雍也篇에 「子曰: "賢哉, 回也! 一簞食, 一瓢飮, 在陋巷, 人不堪其憂, 回也不改其樂. 賢哉, 回也!"」라 하였음.

【知命】 자신의 사명이나 운명을 앎. 《周易》繫辭(上)에 「樂天知命, 故不憂」 라 함.

참고 및 관련 자료

1. 唐 王勃의 〈滕王閣序〉에 「所賴君子安貧, 達人知命. 老當益壯, 寧知白首 之心; 窮且益堅, 不墜靑雲之志」라 하였다.

2. 《增廣賢文》에도 실려 있다.

568

"아무리 성스럽고 총명하다 해도 생각이 없으면
 무지한 자가 되는 것이요,
 비록 무지한 자라도 능히 생각을 하면
 총명한 자가 되는 것이다."

「惟聖罔念作狂, 惟狂克念作聖.」

【聖】 聰明叡智함을 뜻한다.

【狂】 무지하여 아무런 일도 해내지 못함을 뜻한다.

【克】 '能'과 같다.

◉《尙書》多方篇에「惟聖罔念作狂, 惟狂克念作聖, 天惟五年須暇之子孫, 誕作民主, 罔可念聽. 天惟求爾多方, 大動以威, 開厥顧天. 惟爾多方罔堪顧之」이라 하였다.

569

"남을 사랑하는 자는 남도 언제나 그를 사랑하고,
남을 존경하는 자는 남도 항상 그를 존경한다."

「愛人者, 人恒愛;
敬人者, 人恒敬.」

◉《孟子》離婁(下)에「孟子曰:"君子所以異於人者, 以其存心也. 君子以仁存心, 以禮存心. 仁者愛人, 有禮者敬人. 愛人者, 人恆愛之; 敬人者, 人恆敬之."」라 하였다.

570

"소송을 즐겨하는 집 아이는 주로 그 끝이 흉하고,
선을 쌓는 집안은 틀림없이 남은 경사까지 있게 된다."

「好訟之子, 多致終凶;
　積善之家 必有餘慶.」

参考 및 관련 자료

1. 「積善之家」의 구절은 《周易》坤卦에
「積善之家, 必有餘慶; 積不善之家, 必有餘殃」
이라 하였다.
2. 《明心寶鑑》繼善篇에도 「積善之家, 必有
餘慶; 積不善之家, 必有餘殃」이라 하였다.

丘堂 呂元九 글씨(현대)

571

"손해날 친구는 공경은 하되 멀리하고,
　이익이 될 친구는 친히 여겨 가까이 하라."

「損友敬而遠, 益友親而近.」

参고 및 관련 자료

◎《論語》季氏篇에「孔子曰: "益者三友, 損者三友. 友直, 友諒, 友多聞, 益矣.
友便辟, 友善柔, 友便佞, 損矣."」라 하였다.

572

"남과 잘 사귀는 자는 시간이 오랠수록 능히 서로 공경하고,
    허물이 있어 서로 고쳐줌에 말로 하되 믿음을 바탕으로 한다."

「善與人交, 久而能敬.
    過則相規, 言而有信.」

참고 및 관련 자료

1.《論語》公冶長篇에「子曰："晏平仲善與人交,
久而敬之."」라 하였고, 學而篇에는「子夏曰："賢賢
易色；事父母, 能竭其力；事君, 能致其身；與朋
友交, 言而有信. 雖曰未學, 吾必謂之學矣."」라
하였다.
2.〈呂氏鄕約〉에「一曰德業相勸, 二曰過失相規,
三曰禮俗相交, 四曰患難相恤」이라 하였다.

晏子(晏嬰) 顧沅《古聖賢傳像》

573

"가난한 선비는 어버이를 모심에
    콩국에 찬물이라도 어버이의 기뻐하는 바를 살펴드리고,

엄한 아버지의 자식 교육은
옳은 방향으로 함이 바로 그 가르침이다."

「貧士養親, 菽水承歡;
　嚴父敎子, 義方是訓.」

참고 및 관련 자료

1. 《禮記》檀弓(下)에 「子路曰: "傷哉貧也, 生無以爲養, 死無以爲禮也." 孔子曰: "啜菽飮水盡其歡, 斯之謂孝; 斂手足形, 還葬而無木享, 稱其財, 斯之謂禮."」라 하였다

2. 《左傳》(隱公3년)에 「臣聞: 愛子, 敎之以義方, 弗納于邪」라 하였다.

3. 본 《賢文》(392)에 「居身務期質樸, 訓子要有義方」이라 하였다.

574

"남이 훤히 보고 있다고 해서 믿음과 절조를 지키려 들지 말고,
　남이 보지 않는 어두운 곳이라고 해서 타락한 행동을 하지 말라."

「不爲昭昭信節, 不爲冥冥墮行.」

575

"부지런함은 아름다운 행동이다.
군자는 덕의德義에 재빠르게 하지만
세상 사람들은 부지런함을 빌려 그 탐욕을 이루려고 한다.
검소함은 미덕이다.
군자는 재화財貨를 절약하지만
세상 사람들은 검소함을 가장하여 그 인색함을 수식하려 든다."

「勤, 懿行也, 君子敏於德義, 世人則借勤發濟其貪;
儉, 美德也, 君子節於貨財, 世人則假儉以飾其吝.」

【懿行】 아름답고 떳떳한 행동. 美德과 상대되는 말.

참고 및 관련 자료

◉《菜根譚》(199)에는 「儉美德也. 過則爲慳吝, 爲鄙嗇, 反傷雅道; 讓懿行也.
過則爲足恭, 爲曲謹, 多出機心」이라 하였다.

576

"욕심을 부리다가 사망에 임했을 때 얽매이거나 막히지 않도록 하라.
그보다 앞서 살아 있을 때 일마다 가볍게 볼 수 있는

바른 눈을 키워놓도록 하라.
욕망이 변화를 만나도 창망히 굴지 말라.
모름지기 평소 생각하고 생각했던 대로
안정을 지키는 방법을 터득해 두도록 하라."

「欲臨死而無挂碍, 先在生時事事看得輕;
　欲遇變而無倉忙, 須向常時念念守得定.」

【倉忙】급히 굴어 서두름. 접운연면어.

참고 및 관련 자료

⊛《菜根譚》(398)에는 「欲遇變而無倉忙, 須向常時念念守得定; 欲臨死而無貪戀, 須向生時事事看得輕」이라 하였다.

577

"세상일은 모두 간파했다고 하면서 참고 지나가지 못하고,
말로는 분명히 그렇다고 하면서 지켜내지는 못한다.
앞선 수레 엎어지는 것을 비웃더니
뒤에 자신도 넘어지는 것을 잊고 있으며,
천승을 가볍다고 하면서 도리어 국 한 그릇 두고 다툰다."

「識得破, 忍不過; 說得硬, 守不定.
　笑前轍, 忘後跌; 輕千乘, 豆羹競.」

【識得破】인식하기는 매우 자신 있게 함. 得은 정도를 나타내는 백화어 부사.
【說得硬】말하기는 분명히 그렇다고 강하게 자신감을 가짐.
【前轍】앞선 수레가 엎어지는 것을 보고 뒤의 수레가 경계해야 함을 뜻함.
《荀子》成相篇에「前車已覆, 後末知更, 何覺時?」라 하였고,《說苑》善說篇에
「公乘不仁曰: "周書曰: 前車覆, 後車戒. 蓋言其危, 爲人臣者不易, 爲君亦不易.
今君已設令, 令不行, 可乎?" 君曰: "善."」이라 하였으며,《韓詩外傳》(권5)에는
「或曰: "前車覆, 而後車不誡, 是以後車覆也." 故夏之所以亡者, 而殷爲之. 殷之
所以亡者, 而周爲之. 故殷可以鑒於夏, 而周可以鑒於殷.」이라 하였음. 그리고
《漢書》賈誼傳에「前車覆, 後車誡. 秦世所以亟絶者, 其轍迹可見, 然而不避,
是後車又將覆也」라 함.
【輕千乘】천승의 큰 나라는 양보하면서 하찮은 국한 그릇을 두고는 싸우려
덤빔.《孟子》盡心(下)에「孟子曰: "好名之人, 能讓千乘之國; 苟非其人, 簞食
豆羹見於色."」이라 함.

　참고 및 관련 자료

◉ 본《賢文》(129)에「烈士讓千乘, 貪夫爭一文」과 주제가 같다.

578

"아들이 허물이 있으면 아버지는 의당 숨겨줘야 하지만,
　아버지가 허물이 있을 때는 아들은 의당 직언을 해야 한다."

「子有過, 父當隱;
　父有過, 子當諍.」

참고 및 관련 자료

◎《論語》子路篇에「葉公語孔子曰: "吾黨有直躬者, 其父攘羊, 而子證之."
孔子曰: "吾黨之直者異於是: 父爲子隱, 子爲父隱. 直在其中矣."」라 하였다.

579

"나무는 먹줄을 받으면 곧게 자를 수 있고,
　사람은 간언을 받아들이면 성스러워진다."

「木受繩則直, 人受諫則聖.」

참고 및 관련 자료

1.《尙書》說命篇(上)에「說復于王曰: "惟木從繩則正, 后從諫則聖, 后克聖,
臣不命其承, 疇敢不祗若王之休命."」이라 하였다.
2.《荀子》勸學篇에「木直中繩; 輮以爲輪, 其曲中規, 雖有槁暴, 不復挺者,
輮使之然也. 故木受繩則直, 金就礪則利, 君子博學而日參省乎己, 則知明而行
無過矣」라 하였다.
3.《藝文類聚》(88),《北史》(23),《周書》(15) 등에도 실려 있다.
4.《明心寶鑑》省心篇에「子曰: "木受繩則直, 人受諫則聖."」이라 하였다.

木受繩則
直人受諫
則聖

誌古於孔子家語疏證
全威直夏梅長沙老士
深菴卑夫老子甲本
此篆諱之問也
等外野主人水初居士

《孔子家語》

580

"좋은 약은 입에는 쓰나 병 치료에는 이롭고,
충성된 말은 귀에는 거슬리나 행동에는 이롭다."

「良藥苦口利於病, 忠言逆耳利於行.」

참고 및 관련 자료

1.《孔子家語》六本篇에 「孔子曰: "良藥苦於口
而利於病, 忠言逆於耳而利於行. 湯武以諤諤而昌,
桀紂以唯唯而亡. 君無爭臣, 父無爭子, 兄無爭弟,
士無爭友, 無其過者, 未之有也."」라 하였다.

2.《韓非子》外儲說左上에는 「夫良藥苦於口,
而智者勸而飲之, 知其入而已己疾也; 忠言拂
於耳, 而明主聽之, 知其可以致功也」라 하였다.

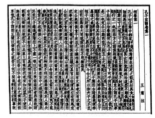

《孔子家語》王肅

3. 《說苑》正諫篇에는 「孔子曰: "良藥苦於口, 利於病; 忠言逆於耳, 利於行. 故武王諤諤而昌, 紂嘿嘿而亡, 君無諤諤之臣, 父無諤諤之子, 兄無諤諤之弟, 夫無諤諤之婦, 士無諤諤之友; 其亡可立而待."」라 하였다.

4. 《漢書》劉安傳에는 「毒藥苦口利病, 忠言逆耳利行」이라 하였다.

5. 《明心寶鑑》正己篇에도 「子曰: "良藥苦於口而利於病, 忠言逆於耳而利於行."」이라 하였다.

6. 《增廣賢文》에도 실려 있다.

581

"집안의 추한 꼴은 밖으로 퍼뜨려서는 안 되며,
떠도는 말은 절대로 가볍게 믿어서는 안 된다."

「家醜不可外傳, 流言切莫輕信.」

참고 및 관련 자료

1. 南宋 普濟의 《五燈會元》(권15) 化城鑑禪師에 「問: "如何是和尙家風?" 師曰: "不欲說似人." 問: "爲什麼如此?" 師曰: "家醜不外揚."」이라 하였다.

2. 元 無名氏의 《爭報恩》(제2절)에 「便好道: "家醜不可外揚," 相公自己斷了吧」라 하였다.

3. 《西遊記》(69)에는 「家醜不加外談」이라 하였다.

4. 唐 宋若昭의 《女論語》和柔章에는 「從來家醜, 不家外聞」이라 하였다.

582

"아랫사람의 사정을 윗사람에게 전하기 어려우니,
 군자는 아랫사람에게 묻기를 부끄러워하지 않아야 한다."

「下情難於上達, 君子不恥下問.」

참고 및 관련 자료

1. 《管子》明法篇에 「臣有擅主者, 則主令不
得行, 而下情不上通」이라 하였다.
2. 《論語》公冶長篇에는 「子貢問曰: "孔文子
何以謂之'文'也?" 子曰: "敏而好學, 不恥下問,
是以謂之'文'也."」라 하였다.

《孟子》

583

"부용과 같은 흰 얼굴의 미녀는
 단지 그 살로 덮어씌운 뼈대에 지나지 않는다.
 아름답게 꾸며 붉게 화장한 미녀는
 모두가 사내를 죽이는 날카로운 칼날이다."

「芙蓉白面, 不過帶肉骷髏;

　美艶紅妝, 盡是殺人利刃.」

【骷髏】 몸을 지탱하는 뼈. 여기서는 아무리 미인이라 해도 그 겉모습의
아름다움은 그저 뼈대에 살을 얹은 것에 불과함을 뜻함.
【利刃】 '利刀'와 같음. 남자들로 하여금 志氣를 磨滅하게 하는 날카로운
칼에 비유한 것.

584

"독서를 하면서 풍아風雅를 음영吟咏하는 데에만 흥취를 둔다면
　그 마음을 깊게 안정시킬 수 없다.
　덕을 닦는다면서 일의 성공이나 명예에 뜻을 둔다면
　마음에 실증實證이 없게 될 것이다."

「讀書而寄興于吟咏風雅, 定不深心;

　修德而留意於名譽事功, 心無實證.」

【吟咏風雅】 고매한 원리보다는 즐기고 흥을 돋우기 위하여 독서함을 뜻함.

[참고 및 관련 자료]

◉《菜根譚》(045)에는 「學者, 要收拾精神, 併歸一路, 如修德而留意於事功名譽,
必無實詣. 讀書而寄興於吟咏風雅, 定不深心」이라 하였다.

585

"한 사람만이라도 너를 그르다 한다 하여
곧바르게 서지 못하고 좌절한다면,
이는 단지 시비是非만 있다고 보기 때문이다.
도道와 이理라는 것이 있음을 알려고 해 본 적이 있는가?
한 사람도 알아주지 않는다 하여
곧 불평을 늘어놓는다면
이는 단지 득실得失이 있는 것만 보기 때문이다.
의義와 명命이 있음을 알고자 해 본 적이 있는가?"

「一人非之, 便立不定, 祗見得有是非, 何曾知有道理?
一人不知, 便就不平, 祗見得有得失, 何曾知有義命?」

【祗】只와 같음.

586

"지혜는 앎을 낳고,
앎은 판단을 낳는다."

「智生識, 識生斷.」

587

"마땅히 끊어야 할 것을 끊지 않았다가는
도리어 그 화란禍亂을 되받게 된다."

「當斷不斷, 反受其亂.」

참고 및 관련 자료

1.《史記》春申君列傳贊에「語曰: "當斷不斷, 反受其亂." 春申君失朱英之
謂邪?」라 하였고, 齊悼惠王世家에도 같은 말이 실려 있다.
2. 혹「當斷不斷, 反受其禍」로도 표현한다.

588

"사람마다 마음이 있고,
마음마다 보는 것이 있다."

「人各有心, 心各有見.」

【見】견해, 의견.

◉《增廣賢文》에도 실려 있다.

589

"소금을 넣으면 다 같이 짜게 되고,
소금을 넣지 않으면 다 함께 담백해진다."

「有鹽同鹹, 無鹽同淡.」

590

"사람끼리 사사롭게 속삭이는 말도
하늘은 우레 소리같이 크게 듣고,
어두운 방 안에서 힐뜯는 마음을
귀신은 번개보듯 환하게 본다."

「人間私語, 天聞若雷;
　暗室虧心, 神目如電.」

참고 및 관련 자료

1. 元 無名氏의 《看錢奴》(제1절)에 「這等人輕視貧乏, 不恤孤寡, 天生下一種
狡猾. 常言道: "人間私語, 天聞若雷; 暗室虧心, 神目如電."信有之也」라 하였다.

2. 《事林廣記》(9)와 《永樂大全》(21)에도 실려 있다.

3. 《明心寶鑑》天命篇에는 玄帝 〈垂訓〉을 인용하여 「人間私語, 天聽若雷;
暗室欺心, 神目如電」이라 하였다.

4. 《增廣賢文》에는 「人間私語, 天聞如雷; 暗室虧心, 神目如電」으로 되어 있다.

591

"털끝만한 악이라도 남에게 짓도록 권하지 말라.
 털끝만한 선이라도 남에게 이를 편하게 여기도록 하라."

「一毫之惡, 勸人莫作;
　一毫之善, 與人方便」

참고 및 관련 자료

1. 唐 呂岩의 〈勸世文〉에 실려 있다.

2. 《明心寶鑑》繼善篇에 「一毫之善, 與人方便; 一毫之惡, 勸人莫作. 衣食隨緣,
自然快樂. 算甚麼命? 問甚麼卜? 欺人是禍, 饒人是福. 天網恢恢, 報應甚速.
諦聽吾言, 神欽鬼伏」이라 하였다.

3. 《增廣賢文》에도 실려 있다.

592

"종신토록 길을 양보한다 해도
　모두 합해봐야 백 보를 헛걸음하는 것이 아니요,
　종신토록 밭두둑을 양보한다 해도
　모두 합해봐야 겨우 한 단락도 안 된다."

「終身讓路, 不枉百步;
　終身讓畔, 不失一段」

【讓畔】옛날 서로의 농토 경계를 확정하지 못해 자주 송사가 있었음.《史記》
의 '虞芮質正'의 고사는 바로 이러한 예를 말한 것.

참고 및 관련 자료

1.《新唐書》朱敬則傳에「敬則兄仁軌, 字德容,
隱居養親, ……常誨弟子曰: "終身讓路, 不枉百步;
終身讓畔, 不失一段."」이라 하였다.
2. 宋 章定의《名賢氏族言行類稿》(5)에도 인용되어
있다.
3. 楊愼의《古今諺》에는「終身讓車, 不枉一舍」라
하였다.

〈文王〉(周)

593

"합하기도 어렵지만 헤어지기도 어렵다.
　쉽게 친한 것은 쉽게 헤어진다."

「難合亦難分, 易親亦易散」

참고 및 관련 자료

◉《菜根譚》(427)에 「落落者難合亦難分, 欣欣者易親亦易散. 是以君子寧以剛
方見憚, 毋以媚悅取容」이라 하였다.

594

"입으로 말하는 것은 몸으로 실행한 것만 못하고,
　귀로 들은 것은 눈으로 본 것만 못하다."

「口說不如身行, 耳聞不如目見.」

참고 및 관련 자료

1.《說苑》政理篇에 「夫耳聞之, 不如目見之; 目見之, 不如足踐之」라 하였다.
2.《增廣賢文》에는 「口說不如身逢, 耳聞不如目見」이라 하여 '行'이 '逢'으로
되어 있다.

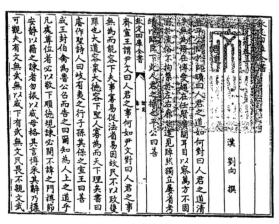

劉向의 《說苑》

595

"다만 비단옷에 꽃을 더하고자 하는 사람만 보았지,
　남이 눈 속에 갇혔을 때 숯을 보내준다는 말은 듣지 못하였네."

> 「祇見綿上添畫, 未聞雪中送炭.」

【祇】 '只'와 같음.
【綿上添畫】 '錦上添花'와 같음. 좋은 일에 더 좋은 것을 바람.
【雪中送炭】 남이 눈에 갇혔을 때 땔감(숯)을 보내주어 고통을 덜어줌을 뜻함.

1. 「綿上添畫」는 「錦上添花」라고도 하며, 일반 격언으로 흔히 「雪中送炭」과 상대되는 뜻으로 쓰인다. 「雪中送炭」은 《宋史》 太宗紀에 「淳化四年, 雨雪, 大寒, 遣中使賜孤老貧窮人米炭」이라 한 데서 유래되었다.

2. 明 凌濛初의 《初刻拍案驚奇》(권22)에 「"只有錦上添花, 哪有雪中送炭?" 只這 兩句言語, 道盡世人情態」라 하였다.

3. 그러나 《平妖傳》(18)에는 '哪有'가 '那肯'으로, 《兒女英雄傳》(9)에는 '誰肯' 으로 되어 있다.

596

"집을 이어나간다는 두 글자 '전가傳家'는 농사와 독서이다.
집안을 방비한다는 두 글자 '방가防家'는 도둑과 간악함이다.
집을 기울게 한다는 두 글자 '경가傾家'는 음란과 도박이다.
집을 지켜나간다는 두 글자 '수가守家'는 부지런함과 검소함이다."

「傳家二字耕與讀, 防家二字盜與奸,
　傾家二字淫與賭, 守家二字勤與儉.」

597

"여러 가지 숨은 공로를 만들기에 힘쓰고,
　때마다 남을 편하게 해주기를 행동으로 옮겨라."

「作種種之陰功, 行時時之方便.」

598

"부귀에 급급하지 아니하고,
　빈천에 척척해하지 않는다."

「不汲汲於富貴, 不戚戚於貧賤.」

【戚戚】위축되어 슬프게 여김.《論語》述而篇에「君子坦蕩蕩, 小人長戚戚」
이라 함.

참고 및 관련 자료

1.《漢書》揚雄傳에「雄少而好學, ……博覽無所不見.
爲人簡易佚蕩, 口吃不能劇談, 黙而好深湛之思. 淸淨
亡爲, 少奢欲, 不汲汲於富貴, 不戚戚於貧賤, 不修廉隅
以徼名當世」라 하였다.
2. 陶淵明의 〈五柳先生傳〉에「贊曰: 黔妻有言, 不戚
戚於貧賤, 不汲汲於富貴. 極其言, 玆若人之儔乎! 酣
觴賦詩, 以樂其志, 無懷氏之民歟, 葛天氏之民歟!」라
하였다.

陶淵明

599

"벼슬 없는 현재 위치에서 자기 할 일만 하며,
탓하지도 말고 원망하지도 말라."

「素位而行, 不尤不怨.」

【素位】벼슬이 없는 위치. 현재 처하고 있는 상황에서 자신의 일을 함.

1. 《中庸》(14장)에 「君子素其位而行, 不願乎其外. 素富貴, 行乎富貴; 素貧賤, 行乎貧賤; 素夷狄, 行乎夷狄; 素患難, 行乎患難; 君子無入而不自得焉」이라 하였다.

2. 《論語》憲問篇에 「子曰: "莫我知也夫!"子貢曰: "何爲其莫知子也?"子曰: "不怨天, 不尤人, 下學而上達. 知我者其天乎!"」라 하였다.

600

"먼저 통달한 선배는 가히 존경해야 한다.
그에게 아부하여 환심을 사려 해서는 안 된다.
권세 있는 사람은 멀리해야 한다.
그를 모멸하거나 거만하게 굴어서는 안 된다."

「先達之人可尊也, 不可比媚;
　權勢之人可遠也, 不可侮慢.」

601

"조상이 이루어 놓은 부귀는
모두가 시서詩書로부터 나온 것이건만,

자손들은 그 부귀를 누리면서 독서를 천하게 여긴다.
조상이 이루어 놓은 가업은
근검勤儉에서 온 것이건만,
자손들은 가업을 얻어 누리건만 근검을 잊고 산다."

「祖宗富貴, 自詩書中來, 子孫享富貴而賤讀書;
祖宗家業, 自勤儉中來, 子孫得家業而忘勤儉.」

참고 및 관련 자료

❀ 淸 金纓의 《格言聯璧》齊家類에「祖宗富貴, 自詩書中來, 子孫享富貴, 則棄詩書矣; 祖宗家業, 自勤儉中來, 子孫享家業, 則忘勤儉矣」라 하였다.

602

"효도를 자신의 법으로 삼으면
비록 장군이나 재상의 자리에 오른다 해도
하는 일마다 타당하고 정정亭亭하게 해낼 수 있을 것이다.
인내로써 기분을 통제하면
비록 잘못된 화나 재앙이 다가온다 하더라도
역시 이를 천번 만번 모두 벗어날 수 있을 것이다."

「以孝律身, 卽出將入相, 都做得妥妥亭亭;
　以忍御氣, 雖橫禍飛災, 也免脫千千萬萬.」

603

"착한 일에는 착한 보답이 있고, 악에는 악한 응보가 있다.
만약 응보가 없다면 이는 그 날짜가 아직 이르지 않았을 뿐이다."

「善有善報, 惡有惡報;
　若有不報, 日子未到.」

참고 및 관련 자료

1. 元 無名氏의 《來生債》(제1절)에 「善有善報, 惡有惡報, 不是不報, 時辰未到」
라 하였다.
2. 《金瓶梅詞話》(제1회)에는 「善有善報, 惡有惡報, 天網恢恢, 疎而不漏」하였다.
3. 《荀子》宥坐篇에는 「爲善者天報之以福, 爲不善者天報之以禍」라 하였다.
4. 《事林廣記》(2)와 元曲 《看錢奴》(1)에도 실려 있다.
5. 宋 林逋의 《省心錄》에는 「爲善則善應, 爲惡則惡報」라 하였다.
6. 《明心寶鑑》 繼善篇에도 「善有善報, 惡有惡報; 若還不報, 時晨未到」라
하였다.
7. 《增廣賢文》에도 「善有善報, 惡有惡報. 不是不報, 日子未到」라 하였다.

604

"물이 급하게 흐르지 않으면
고기가 뛰어오르지 않는다."

「水不緊, 魚不跳.」

605

"해마다 해마다 흉년을 방비하고,
밤마다 밤마다 도적을 방비하라."

「年年防饑, 夜夜防盜.」

참고 및 관련 자료

1. 《醒世姻緣傳》(제94회)에 「常言道: "年年方險, 夜夜方賊."這兩句話雖只是
尋常俗話, 卻是居家要緊的至言」이라 하였다.
2. 《事林廣記》(9)에도 실려 있다.
3. 《明心寶鑑》治家篇에는 「時時防火發, 夜夜備賊來」라 하였다.
4. 《增廣賢文》에도 실려 있다.

606

"화와 복은 따로 문이 있는 것이 아니다.
 오직 사람이 스스로 불러들이는 것이다."

「禍福無門, 惟人自召.」

참고 및 관련 자료

1.《左傳》(襄公23년)에 「季氏以公鉏爲馬正, 慍而不出. 閔子馬見之, 曰: "子無然.
禍福無門, 惟人所召."」라 하였다.
2.《明心寶鑑》繼善篇에 〈太上感應篇〉을 인용하여 「禍福無門, 唯人自召.
善惡之報, 如影隨形. 所以, 人心起於善, 善雖未爲, 而吉神以隨之; 或心起於惡,
惡雖未爲, 而凶神以隨之. 其有曾行惡事, 後自改悔久, 久必獲吉慶. 所謂轉禍
爲福也」라 하였다.

607

"의를 좋아하면 진실로 남으로부터 흠모를 받지만,
 이익에 탐욕을 부리면 귀신의 비웃음을 산다."

「好義固爲人所欽, 貪利乃爲鬼所笑.」

◉《南史》劉伯龍傳에 유백룡이 가난을 벗어나기 위해 노력하여 큰 벼슬까지 하였지만 결국 늙어서도 가난해지자 한탄하며 돈을 많이 벌어야겠다고 중얼거렸다. 그러자 귀신이 그 곁에 나타나 비웃었다. 이에 유백룡은 「貧窮固有命, 今日乃復爲鬼所笑」라 탄식하고 그만두었다는 고사가 있다.

608

"어진 사람은 자신의 장점을 자랑하지 아니 하고,
  군자는 남의 좋은 점을 빼앗지 않는다."

「賢者不炫己之長, 君子不奪人所好.」

【炫】炫耀함. 드러내어 자랑함.

◉ 元 馬致遠의《任風子》(제4절)에 「他小心兒不肯自度量, 可不道: "君子不奪人之好"?」라 하였다.

609

"복을 받아 과분하게 누리는 것은
틀림없이 재앙과 손해의 실마리를 만드는 것이요,
거동이 이상함은
매번 상서롭지 못한 조짐이 된다."

「受享過分, 必生災害之端;
　舉動異常, 每爲不祥之兆.」

610

"이미 실패한 일을 구제하는 자는
마치 말을 몰아 절벽 위에 임한 듯이 여겨
하나의 채찍질을 가볍게 여겨 쉬도록 하라.
성취의 공적을 남기고자 하는 자는
마치 물을 거슬러 올라가는 배를 끌 듯이 여겨
잠시 한 번의 노도 멈추지 말라."

「救旣敗之事, 如臨馭崖之馬, 休輕加一鞭;
　圖垂成之功, 如挽上灘之舟, 莫稍停一棹.」

【臨崖之馬】벼랑 끝에 이르러 더 나갈 수 없는 말의 위치.
【輕策一鞭】더 이상 채찍질을 하지 않고 그침.
【上灘之舟】상류의 센 물살에 이른 배.

참고 및 관련 자료

◎《菜根譚》(445)에는 「救旣敗之事者, 如馭臨崖之馬, 休輕策一鞭; 圖垂成之
功者, 如挽上灘之舟, 莫少停一棹」라 하였다.

611

"창문 앞의 한 조각 푸른 하늘과 비치는 흰 구름은,
  깨닫는 곳으로 들어가니 모두가 선禪의 기틀이요,
  섬돌 아래에 날리는 몇 개의 푸른 잎과 떨어지는 붉은 꽃은,
  이를 거두어 주워보니 어느 하나 시詩의 재료 아닌 것이 없도다."

「窗前一片浮靑映白, 悟入處, 盡是禪機;
  階下幾點飛翠落紅, 收拾來, 無非詩料.」

【禪機】선의 기틀. 禪을 수행할 수 있는 재료나 바탕.
【詩料】시의 재료. 詩材와 같다. 시상을 떠올리게 하는 재료. 明 李開先의
〈暮春遊城東水村〉에 「觸目皆詩料, 置身在畫圖」라 함.

3. 거운去韻 461

◉《菜根譚》(522)에는「堦下幾點飛翠落紅, 收拾了無非詩料; 窗前一片浮靑映白, 悟入處盡是禪機」라 하였다.

612

"삼 심은 데 삼 나고, 콩 심은 데 콩 난다.
하늘의 그물이 회회恢恢하여 성긴 듯 하나 새지는 않는다."

「種麻得麻, 種豆得豆.
　天網恢恢, 疎而不漏.」

【恢恢】텅 빈 듯이 넓음.

1. 翟灝의 《通俗編》 草木에 《涅槃經》을 인용하여「種瓜得瓜, 種李得李」라 하였다.
2. 淸 紀昀의 《閱微草堂筆記》 灤陽消夏錄(4)에「夫種瓜得瓜, 種豆得豆, 因果 之相償也」라 하였다.
3. 《京本通俗小說》(15), 《醒世恒言》(33), 元曲 《冤家債主》(2) 등에 널리 인용 되어 있다.
4. 일반적인 속어로「種瓜得瓜, 種豆得豆」등 여러 가지 표현이 있다.

5.《明心寶鑑》에는 繼善篇에는「一毫之善, 與人方便; 一毫之惡, 勸人莫作.
衣食隨緣, 自然快樂. 算甚麼命? 問甚麼卜? 欺人是禍, 饒人是福. 天網恢恢,
報應甚速. 諦聽吾言, 神欽鬼伏」이라 하였다.

6. 뒤의 구절은《老子》(73장)에「天網恢恢, 疎而不失」이라 하였다.

7.《金瓶梅詞話》(제1회)에는「善有善報, 惡有惡報, 天網恢恢, 疎而不漏」라
하였다.

8.《增廣賢文》에도 실려 있다.

613

"관리를 보아도 앞으로 달려가 아부하려 들지 말며,
　손님이 되었거든 뒤에 서 있지 말라."

「見官莫向前, 做客莫在後.」

참고 및 관련 자료

1. 자신 있게 행동할 것을 권한 말이다.

2.《增廣賢文》에는「見官莫向前, 做客莫向後」라 하였다.

614

"만남을 잦게 하되 예를 잘 갖추고,
 물건은 박하지만 정은 두텁게 하라."

「會數而禮勤, 物薄而情厚.」

참고 및 관련 자료

◎ 뒤의 구절은 본 《賢文》(513)의 「千里送毫毛, 禮輕仁義重」과 같은 주제이다.

615

"일이 클수록 흐리멍덩하게 굴어서는 안 된다.
 일이 작을수록 엉성하게 새나가도록 해서는 안 된다."

「事大不糊塗, 小事不滲漏.」

【糊塗】 흐리멍덩함. 첩운연면어임. 鄭燮의 글에 '難得糊塗'라 하였음.

참고 및 관련 자료

◉《宋史》呂端傳에「太宗欲相端, 或曰: "端爲人糊塗." 太宗曰: "端小事糊塗, 大事不糊塗." 決意相之」라 하였다.

616

"안으로는 정명精明함을 저장하고,
  밖으로는 혼후渾厚함을 드러내어 보여라."

「內藏精明, 外示渾厚.」

【精明】 정밀하고 명확함.
【渾厚】 넉넉하고 두터움.

참고 및 관련 자료

◉ 본《賢文》(261)의 「內要伶俐, 外要癡呆. 聰明逞盡, 惹禍招災」와 비슷한 주제이다.

617

"예쁜 얼굴에 분까지 발랐으나
누가 그것이 흰 칼날이 그 앞에 있는 것임을 알겠는가?
사마귀가 눈앞의 매미잡기에 정신이 빠졌으니
어찌 꾀꼬리가 뒤에서 자신을 노리고 있음을 알겠는가?"

「佳人傅粉, 誰識白刃當前;
螳螂捕蟬, 豈知黃雀在後?」

【螳蜋捕蟬】 일부 본에는 「螳螂之貪」으로 되어 있음. 螳蜋은 螳螂과 같음.
사마귀. 《說苑》 등에 실려 있는 고사이다. 「螳螂捕蟬」의 성어가 생겨났다.
사마귀가 매미를 먹이로 노리고 있는 뒤에는 그 사마귀를 잡아먹으려는
참새가 있고, 그 참새는 다시 자신을 겨누고 총을 쏘려 하는 사람을 모르고
앞의 이익에만 빠져 있음을 비유한 것. 《莊子》 山木篇, 《戰國策》 齊策(4),
《韓詩外傳》(10), 《吳越春秋》(5), 《說苑》 正諫篇 등에 널리 실려 있는 고사.
後園의 나뭇가지에 사마귀는 자기 앞에 있는 매미를 잡아먹으려 노리고,
그 사마귀 뒤에는 참새가 노리고 있으며, 그 참새(꾀꼬리)를 잡으려고 사람
이 총알을 겨누지만 그 앞에는 깊은 우물이 있음. 눈앞의 이익에 어두워
뒤따를 위험을 생각지 못함을 말함.

참고 및 관련 자료

1. 《菜根譚》(149)에 「魚網之設, 鴻則罹其中; 螳蜋之貪, 雀又乘其後. 機裡藏機,
變外生變, 智巧何足恃哉?」라 하였다.
2. 본 《賢文》(583)의 「芙蓉白面, 不過帶肉骷髏; 美艶紅妝, 盡是殺人利刃」과
같은 주제이다.
3. 《增廣賢文》에도 「螳螂捕蟬, 豈知黃雀在後?」라 하였다.

618

"하늘이 사람에게 재앙을 내리려고 하면
반드시 먼저 작은 복을 주어 교만하게 한다.
따라서 복이 온다고 기꺼워할 것이 아니라
그것을 받을 만한가를 보아야 한다.
하늘이 사람에게 복을 주고자 하면
반드시 먼저 작은 재앙을 내려 이를 경계토록 한다.
따라서 재앙이 왔다고 근심할 것이 아니라
그것이 구제될 수 있는가를 살펴야 한다."

「天欲禍人, 必先以微福驕之, 所以福來不必喜,
　要看會受;
　天欲福人, 必先以微禍儆之, 所以禍來不必憂,
　要看會救」

【會受】會는 '~할 만하다, ~할 수 있다'의 백화어 표현. 여기서는 '받을 만한 것인가'의 뜻. 아래의 '會救'도 같음.
【儆之】儆은 '경계하다'의 뜻.

참고 및 관련 자료

1. 《菜根譚》(459)에는 「天欲禍人, 必先以微福驕之, 所以福來不必喜, 要看他會受; 天欲福人, 必先以微禍儆之, 所以禍來不必憂, 要看他會救」라 하였다.
2. 明 呂坤의 《續小兒語》雜言에 「禍到休怒, 也要會救; 福來休喜, 也要會受」라 하였다.

4. 입운入韻

「입운入韻」이란 고대 중국어의 평상거입平上去入 사성四聲 중에 입성入聲에 해당하는 운을 뜻한다. 매 구절의 끝에 이 운자에 해당하는 글자로 되어 있음을 말한다. 입성은 우리 한자음으로 읽을 때 받침이 「-ㄱ」, 「-ㅂ」, 「-ㄹ」로 끝나는 음이 이에 해당한다. 예로 「복ト, 역疫, 출出」 등은 모두가 입운의 글자들이다.

총 53 구절이 들어 있다.

619

"무슨 운명이라는 것을 계산하며 무슨 점이라는 것을 묻는가?
남을 속이는 것이 화禍요 남을 용서하는 것이 복인 것을."

「算什麼命? 問什麼卜?
欺人是禍, 饒人是福.」

【什麼】 백화어로 '무슨, 무엇'의 뜻. '甚麼'로도 표기함.
【饒】 '용서하다'의 뜻.

참고 및 관련 자료

1. 元 鄭德輝의 《老君堂》(제1절)에 「聖人道: "算什麼命, 問什麼卜. 欺人是禍,
饒人是福."」이라 하였다.
2. 《明心寶鑑》 繼善篇에 「一毫之善, 與人方便; 一毫之惡, 勸人莫作. 衣食隨緣,
自然快樂. 算甚麼命? 問甚麼卜? 欺人是禍, 饒人是福. 天網恢恢, 報應甚速.
諦聽吾言, 神欽鬼伏」이라 하였다.
3. 《增廣賢文》에는 뒤의 구절이 따로 분리되어 있다.

620

"뱁새가 수풀에 둥지를 짓지만 겨우 나뭇가지 하나 차지할 뿐이요,
두더지가 황하의 물을 마시지만 겨우 제 배 채우면 그만이다."

「鷦鷯巢林, 不過一枝;
　鼴鼠飲河, 不過滿腹.」

【鷦鷯】뱁새의 일종. 박새과에 속하는 아주 작은
새. 굴뚝새와 비슷함.
【鼴鼠】두더지.

참고 및 관련 자료

⊛《莊子》逍遙遊篇에「鷦鷯巢於深林, 不過一枝;
偃鼠飲河, 不過滿腹. ……朝菌不知晦朔, 蟪蛄不
知春秋」라 하였다.

莊子(莊周) 夢谷 姚谷良(그림)

621

"크게 검소하게 한 후에는
　틀림없이 크게 사치함이 있게 되고,
　큰 전쟁이 있은 후에는
　틀림없이 큰 역질이 돈다."

「大儉之後, 必有大奢;
　大兵之後, 必有大疫.」

⊛《文子》微明篇에「師旅之後, 必有凶年」이라 하였다.

622

"하늘의 눈은 밝고 밝아,
 그 응보가 심히 빠르니라."

「天眼恢恢, 報應甚速.」

1.《明心寶鑑》繼善篇에「一毫之善, 與人方便; 一毫之惡, 勸人莫作. 衣食隨緣,
自然快樂. 算甚麼命? 問甚麼卜? 欺人是禍, 饒人是福. 天網恢恢, 報應甚速.
諦聽吾言, 神欽鬼伏」이라 하였다.
2.《增廣賢文》에는「天眼昭昭, 報應甚速」이라 하여 표현이 다르다.

623

"남에게 속임을 당하는 것은 욕됨이 아니요,
 남에게 겁을 주는 것도 복이 아니다."

「人欺不是辱, 人怕不是福.」

624

"사람을 친하되 그러하다고 해서
재물까지 마구 가져다 쓰는 친함은 갖지 말라.
서로 너무 잘 아는 사이라고 해서
예도 친하니 아무렇게나 해도 되는 것처럼 여기지는 말라."

「人親財不親, 人熟禮不熟.」

참고 및 관련 자료

1. 친한 사이나 아는 관계일수록 물건과 예에 있어서는 더욱 조심할 것을
권고한 것이다.
2. 《增廣賢文》에는 「人親財不親, 財利要分淸」이라 하여 표현이 다르다.

625

"온갖 병은 입을 통해서 들어오고,
 온갖 재앙은 입을 통해서 나간다."

「百病從口入, 百禍從口出.」

참고 및 관련 자료

1. 《太平御覽》(367)에 인용된 晉 傅玄의 〈口銘〉
에 「病從口入, 禍從口出」이라 하였다.
2. 《周易》 頤卦에 「君子以愼言語, 節飮食」이라
한 것과 같은 주제이다.

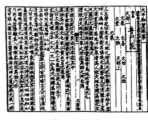
《太平御覽》

626

"짧은 말 한 마디라도 구정九鼎처럼 중요하게 하고,
 한결같이 공정하게 하면 온갖 사람이 복종한다."

「片言九鼎, 一公百服.」

【九鼎】禹임금이 천하의 구리를 모아 구주를 상징한 9개의 솥을 만들어 이것이 왕통을 상징하는 보물이 되었으며, 이 구정을 차지하기 위하여 다툰 일들이 《戰國策》 등에 널리 실려 있음.

〈毛公鼎〉

참고 및 관련 자료

◉《史記》平原君列傳의 「毛遂自薦」과 관련이 있다. 秦나라가 趙나라를 쳐들어오자 평원군이 楚나라와 연합 담판을 지을 때, 스스로 나섰던 모수에 의해 일이 성사되자 평원군이 「毛先生一至楚, 而使趙重於九鼎大呂」라 하였다.

627

"돌을 골라 금으로 만든다 해도,
  사람의 마음은 만족하지 못한다."

「點石化爲金, 人心猶不足.」

【點石】 고대 도사나 도인들이 돌이나 철을 살펴 이를 금으로 변하게 하는 능력이 있었다는 전설이 있음.

1. 北宋 道原의 《景德傳燈錄》 靈照禪師에 「還丹一粒, 點鐵成金; 至理一言, 點凡成聖」이라 하였다.

2. 《增廣賢文》에는 「點石化爲金, 人心猶未足」이라 하여 '不足'이 '未足'으로 되어 있다.

628

"복의 밭에 씨를 뿌리지 않아 놓고
돈을 써야 할 때는 마치 제 살을 베는 듯이 여긴다.
죽어 떠날 때 빈손으로 가서는
헛되이 염라대왕을 향하여 올고불고 한다."

「不肯種福田, 舍財如割肉.
臨時空手去, 徒向閻君哭.」

【臨時】 다른 판본에는 '死時'로 되어 있음.
【閻君】 지옥을 관장하는 閻羅大王.

629

"다음 세상에 축생으로 태어나면
그 자녀가 대신 하겠다고 나서도 구출해낼 수가 없다."

「轉身變畜生, 兒女替不出.」

【轉身】 불교에서 말하는 輪廻에 의해 만물의 六道, 즉 天道, 人道, 阿修羅道, 畜生道, 餓鬼道, 地獄道 중에 평소 쌓은 善惡의 因果에 의해 다시 그 중의 하나의 몸체로 태어나는 것.

630

"재산을 쌓아 자손에게 남겨준다고 해도
자손이 이를 다 지켜낼 수 있는 것이 아니요,
책을 쌓아 이를 자손에게 넘겨준다고 해도
자손이 이를 꼭 읽어내는 것도 아니다."

「積産遺子孫, 子孫未必守;
積書遺子孫, 子孫未必讀.」

◉《明心寶鑑》繼善篇에 司馬溫公(司馬光)의 〈家訓〉을 인용하여 「積金以遺子孫, 未必子孫能盡守; 積書以遺子孫, 未必子孫能盡讀. 不如積陰德於冥冥之中, 以爲子孫之計也」라 하였으며, 이는 司馬光의 〈勸學歌〉의 일부이다. 전문은 「養子不敎父之過, 訓導不嚴師之惰. 父敎師嚴兩無外, 學問無成子之罪. 煖衣飽食居人倫, 視我笑談如土塊. 攀高不及下品流, 稍遇賢才無與對, 勉後生力求誨, 投明師莫自昧, 一朝雲路果然登, 姓名亞等呼先輩. 室中若未結親姻, 自有佳人求匹配. 勉旃汝等各早修, 莫待老來徒自悔」이다.

사마광(司馬光)

《明心寶鑑》句 摩河 宣柱善(현대)

631

"자손을 위하여 헛되이 계산하고 비교하는 데에 진심을 쓰지 말라. 오직 대덕大德을 베풀어야 온갖 복을 누릴 수 있다."

「莫將眞心空計較, 惟有大德享百福.」

【計較】이리저리 계산하고 비교하여 자손을 위해 애씀. '計校'로도 쓴다.

참고 및 관련 자료

◉ 일부 판본에는 위 630과 대를 이루는 구절로 보기도 한다.

632

"무익한 일을 하느라 유익한 일에 손해를 끼치는 일이 없도록 하라.
괴이한 물건을 귀히 여기다가
일상의 물건을 천하게 여기는 경우가 없도록 하라."

「不作無益害有益, 不貴異物賤用物.」

참고 및 관련 자료

◉《尙書》旅獒篇에 「不作無益害有益, 功乃成; 不貴異物賤用物, 民乃足」이라
하였다.

633

"누군들 자손이 어질기를 바라지 않으리오?
누군들 천종千鍾의 많은 녹을 바라지 않으리오?
그러나 오행五行은 어찌 이렇게 해주지 않는고?"

「誰人不愛子孫賢?
　誰人不愛千鍾粟?
　奈五行不是這般題目?」

【千鍾粟】높은 벼슬의 俸祿을 뜻함.
【五行】金木水火土. 여기서는 세상 만물의 순환과 운명을 뜻함.
【這般】이와 같은 상황이라는 뜻. 백화어 용법.
【題目】타고난 運命, 相命, 福, 四柱八字.

참고 및 관련 자료

1. 宋 羅大經의 《鶴林玉露》(권14)에 「世傳〈滿江紅〉詞云: "誰不愛黃金屋, 誰不
羨千鍾粟, 奈五行不是這般題目. 枉費心神空計較, 兒孫自有兒孫福, 也不須
採藥訪神仙, 惟寡欲." 以爲朱文公所作. 余讀而繹之, 以爲此特安分無求者之
詞耳, 決非文公口中語」라 하였다.
2. 《增廣賢文》에도 실려 있다.

634

"은혜는 마땅히 시작은 담담하게, 끝은 짙게 해야 한다.
먼저 짙게 하고 나중에 담담하게 하면
사람들이 그 은혜를 잊는다.
위엄은 의당 엄하게 시작하여 관대하게 해야 한다.
먼저 관대하게 하고 나중에 엄하게 하면
사람들이 그를 가혹하다고 원망하게 된다."

「恩宜自淡而濃, 先濃後淡者, 人忘其惠;
　威宜自嚴而寬, 先寬後嚴者, 人怨其酷.」

참고 및 관련 자료

◉《菜根譚》(168)에는 「恩宜自淡而濃, 先濃後淡者, 人忘其惠; 威宜自嚴而寬,
先寬後嚴者, 人怨其酷」이라 하였다.

635

"재물을 쌓는 마음으로 학문을 쌓으면
풍성한 덕이 날로 새로워질 것이요,
처자를 사랑하는 마음으로 부모를 사랑하면
효행이 스스로 독실해질 것이다."

「以積貨財之心積學問, 則盛德日新;
　以愛妻子之心愛父母, 則孝行自篤.」

참고 및 관련 자료

◉《菜根譚》(385)에 「以積貨財之心積學問, 以求功名之念求道德, 以愛妻子之
心愛父母, 以保爵位之策保國家. 出此入彼, 念慮只差毫末, 而超凡入聖, 人品
且判星淵矣! 人胡不猛然轉念哉!」라 하였다.

636

"배움은 반드시 정신이 집중되어야 한다.
 재능은 배움을 거쳐 나타나는 것이다.
 배우지 않으면 재능을 넓힐 수 없고,
 정신을 집중하지 않으면 학문을 성취시킬 수 없다."

「學須靜, 才須學.
　非學無以廣才, 非靜無以成學.」

【靜】정신을 조용히 하여 專一시킴.

참고 및 관련 자료

◉ 諸葛亮의 〈戒子書〉에 「夫學須靜, 才須學. 非學無以廣才, 非志無以成學」
이라 하여 끝 구절의 '靜'이 '志'로 되어 있다.

제갈량

諸葛亮

637

"의를 실행함에는 강해야 한다.
그리고 간언을 받아들임에는 마음을 비워야 한다."

「行義要强, 受諫要弱.」

638

"우환 속에서 삶이 더 강해지고,
안락 속에 사람은 죽어감을 모르는 법이다."

「生於憂患, 死於安樂.」

참고 및 관련 자료

◎《孟子》告子(下)에「天將降大任於是人也, 必先苦其心志, 勞其筋骨, 餓其體膚, 空乏其身, 行拂亂其所爲, 所以動心忍性, 曾益其所不能. 人恆過, 然後能改; 困於心, 衡於慮, 而後作; 徵於色, 發於聲, 而後喩. 入則無法家拂士, 出則無敵國外患者, 國恆亡. 然後知生於憂患而死於安樂也」라 하였다.

天將降大任於是人也必先苦
其心志勞其筋骨餓其體膚空
乏其耳行拂亂其所為所以動
心忍性曾益其所不能

林東錫先生國立臺灣師大學博士學位取得誌禧
癸亥夏日錄孟子告子篇天將降大任於是人事句立堂

〈구당 여원구 글씨(현대)〉

639

"한가할 때 향불 하나 피우지 않더니,
　급해지자 부처 다리 붙들고 늘어지네."

「閑時不燒香, 急時抱佛脚.」

참고 및 관련 자료

1. 宋 劉攽의 《劉貢文詩話(山中詩話)》에 「王丞相嗜諧謔. 一日, 論沙門道, 因曰:
"投老欲依僧." 客遽對曰: "急則抱佛脚." 王曰: "『投老欲依僧』, 是古詩一句."
客亦曰: "『急則抱佛脚』, 是俗言全語."」라 하였다.(여기서 '投老~'는 孟郊의 〈讀經〉
시로 「垂老抱佛脚, 教妻讀黃經」임)
2. 明 張誼의 《宦游記聞》〈抱佛免罪〉에 「雲南之南一番國, 其俗尙釋敎, 人有
犯罪應誅者, 其國主捕之. 其人恐, 急奔往某寺中抱佛脚, 知悔過, 願削髮爲僧,
不敢蹈前非, ……俗諺云: "閑時不燒香, 急來抱佛脚."蓋本諸此」라 하였다.
3. 明 沈景 《一種情傳奇》 香兆. 그리고 《水滸傳》(제74回), 《古今小說》(10)
《鏡花緣》(16), 《說郛》(15) 등에도 실려 있으며, 흔히 「平日佛燒香, 臨時抱佛脚」
으로도 널리 알려져 있다.
4. 《增廣賢文》에도 실려 있다.

640

"늙어 아무것도 이루지 못할까 걱정하지 말고,
　다만 어려서 배워두지 못할까 겁을 내어라."

「不患老而無成, 只怕幼而不學.」

641

"채소 뿌리의 향기를 씹어보아,
 공자와 안자의 안빈낙도安貧樂道를 찾을 수 있어야 한다."

「咬得菜根香, 尋出孔顔樂.」

【菜根香】 宋代 汪信民이 한 말로 이에 따라 明代 洪應明(洪自誠)이 《菜根譚》
 이라는 책을 지었음.
【孔顔樂】 《論語》에 실린 孔子와 顔子(顔回)의 빈천을 원망하지 않고 安貧
 樂道한 내용들을 말함.

참고 및 관련 자료

1. 南宋 呂本中의 《東萊呂紫微師友雜志》에 「汪信民嘗言: "人常咬得菜根,
則百事可做."」라 하였다.
2. 朱熹의 《小學》(外篇) 善行篇에도 「汪信民嘗言: "人常咬得菜根, 則百事可做."
胡康侯聞之, 擊節嘆賞. 集說: 陳氏曰: 信民, 名革, 臨川人. 康侯, 文定公字也.
人能甘淡泊, 而不以外物動心, 則可以有爲矣. 擊節, 一說, 擊手指節; 一說,
擊器物爲節, 皆通. 嘆, 嗟嘆賞, 稱賞. 朱子曰: "學者, 須常以志士不忘在溝壑
爲念, 則道義重而計較死生之心輕矣. 況衣食外物, 至微末事, 不得未必便死,

亦何用義犯犯分投心投志, 營營以求之耶!
某觀今人, 因不能咬菜根, 而至於違其心者,
衆矣. 可不戒哉!」라 하였다.

3.《明心寶鑑》安分篇에도 역시 「汪信民嘗
言: "人常咬得菜根, 則百事可做."」라 하였다.

4. 이 뜻을 취하여 명대 洪應明(洪自誠)이
《菜根譚》이라는 책을 저술한 것이다.

洪自誠《菜根譚》明初本(四庫全書)

642

"말은 입에 반쯤만 내놓고 반구半句 정도는 남겨 두어라.
이치는 열 가지 모두 내 의견이 옳다 해도
한 부분은 남에게 양보하라."

「話到口邊留半句, 理有十分讓一著.」

참고 및 관련 자료

◎《濟公全書》(141)에 「話到舌尖留半句, 事從禮上讓三分」이라 하였다.

643

"부귀는 칼날이나 창과 같다.
조금이라도 방종하게 굴면 나의 뼈와 살을 녹이건만
그럼에도 이를 알아차리지 못한다.
빈천은 곧 침폄針砭이나 약석藥石과 같은 것이어서
조금일지라도 근심하여 부지런히 하기만 한다면,
그것이 나의 절조와 행동을 갈고 닦아주고 있음에도
알아차리지 못한다."

「富貴如刀兵戈矛, 稍放縱便銷膏靡骨而不知;
貧賤如針砭藥石, 一憂勤則砥節礪行而不覺.」

【刀兵戈矛】 무기의 칼날이나 창 등 위험한 경우를 당하게 됨을 말함.
【銷膏靡骨】 몸의 기름을 녹이고 뼈를 마모시킴.《漢書》董仲舒前에「積惡
 在身, 猶火之燒膏而人不見也」라 하였음.
【鍼砭】 침을 놓아 치료하는 것.
【砥節礪行】 절조를 숫돌에 갈 듯이 연마시키며 행동을 수련시킴을 뜻함.

참고 및 관련 자료

◉《菜根譚》(100)에는「居逆境中, 周身皆鍼砭藥石, 砥節礪行而不覺; 處順境內,
滿前盡兵刃戈矛, 銷膏靡骨而不知」라 하였다.

644

"그대를 천리까지 따라가 배웅한다 해도,
마침내 이별하기는 마찬가지."

「送君千里, 終須一別.」

참고 및 관련 자료

1. 元 無名氏의 《馬陵道》楔子에 「哥哥, 送君千里, 終有一別, 哥哥你回去」라
하여 흔히 헤어질 때 쓰는 인사말이다.
2. 《水滸傳》(제23회)에도 실려 있으며, 《太平廣記》(169)에는 「千里相送, 歸于
一別」이라 하였다.
3. 중국 속어 「人生自古傷離別」의 뜻이며, 혹 「送君千里終有別」로도 변형되어
쓰인다.
4. 《增廣賢文》에도 실려 있다.

645

"작은 일에 세심하게 하지 않았다가
마침내 대덕大德에 누를 끼치게 된다."

「不肯細行, 終累大德.」

참고 및 관련 자료

◉《尙書》旅獒篇 孔穎達 傳에「輕忽小物, 積害毀大, 故君子愼其微」라 하였다.

646

"친척조차 너를 좋아하지 않는다면 밖으로 사람 사귀려 들지 말라.
일의 끝을 처음처럼 하지 못한다면 많은 사업을 벌이려 하지도 말라."

「親戚不悅, 無務外交;
 事不終始, 無務多業.」

참고 및 관련 자료

◉《墨子》修身篇에「近者不親, 無務求遠; 親戚不附,
無無外交」라 하였다.

墨翟(墨子)

647

"어려움에 임하였을 때라도 구차하게 이를 면하려 하지 말고,
재물에 임하여도 구차스럽게 이를 얻으려 들지 말라."

「臨難毋苟免, 臨財毋苟得.」

참고 및 관련 자료

1. 《禮記》曲禮(上)에 「臨財毋苟得, 臨難毋苟免. 很毋求勝, 分毋求多. 疑事毋質, 直而勿有」라 하였다.
2. 《明心寶鑑》順命篇에 「《曲禮》曰: "臨財毋苟得, 臨難毋求免."」이라 하였다.

648

"억울해 죽을지언정 고소장은 내지 말고,
굶어죽을지언정 도둑질은 하지 말라."

「氣死莫告狀, 餓死莫做賊.」

참고 및 관련 자료

◉ 소송의 불공평함과 뇌물이 있어야 함을 비판한 말로 보고 있으며, 다음은
아무리 가난해도 법을 저촉하는 일은 절대로 해서는 안 된다는 뜻이다.

649

"술 취한 후에는 원수를 떠올리게 되니,
　군자는 술 취한 사람을 피하는 법이다."

「醉後思仇人, 君子避酒客.」

650

"지혜롭다는 자가 천 번 고려考慮한다고 해도
　틀림없이 한 번의 실책은 있을 수 있고,
　어리석은 자가 천 번 고려하는 것에는
　반드시 한 번의 적중함은 있게 마련이다."

「智者千慮, 必有一失;
　愚者千慮, 必有一得.」

참고 및 관련 자료

1. 《史記》 准陰侯列傳에 「智者千慮, 必有一失; 愚者千慮, 必有一得」이라
하였다.
2. 《晏子春秋》(雜下)에 「聖人千慮, 必有一失; 愚人千慮, 必有一得」이라 하였다.

651

"농토는 천 년이 지나는 동안 팔백 번 주인이 바뀌니,
토지가 주인이요 사람은 객이로다."

「千年田地八百主, 田是主人人是客.」

참고 및 관련 자료

1. 南宋 普濟의 《五燈會元》(권4) 〈靈樹如敏禪師〉에 「問: "如何是和尙家風?"
師曰: "千年田, 八百主." 問: "如何是千年田八百主?" 師曰: "郞當屋舍沒人修."」
라 하였다.
2. 顧炎武의 《天下郡國利病書》〈江南十一, 徵榷〉에 「細民興替不時, 田産轉
賣甚亟. 諺云: "千年田, 八百主." 非虛語也」라 하였다.
3. 淸 杜文蘭의 《古謠諺》(권49)에 《呵凍漫筆》 卷上을 인용하여 「諺云: "田是
主人人是客." …… 自天地開闢以來, 此田此地, 賣者買者, 不知曾經幾千百人,
而後傳至我. 我今得之, 子孫縱賢能守, 能必其世世相承千百年而不失守乎?
終亦遞相賣買無定主爾」라 하였다.
4. 《醉醒石》(15)에도 실려 있다.

652

"좋은 농토를 마음대로 하는 마음의 장소로 해서는 안 된다.
그랬다가는 그 밭에서 생산하는 업이
원한의 업을 짓는 것으로 변질되고 만다."

「良田不由心田置, 産業變爲冤業折.」

【心田置】마음(욕심)을 재배한 밭으로 여김.
【冤業折】불교에서 말하는 冤業을 짓는 일. '折'은 변질되어 훼멸됨을 뜻함.

653

"진정한 선비는 마음에 복을 구하고자 하는 마음이 없으나,
하늘이 곧 마음이 없는 그 곳에 충심衷心의 창을 만들어준다.
험악한 사람은 화를 피하고자 하는 데에 뜻을 두지만,
하늘은 곧 뜻을 둔 그곳에서 혼백을 빼앗는다."

「眞士無心邀福, 天卽就無心處牖其衷;
　　險人着意避禍, 天卽就着意處奪其魄.」

【眞士】곧은 것을 지키며 바르게 사는 선비. 貞士와 같음.
【邀福】복을 맞이함. 복을 구함.
【險人】《菜根譚》에는 '憸人'으로 되어 있음.
【牖其衷】牖는 둥근 모습의 창문. '그 충에 대하여 발휘할 창문을 만들어 주다'의 뜻.

◎《菜根譚》(092)에는 「貞士無心徼福, 天卽就無心處牖其衷; 憸人著意避禍, 天卽就着意中奪其魄. 可見天之機權最神, 人之智巧何益?」이라 하였다.

654

"권귀權貴의 용양龍驤과 영웅의 호전을 냉철한 눈으로 보면,
이는 마치 파리가 비린내를 두고 모여드는 것과 같고,
개미가 피를 두고 다투는 것과 같다.
시비가 벌처럼 일어나고 득실이 고슴도치처럼 솟아나도
이를 냉철한 심정으로 대한다면
이는 마치 풀무가 쇠를 녹임과 같고
끓는 물이 눈을 녹임과 같다."

「權貴龍驤, 英雄虎戰, 以冷眼觀之, 如蠅競血, 如蟻聚膻;
是非蜂起, 得失蝟興, 以冷情當之, 如冶化金, 如湯消雪.」

【權貴龍驤】 권세와 부귀를 위하여 용이나 천리마처럼 내달림.
【英雄虎戰】 호랑이 싸움 같은 영웅들의 치열한 경쟁.

참고 및 관련 자료

1.《菜根譚》(294)에는 「權貴龍驤, 英雄虎戰, 以冷眼視之, 如蟻聚羶, 如蠅競血; 是非蜂起, 得失蝟興, 以冷情當之, 如冶化金, 如湯消雪」이라 하였다.

2.《醒世恒言》(20),《初刻拍案驚奇》(2, 20),《醒世姻緣傳》(10) 등에「蒼蠅見血」
이라 하였다.

《權貴龍驤》句 如初 金應顯(현대)

655

"밖에 나가서는 자신의 물건에서 눈을 떼어서는 안 되고,
재물은 마구 노출시켜 남이 알도록 해서도 안 된다."

「客不離貨, 財不露白.」

【露白】드러내어 보임. 혹은 白을 銀, 즉 고대의 돈으로 보기도 함.

참고 및 관련 자료

◉《二刻拍案驚奇》(21)에 「財不露白」이라 하였다.

656

"참언을 들어주어서는 안 된다.
이를 들어주면 재앙이 맺힌다.
임금이 들으면 신하가 주살당하고
아버지가 들으면 아들이 재앙을 만난다.
부부가 들으면 이별하게 되고,
형제가 들으면 결별하게 되며,
친구가 들으면 소원해지고,
친척이 들으면 사이가 끊어지게 된다."

「讒言不可聽, 聽之禍殃結,
　君聽臣遭誅, 父聽子遭災,
　夫婦聽之離, 兄弟聽之別,
　朋友聽之疎, 親戚聽之絶」

657

"귀신은 가히 공경의 대상은 될지언정 아첨으로 끌어들일 수는 없다.
원한을 가진 집안은 의당 풀어주어야지 그 원한이 맺히게 해서는 안 된다."

「鬼神可敬不可諂, 冤家宜解不宜結.」

참고 및 관련 자료

1. 《論語》雍也篇에「樊遲問知. 子曰: "務民之義, 敬鬼神而遠之, 可謂知矣."
問仁. 曰: "仁者先難而後獲, 可謂仁矣."」라 하였고, 〈八佾篇〉에는「子曰: "非其
鬼而祭之, 諂也. 見義不爲, 無勇也."」라 하였다.
2. 뒤의 구절은 《說岳全傳》(8, 57), 《鼓掌絶塵》(7) 등에 실려 있으며, 宋 洪邁의
《夷堅志》(甲8)에는「冤加解不可結」로 되어 있다.
3. 《水滸傳》(33)에는「冤仇可解不可結」로 되어 있으며, 《古今小說》(38),
《好逑傳》(15) 등에는 '宜'자가 모두 '可'자로 되어 있다.

658

"사람으로 살면서 그 어느 곳에선들 서로 만나지 않으랴?
작은 원망을 가지고 얼굴색을 붉히는 일이 없도록 하라."

「人生何處不相逢, 莫因小怨動聲色.」

1. 杜牧의 〈送人〉시와 歐陽修 〈歸田錄〉, 《文苑英華》(280) 元曲 〈誤入桃源〉
등에 고르게 인용되어 있다.
2. 《明心寶鑑》繼善篇에는 「恩義廣施, 人生何處不相逢? 讐冤莫結.
路逢狹處難廻避」라 하였다.

659

"마음 씀은 푸른 하늘에 환한 해처럼 하여,
 사람들이 알지 못하게 해서는 안 되지만,
 재화財貨는 옥이 가죽 주머니에 담겨 있고 구슬이 감추어져 있듯이 하여
 남이 쉽게 알 수 있도록 해서는 안 된다."

「心思如靑天白日, 不可使人不知;
　財貨如玉韞珠含, 不可使人易測.」

【財貨】《菜根譚》에는 '才華'로 되어 있음.
【玉韞】옥이 가죽 주머니에 숨겨져 있음. 《論語》子罕篇에 「子貢曰:"有美玉
　於斯, 韞匵而藏諸? 求善賈而沽諸?" 子曰:"沽之哉! 沽之哉! 我待賈者也."」
　라 함.
【珠含】구슬이 깊이 감추어져 있음.

◉《菜根譚》(003)에는 「君子之心事, 天靑日白, 不可使人不知; 君子之才華, 玉韞
珠藏, 不可使人易知」라 하였다.

660

"하늘을 타고 난 성품이 깨끗하고 투철하면
배고플 때 식은 음식과 목마를 때의 물은
몸과 창자를 건강하게 구제해주지 않음이 없고,
땅을 본받는 마음이 잠겨 미혹하면
비록 게偈를 연출하고 현언玄言을 담론한다 해도
모두가 정신과 영혼을 흩뿌려 희롱하는 것이 되고 만다."

「性天澄澈, 卽饑餐渴飮, 無非康濟身腸;
　心地沈迷, 縱演偈談玄, 總是播弄精魄.」

【饑餐渴飮】다른 판본에는 '饑喰渴飮'으로 되어 있음.
【演偈談玄】偈頌을 연출하며 玄談을 화제로 삼음. 《菜根譚》에는 「譚禪
演偈」로 되어 있음.
【播弄】장난감처럼 여겨 가지고 노는 것.

참고 및 관련 자료

◎《菜根譚》(305)에는「性天澄徹, 卽饑飡渴飮, 無非康濟身心; 心地沉迷, 縱
譚禪演偈, 總是播弄精魂」이라 하였다.

661

"지란芝蘭이 깊은 숲 속에 나서 향내를 맡아줄 사람이 없다고 해서
 향기를 내지 않는 법이 없으며,
 군자가 그 도덕을 닦음에
 궁곤하다고 해서 절의를 바꾸는 법은 없다."

> 「芝蘭生於深林, 不以無人而不芳;
> 君子修其道德, 不爲窮困而改節.」

【芝蘭】 芝草와 蘭草. 모두가 좋은 향기를 내는 귀한 식물.

참고 및 관련 자료

1.《韓詩外傳》(卷7)에 「夫蘭茞生於茂林之中, 深山
之間, 不爲人莫見之故不芬; 夫學者非爲通也, 爲窮
而不憂, 困而志不衰」라 하였다.
2.《荀子》宥坐篇에는 「且夫芷蘭生於深林, 非以
無人而不芳. 君子之學, 非爲通也, 爲窮而不困, 憂而
意不衰也」라 하였다.
3.《孔子家語》在厄篇에 「君子博學深謀, 而不
遇時者衆矣, 何獨丘哉? 且芝蘭生於深林, 不以無
人而不芳; 君子修道立德, 不爲窮困而改節」이라
하였다.

《韓詩外傳》"芝蘭生於深林"

662

"가득 차면 손해를 부르고,
  겸손히 하면 이익을 받는다."

「滿招損, 謙受益.」

참고 및 관련 자료

1. 《尙書》 大禹謨에 실려 있다.
2. 《明心寶鑑》 抄略本 安分篇에 「書曰: "滿招損, 謙受益."」으로 전재되어 있다.

〈大禹像〉 山東 嘉祥縣 武梁祠(東漢 畵像石)

663

"사람의 일생이란
마치 문틈으로 망아지 지나가는 것 보듯 빠르도다."

「百年光陰, 如駒過隙.」

참고 및 관련 자료

1. 《莊子》知北游에 「人生天地之間, 若白駒之過隙, 忽然而已」라 하였다.
2. 《增廣賢文》에는 「人生一世, 如駒過隙」이라 하여 표현이 다르다.

664

"세상일은 마치 거울처럼 명확한데
앞일은 오히려 칠흑같이 어둡네."

「世事明如鏡, 前程暗似漆.」

참고 및 관련 자료

1. 《明心寶鑑》省心篇에 「過去事明如鏡, 未來事暗似漆」이라 하였다.
2. 《增廣賢文》에는 「世事明如鏡, 前程暗似漆」이라 하여 문자가 같다.

665

"사향이 있으면 저절로 향기가 나는 것이니,
어찌 꼭 바람 불어오는 쪽에 기대어야
그 향내를 맡을 수 있다는 것인가?"

「有麝自然香, 何必當風立?」

참고 및 관련 자료

1. 元曲《連環計》(1)와 淸 周亮工의 《書影》(6)에 인용
되어 있다.
2.《明心寶鑑》省心篇에도 「有麝自然香, 何必當風立」
으로 실려 있다.

〈快鹿圖〉 전국시대 와당

666

"좋은 농토가 만 이랑이라 해도
한 끼 석 되 먹을 뿐이요,
고래 등 같은 큰 집 천 칸이나 되어도
밤에 잠자리 들어보면 팔 척 몸 눕힐 뿐이다."

「良田萬頃, 一食三餐;
　大厦千間, 夜眠八尺.」

참고 및 관련 자료

1.《菜根譚》(544)에는「夜眠八尺, 日啖二升, 何須百般計較? 書讀五車, 才分八斗, 未聞一日淸閑」이라 하였다.

2.《十二樓》〈三與樓〉(제1회)에「終日坐其中, 正合著命名之方, 方曉得捨少務多, 反不如棄名就實. 俗語四句果然說得不差: "良田萬頃, 一食一升; 廣厦千間, 夜眠八尺." 前那些物力, 都是虛費了的」이라 하였다.

3.《明心寶鑑》省心篇에는「大厦千間, 夜臥八尺. 良田萬頃, 日食二升」으로 되어 있다.

4.《增廣賢文》에도「良田萬頃, 一食三升. 大厦千間, 夜眠八尺」으로 되어 있다.

667

"살려주기 위하여 구제해주는 것이지
죽음을 만나라고 구제해 주는 것이 아니다.
물건이 있음에 기탁하는 것이지
물건을 잃기 위해 기탁하는 것이 아니다."

「救生不救死, 寄物不寄失.」

【救生】살아나도록 하기 위하여 '救濟'라는 행동을 함.

【寄物】'寄在不寄失'로 보아 '있음(存在하는 것)에 기탁하는 것이지 잃음(失)에
  기탁하는 것이 아니다'로 봄.

참고 및 관련 자료

◎ 元 高文秀의 《黑旋風》(제2절)에 「兀那廝, 可不道: "寄在不寄失."」이라 하였다.

668

"사람이 살면서 그 누군들 재물이 필요치 않은 이가 있으랴마는,
  필부가 벽璧을 품고 있으면 도리어 재앙이 된다."

「人生孰不需財, 匹夫不可懷璧.」

【懷璧】신분에 맞지 않은 자가 귀한 보물을 가지고 있어서는 도리어 화를
  만남을 뜻함. 璧은 '和氏之璧'과 같은 아주 훌륭한 보물.

참고 및 관련 자료

◎《左傳》(桓公10년)에 「虞叔有玉, 虞公求旃, 弗獻. 旣而悔之, 曰: "周諺有之,
'匹夫無罪, 懷璧其罪.' 吾焉用此, 其以賈害也?" 乃獻之. 又求其寶劍. 叔曰:
"是無厭也. 無厭, 將及我." 遂伐虞公. 故虞公出奔共池」라 하였다.

669

"청렴한 관리에게 탐천貪泉의 물을 마시게 할 수 있어도,
지사는 '자! 와서 먹어라' 하며 주는 밥은 얻어먹지 않는다."

「廉官可酌貪泉水, 志士不受嗟來食.」

【貪泉】廣州에 貪泉이라는 샘이 있어 이를 마시면 탐욕이 생긴다 하였음.
晉나라 吳隱之가 그곳 태수가 되어 이 물을 마시면서 淸廉을 결의하고
이름을 '廉泉'으로 바꾸었다 함.(《晉書》良吏列傳)

【嗟來食】고대 黔敖라는 자가 제나라에 기근이 들어 음식을 나누어 줄 때
있었던 고사에서 유래됨.《禮記》檀弓(下)에 실려 있음. '嗟'는 불쌍히 여겨
부르는 소리, '來食'은 '먹어라' 하며 주는 음식.《孟子》告子(上)에 「一簞食,
一豆羹, 得之則生, 弗得則死. 嘑爾而與之, 行道之人弗受; 蹴爾而與之, 乞人
不屑也」라 함.

참고 및 관련 자료

1.《晉書》良吏列傳(吳隱之)에 「古人云此水, 一歃懷千金. 試使夷齊飮, 終當
不易心」이라 하였다.(《古文眞寶》에도 실려 있음)

2.《禮記》檀弓(下)에 「齊大饑, 黔敖爲食於路, 以待饑者而食之. 有饑者蒙袂
輯屨貿貿然來. 黔敖左奉食, 右執飮, 曰: "嗟來食." 揚其目而視之, 曰: "予唯
不食嗟來之食, 以至於斯也." 從而謝焉; 終不食而死. 曾子聞之曰: "微與? 其嗟
也可去, 其謝也可食."」이라 하였다.

3.《新序》節士篇에도 「齊大饑, 黔敖爲食於路, 以待餓者而食之, 有餓者蒙
袂接履, 貿貿然來. 黔敖左奉食, 右執飮, 曰: "嗟! 來食!" 餓者揚其目而視之,
曰: "予唯不食'嗟來'之食, 以至於此也." 從而謝焉, 終不食而死. 曾子聞之曰:
"微與, 其'嗟'也可去, 其'謝'也可食."」라 하였다.

4.《呂氏春秋》介立篇 高誘 주에도「昔者, 齊饑, 黔敖爲食於路. 有人蒙其履, 貿貿以來. 黔敖呼之曰: "嗟來食." 揚其目而應之曰: "吾惟不食嗟來之食, 以至於此." 黔敖隨而謝之, 遂去, 不食而死. 君子以爲其嗟也可去, 其謝也可食. 一介相似旌目其類也.」라 하였다.

670

"사람은 뜻을 화류花柳가 찬란하고
노래 소리가 신나는 곳에 두고 있지만,
그것은 모두가 한 바탕 환경幻境의 모습이다.
취미를 나뭇잎 떨어지고 풀이 마른 속,
그리고 명성도 희미하고 맛도 담담한 가운데에 둔다면
이것이야말로 약간이나마 진정한 소식消息을 얻는 것이다."

「適志在花柳燦爛, 笙歌沸騰處, 那都是一場幻境界;
得趣於木落草枯, 聲稀味淡中, 才覓得一些眞消息.」

【花柳】꽃과 버들. 그러나 일반적으로 "路柳墻花, 行人易折"(길가의 버들이나 담장 밖의 꽃은 길 가던 사람 누구나 쉽게 꺾을 수 있음)이라 하여 '花柳界'의 뜻으로도 쓰임.
【幻境】실질이 없는 환상의 경지.
【才】'纔'와 같다. '~해야 겨우'의 강조법 문장에 쓰임.
【消息】사라질 것은 사라지고 생겨날 것은 생겨나게 하는 본래의 이치. 쌍성어.

◉《菜根譚》(507)에는「吾人適志於花柳爛漫之時, 得趣於笙歌騰沸之處, 乃是造化之幻境, 人心之蕩念也. 須從木落草枯之後, 向聲稀味淡之中, 覓得一些消息, 纔是乾坤的橐籥, 人物的根原」이라 하였다.

671

"성현의 언어와
아름다운 말과 세속의 말들을 함께 모은 것이니,
사람으로서 이를 몸소 체득하여
만에 하나라도 잃지 않도록 하라."

「聖賢言語, 雅俗幷集,
　人能體此, 萬無一失.」

【聖賢言語】 여기서는 본《賢文》을 뜻함.

참고 및 관련 자료

◉ 이는《賢文》의 결론에 해당하는 마무리 말이며,《增廣賢文》에는「奉勸君子, 各宜守己. 只此呈示, 萬無一失」이라 하였다.

〈蘭竹圖〉(청) 鄭燮(1693~1765)

5. 누락漏落 구절句節

《중정증광현문重訂增廣賢文》에는 없으나, 도리어 이보다 먼저 나온 《증광현문》에는 있는 구절들이다. 이들을 운에 관계없이 필자가 모두 모아 일련번호를 부여하여 역주하였다.

총 115 구절이다.

672

"뜻을 두어 꽃을 심었건만 꽃은 피지 않는 경우도 있고,
　무심코 꽂은 버드나무건만 그것이 그늘을 이루는구나."

「有意栽花花不發, 無心揷柳柳成蔭.」

참고 및 관련 자료

1. 包待制의 《智斬魯齋郎》(第2折)에 「着意栽花花不發, 等閑揷柳柳成蔭」으로
되어 있다.
2. 《警世通言》(13)과 《古今小說》(11)에는, 「有意種花花不活, 等閑揷柳柳成陰」
으로 되어 있다.
3. 《明心寶鑑》 省心篇에는 「着意栽花無不活, 無心揷柳揷成林」으로 되어 있다.

673

"친척이면서 친척 같지 않은 경우가 있고,
　친척이 아닌데 도리어 친척 같은 이가 있다."

「是親不是親, 非親却是親.」

◎《金瓶梅詞話》(2)에는 「是親不是親, 便要做喬家公」이라 하였다.

674

"때맞추어 높은 곳에 올라본 경험이 없었다면,
 그 누가 동쪽으로 흘러간 물이
 저토록 깊은 바다를 이루는 것을 알겠는가?"

「當時若不登高望, 誰知東流海樣深?」

蘇軾(子瞻) 東坡居士《三才圖會》

675

"홍분紅粉의 예쁜 소녀들에게 그 뜻을 그치게 하지 말 것이며,
풍류의 사내들에게 가난으로 안쓰럽게 하지 말지니라."

「紅粉佳人休使志, 風流浪子莫教貧.」

【紅粉】 붉고 예쁘게 화장한 얼굴.

676

"황금은 가짜를 만들 수 없지만,
아위阿魏는 도리어 진짜를 구할 수 없다."

「黃金無假, 阿魏無眞.」

【阿魏】 약재의 일종으로 쉽게 가짜를 만들 수 있다 함.

677

"옛사람이 지금의 달을 볼 수는 없지만,
 지금의 달은 옛 사람을 비추었던 달이로다."

「故人不見今時月, 今月曾經照古人」

참고 및 관련 자료

◉ 唐나라 시인 張若許(660?~720?)의 〈春江花月夜〉의 시에 「江畔何人初見月,
江月何年初照人. 人生代代無窮已, 江月年年只相似. 不知江月待何人, 但見長江
送流水」라 하였다.

678

"산에는 곧은 나무가 있건만,
 세상에는 곧은 사람이란 없다."

「山中有直樹, 世上無直人」

679

"입을 막기를 마치 병마개를 막듯이 하고,
뜻을 방비하기를 마치 성을 지키듯이 하라."

「守口如瓶, 防意如城.」

참고 및 관련 자료

1. 《明心寶鑑》存心篇에 「朱文公曰: "守口如瓶, 防意如城."」이라 하였다.
2. 본 《賢文》(048)에는 「群居守口, 獨坐防心」이라 하였다.

680

"산에는 그래도 천년 묵은 나무가 있건만,
세상에는 백 년을 산 사람 만나보기 어렵네."

「山中也有千年樹, 世上難逢百歲人」

681

"만약 술 끊는 방법을 배우려고 하면,
 깨어 있을 때 취한 사람을 보라."

「若要斷酒法, 醒眼看醉人.」

682

"뜰 앞에 상서로운 풀이 나지만,
 좋은 일이란 차라리 없느니만 못하니라."

「庭前生瑞草, 好事不如無.」

참고 및 관련 자료

◎《晚淸文學叢鈔》小說四卷 〈冷眼觀〉(26)에 인용되어 있다.

683

"사람의 마음이 쇠처럼 굳다 해도
관의 법은 이를 녹이는 용광로와 같다."

「人心似鐵, 官法如爐」

참고 및 관련 자료

1. 元曲《神奴兒》(3)에 인용되어 있다.
2. 《明心寶鑑》省心篇에「人心似鐵, 官法如爐」라 하였다.

684

"선하게 하는 일은 언제나 시간이 부족하지만,
악하게 하기에는 언제나 시간이 남아돈다."

「善化不足, 惡化有餘.」

685

"세상에 지혜로운 자를 반으로 줄인다면
세상에 어리석은 자는 하나도 없을 것이다."

「知者減半, 愚者全無.」

686

"집안에서는 아버지를 따르고
시집가서는 남편을 따른다."

「在家由父, 出嫁由夫.」

참고 및 관련 자료

◉《儀禮》喪服篇에 비슷한 구절이 실려 있다.

687

"차라리 있는 그 사실은 믿을지언정
없는 것을 믿어서는 안 되느니라."

「寧可信其有, 不可信其無.」

688

"운명 속에 그렇게 있다고 할 때는 끝내 반드시 그렇게 될 것이지만,
운명에 없다고 할 때는 억지로 구하지 말라."

「命裏有時終須有, 命裏無時莫强求.」

689

"도원道院에서는 신선이 될 객을 맞이하고,
　서당에서는 재상이 될 선비를 길러낸다."

「道院迎仙客, 書堂隱相儒.」

【道院】 중국 도교의 사원.

690

"뜰에는 봉황이 깃들 대나무를 기르고,
연못에는 용이 될 물고기를 길러라."

「庭栽棲鳳竹, 池養化龍魚.」

691

"화젯거리로 삼아도 될 것은 도시의 모르는 사람들의 사건이지만,
말해서는 안 될 것은 집안의 일이니라."

「會說說都市, 不會說說屋裏.」

692

"세 번이나 생각하고 실행했다니,
 두 번 정도만 생각해도 되었을 것을."

「三思而行, 再思可矣.」

참고 및 관련 자료

1.《論語》公冶長篇에「季文子三思而後行. 子聞之, 曰: "再, 斯可矣."」라
하였다.
2. 우리 속담 "장고 끝에 악수"라는 뜻과 같다.

693

"어린 시절 형제였다 해도,
 커서는 각기 다른 마을에 살게 되는 법이다."

「小時是兄弟, 長大各鄕里.」

694

"재물을 두고 질투하되 남의 밥을 질투하지는 말 것이며,
 남이 살아 있을 때 그를 원망할지언정 그가 죽은 뒤에 원망하지는 말라."

「嫉財莫嫉食, 怨生莫怨死.」

695

"나를 아는 사람은 나의 근심을 달래주지만,
 나를 모르는 사람은 나에게 더 무슨 바랄 게 있느냐고 한다."

「知我者謂我心憂, 不知我者謂我何求」

참고 및 관련 자료

◉《詩經》王風 黍離에「彼黍離離, 彼稷之苗. 行邁靡靡, 中心搖搖. 知我者,
謂我心憂. 不知我者, 謂我何求? 悠悠蒼天, 此何人哉! 彼黍離離, 彼稷之穗.
行邁靡靡, 中心如醉. 知我者, 謂我心憂. 不知我者, 謂我何求? 悠悠蒼天, 此何
人哉! 彼黍離離, 彼稷之實. 行邁靡靡, 中心如噎. 知我者, 謂我心憂. 不知我者,
謂我何求? 悠悠蒼天, 此何人哉!」라 하였다.

696

"성공했다고 떠들고 다니지 말라.
쏟아진 물은 다시 담기 어렵다."

「成事莫說, 覆水難收.」

참고 및 관련 자료

1. 《論語》八佾篇에 「哀公問社於宰我. 宰我對曰: "夏后氏以松, 殷人以柏, 周人以栗, 曰, 使民戰栗." 子聞之, 曰: "成事不說, 遂事不諫, 旣往不咎."」이라 하였다.

2. 본 《賢文》(410)에 「旣往不咎, 覆水難收」라 하였고, 《增廣賢文》(729)에는 「已覆之水, 收之實難」이라 하여 각각 표현이 다르다.

3. 《幼學瓊林》夫婦篇에는 「可怪者買臣之妻, 因貧求去, 不思覆水難收; 可醜者相如之妻, 夤夜私奔, 單識絲桐有意」라 하였다.

697

"검은 머리일 때 부지런히 배워야 함을 알지 못하면,
눈 깜짝 사이에 흰 머리 노년이 되고 만다."

「黑髮不知勤學早, 轉眼便是白頭翁.」

【黑髮】검은 머리. 젊은 소년시절을 뜻함.

참고 및 관련 자료

◉ 본 《賢文》746에 「曾記少年騎竹馬, 看看又是白頭翁」이라 하였으며, 145에는
「白髮不隨人老去, 轉眼又是白頭翁」이라 하여 각각 표현이 다르다.

698

"오늘 아침 술이 있으니 오늘 아침 취하는 것이요,
내일 근심이 다가오면 내일 근심하리라."

「今朝有酒今朝醉, 明日愁來明日憂.」

참고 및 관련 자료

◉《全唐詩》(546) 權審의 〈絶句〉이며, 《全五代詩》(72)에는 羅隱의 〈自遣〉이라는
시로 되어 있다.

699

"석 잔으로 대도에 통달하고,
 한 번 취하여 천 가지 근심을 풀어 버리도다."

「三杯通大道, 一醉解千愁.」

참고 및 관련 자료

1. 《永樂大全》(10), 元曲 《生金閣》(3)에는 「三杯和萬事, 一醉解千愁」라 하였다.
2. 《諦范叔》(1), 《香囊記》(8), 《石點頭》(12), 《全金元詞》 吳澄의 〈木蘭花慢〉
등에 널리 인용되어 있다.

700

"꽃 같은 모습이 아깝거든 모름지기 자신을 점검할 것이요,
 달이 예쁘지만 이로써 머리를 빗을 수는 없다."

「惜花須檢點, 愛月不梳頭.」

【梳頭】 머리에 빗질함. 자신을 아름답게 꾸미기 위하여 시간을 허비함을
뜻하는 것으로 봄. 혹은 "초승달이 아무리 사랑스럽지만 이로써 머리를
빗을 수는 없다"는 뜻으로 보기도 함.

701

"대체로 결혼 상대로 남자는 기골이 건장한 자를 선택하면 되고,
 여자는 홍분을 발라 화장하지 않아도 역시 풍류만 있으면 된다."

「大抵選他肌骨好, 不擦紅粉也風流.」

참고 및 관련 자료

1.《五燈會元》(19) 潭州開福道寧禪師에 「大抵還他肌骨好, 何須臨鏡畫蛾眉」라
하였다.
2.《殺狗記》(4)에는 「大抵還他肌骨好, 不搽紅粉也風流」라 하였다.
3.《永樂大全》(45)에는 「大抵須還規格好, 不搽紅粉也風流」로 되어 있다.

702

"물고기가 있는 곳을 떠나지 말라.
 얕은 물가가 편했노라 그리워하지 말라."

「休別有魚處, 莫戀淺灘頭.」

703

"떠날 때라면 모름지기 떨치고 떠나거라.
다시 미련을 가져 머무는 일이 없도록 하라."

「去時終須去, 再三留不住.」

704

"한 치의 광음은 한 치의 황금이로다.
한 치의 황금이 있다 해도 한 치의 광음은 사기가 어렵다."

「一時光陰一寸金, 寸金難買寸光陰.」

참고 및 관련 자료

1. 唐 王貞白의 〈白鹿洞〉二首에 「讀書不覺已春深, 一寸光陰一寸金」이라
하였다.
2. 明代 羅懋登의 《三寶太監西洋記》(제11회)에도 실려 있다.
3. 한편 朱熹의 〈遇成〉 시에 「少年易老學難成, 一寸光陰不可輕. 未覺池塘
春草夢, 階前梧葉已秋聲」이라 하였다.

705

"사람에게 횡재가 아니고는 부자가 될 수 없고,
말은 밤에 먹는 풀이 없으면 살이 찔 수가 없다."

「人無橫財不富, 馬無夜草不肥.」

참고 및 관련 자료

1. 元 張國賓의 《合汗衫》(제3절)에 실려 있다.
2. 《淸平山堂話本》에는 「人無橫財不富, 馬無夜料不肥」라 하였다.

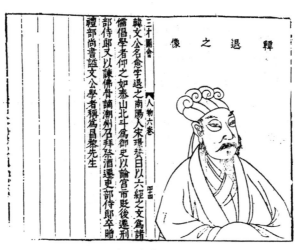

韓愈(退之)《三才圖會》

706

"염려하고 염려하기를 적을 만난 날처럼 여기고,
마음 쓰고 마음 쓰기를 마치 다리를 건널 때처럼 여겨라."

「念念有如臨敵日, 心心常似過橋時.」

참고 및 관련 자료

◉《明心寶鑑》存心篇에도「念念有如臨敵日, 心心常似過橋時」라 하였다.

707

"좋은 일이란 얼마든지 해도 되지만,
악한 일이란 해서는 안 된다."

「善事可作, 惡事莫爲.」

708

"집안일을 담당해보아야 소금과 쌀이 귀한 줄 알게 되고,
　자식을 길러 보아야 바야흐로 부모의 은혜를 알게 된다."

「當家纔知鹽米貴, 養子方知父母恩.」

【纔】才와 같음. '~야 비로소'의 뜻.

709

"때가 되니 바람이 배를 실어 등왕각滕王閣으로 보내주고,
　운명이 물러가니 우레가 천복비薦福碑를 쳐서 깨뜨려버리는구나."

「時來風送滕王閣, 運去雷轟薦福碑.」

【滕王閣】중국 당나라 高祖의 아들(滕王에
봉해진 李元嬰)이 세운 누각. 뒤에 閻伯嶼가
이를 중수하고 잔치를 할 때 마침 그곳을
지나던 王勃이 강을 건너다가 바람이 불어
저절로 그곳에 닿게 되었고, 그 잔치에 참가
하여 유명한 〈滕王閣序〉라는 글을 지어
천하에 이름을 날리는 기회를 얻게 되었음.

滕王閣圖《三才圖會》

【薦福碑】饒州 薦福寺의 碑. 唐나라 때 李北海가 짓고 歐陽詢의 글씨로 새겼다. 이 비가 깨어진 것은 元代 馬致遠의 雜劇《半夜雷轟薦福碑》에 실려 있는 고사이다. 宋代 范仲淹이 鄱陽을 진수할 때 어떤 書生이 詩를 바쳐 자신의 가난을 한탄하자 범중엄이 이를 불쌍히 여겨 薦福寺의 비문을 臨寫 해오면 그 비용을 많이 주겠다고 약속하였다. 그가 지필묵을 준비하여 천복사 비문을 찾아가자 지난 밤 벼락을 맞아 깨어지고 없었다 함. 그 뒤 일부 본에는 '薦福寺'를 '賤福寺'로 낮추어 표기하기도 함.

참고 및 관련 자료

◉《明心寶鑑》順命篇에도「時來風送滕王閣, 運退雷轟薦福碑」라 하였다.

710

"우레 같은 노함을 그치게 하고,
　호랑이 같은 위엄을 그만두게 하라."

「息却雷霆之怒, 罷却虎狼之威.」

711

"남에게 너그럽게 함이 계산의 근본이요,
 남에게 보태줌이 계산의 기틀이다."

「饒人算之本, 輸人算之機.」

【饒】 '너그럽게 용서하다'의 뜻.

712

"가정의 화순을 드러나게 하고자 하면
 모름지기 선한 일을 많이 할 것이요,
 집안의 명성을 떨치고자 하면
 독서에 매달리게 하라."

「欲昌和順須爲善, 要振家聲在讀書.」

713

"묘시卯時에는 술을 마시지 말라.
 저녁 늦도록 취한 채 유시酉時를 맞는다.
 저녁 유시에는 아내를 꾸짖지 말라.
 하룻밤 내내 외롭고 처량하다."

「莫飮卯時酒, 昏昏醉到酉.
　莫罵酉時妻, 一夜受孤凄.」

【卯時】 아침 5시부터 7시 사이.
【酉時】 오후 5시부터 7시 사이.

714

"하루에 부부로 시작되었지만,
 백세를 둔 혼인의 연이 이루어진 것이다."

「一日夫妻, 百世姻緣.」

715

"백세를 두고 닦은 공덕으로 같은 배를 타게 된 것이요,
천세를 두고 닦은 공덕으로 함께 베개를 하고 잘 수 있는 것이다."

「百世修來同船渡, 千世修來共枕眠.」

716

"늦기 전에 먼저 들어 잠자리를 잡고,
닭이 울 때 일찍 일어나 하늘의 날씨를 살펴라."

「未晚先投宿, 鷄鳴早看天.」

717

"세상에서 만약 남과 좋은 정을 나누고자 하면
물건을 외상으로 주고도 돈을 요구하지 말아 보라."

「世上若要人情好, 賒去物件莫取錢.」

【賒】 '외상으로 물건을 사다'의 뜻. 음은 '사'.

718

"남의 늙음을 두고 비웃지 말라.
끝내 그대에게도 늙음이 다가온다.
화목하게 이웃과 잘 지내기를
마치 비로소 한 조각 보물을 얻은 듯이 여겨라."

「莫笑他人老, 終須還到老.
和得隣里好, 猶始拾片寶.」

719

"큰 집안에서는 일을 평상시처럼 하고,
모자란 집안에서는 일을 황장慌張하게 처리한다."

「大家做事尋常, 小家做事慌張.」

【尋常】 평상, 일상 있는 일.
【慌張】 황급하고 어수선함. 疊韻蓮綿語.

720

"큰 집안에서는 예의로서 자제를 가르치고,
모자란 집안에서는 흉악함으로 자식을 훈육한다."

「大家禮義敎子弟, 小家凶惡訓兒郎.」

721

"정절한 부인도 색을 좋아하지만,
　이를 예로써 받아들인다."

「貞婦愛色, 納之以禮.」

722

"한 사람이 거짓을 말했건만
　이것이 천 사람을 거치면서 사실이 되고 만다."

「一人道虛, 千人傳實.」

참고 및 관련 자료

◎ 東漢 王符의 《潛夫論》賢難篇과 《祖堂集》(11) 宋 釋 道原의 《景德傳燈錄》
(20) 등에는 「一人傳虛, 萬人傳實」이라 하였다.

723

"집안이 화목하지 못하면 이웃의 속임을 당하게 되고,
  이웃 간에 불화하면 시비를 일으키게 된다."

「家中不和隣里欺, 隣里不和說是非.」

724

"술 먹을 경우를 만났다면 술을 마실 것이요,
  신나는 노래를 불러야 할 경우라면 신나는 노래를 불러라."

「遇飮酒時須飮酒, 得高歌處且高歌.」

725

"천시는 지세의 이로움만 같지 못하고,
  지세의 이로움은 사람의 화목만 같지 못하네."

「天時不如地利, 地利不如人和.」

◎《孟子》公孫丑(下)에「孟子曰: "天時不
如地利, 地利不如人和. 三里之城, 七里之
郭, 環而攻之而不勝; 夫環而攻之, 必有得
天時者矣; 然而不勝者, 是天時不如地利也.
城非不高也, 池非不深也, 兵革非不堅利也,
米粟非不多也; 委而去之: 是地利不如人和
也」라 하였다.

《孟子集註》世昌書館(한국 현대)

726

"효순孝順한 자는 효순한 아들을 낳고,
 오역忤逆한 자는 오역한 아들을 낳는다.
 믿지 못하겠거든 처마 끝의 낙수 물을 보라.
 점점 방울방울 옛 떨어지던 같은 자리로 떨어진다."

「孝順還生孝順子, 忤逆還生忤逆兒.
 不信但看檐前水, 點點滴滴舊窩池.」

【忤逆】迕逆과 같음. '무슨 일이건 비뚤게 나감'을 뜻함.《明心寶鑑》에는 '五逆'
으로 되어 있음.

【窩池】낙숫물이 떨어져 팬 부분.

◉《明心寶鑑》孝行篇에는「孝順還生孝順子, 五逆還生五逆兒. 不信但看簷頭水, 點點滴滴不差移」라 하였다.

727

"악을 숨겨주고 선을 드러내어
  그 양 끝을 잡아라."

「隱惡揚善, 執其兩端.」

1.《周易》大有卦에「君子以遏惡揚善」이라 하였다.

2.《中庸》(6章)에「子曰: "舜其大知也與! 舜好問而好察邇言, 隱惡而揚善, 執其兩端, 用其中於民, 其斯以爲舜乎!"」라 하였다.

3.《禮記》緇衣篇에「故言必慮其所終, 而行必稽其所敝, 則民謹于言而愼於行」이라 하였다.

4. 본《賢文》(313)에는「隱惡揚善, 謹行愼言」으로 실려 있다.

728

"사람은 족함을 알아야 하니 어느 때에 족함을 누려야 하는가?
늘어 그저 한가롭고 또한 스스로 한가로울 때에 그렇게 해야 한다."

「人生知足何時足, 到老偸閑且自閑.」

【偸閑】한가로움을 일로 삼음. 혹은 짬나는 대로 한가함을 적극적으로 찾음.

729

"이미 엎질러진 물은
다시 담기가 어렵다."

「已覆之水, 收之實難.」

참고 및 관련 자료

1. 본 《賢文》(410)에 「旣往不咎, 覆水難收」라 하였고, 696에는 「成事莫說, 覆水難收」라 하였다.

2. 《幼學瓊林》夫婦篇에는「可怪者買臣之妻, 因貧求去, 不思覆水難收; 可醜者相如之妻, 貪夜私奔, 單識絲桐有意」라 하였다.

730

"뱃속의 욕심대로 했다가는
  집도 팔아먹게 된다."

「信了肚, 賣了屋.」

【肚】 뱃속. 음식이나 기타 다른 욕망을 뜻함.

참고 및 관련 자료

⊛ 《警世通言》(13)에 「若信卜, 賣了屋」이라 하여 같은 뜻이다.

731

"진실 된 마음을 헛된 계교에 쓰지 말라.
  자손은 자손대로 그들의 복을 타고 나는 법이다."

「莫把眞心空計較, 兒孫自有兒孫福.」

【計較】 계산하고 비교함. '計校'로도 씀.

1. 元 關漢卿의 《蝴蝶夢》 楔子에 「兒孫自有兒孫福, 莫爲兒孫作遠憂」라 하였다.
2. 《增廣賢文》에는 「兒孫自有兒孫福, 莫爲兒孫作馬牛」라 하였다.

732

"남과 화목하지 못하거든 그에게 거위를 길러 보라 권하라.
남과 화목하지 못하거든 그에게 집을 지어보라고 권하라."

「與人不和, 勸人養鵝;
　與人不睦, 勸人架屋.」

【養鵝】 거위는 언제나 몰려다니며 남의 위협에 함께 대처하는 습성을 가지고
있음.
【架屋】 집을 지을 때는 혼자서는 일을 할 수가 없어 결국 남의 도움이 필요
함을 깨닫게 됨을 뜻함.

733

"승려와 도를 가지고 사귀지 않으면
이것이 곧 호인이다."

「不交僧道, 便是好人.」

734

"길은 삽질을 하지 않으면 평평할 수 없고,
일이란 하지 않고는 이룰 수가 없다.
사람이 권하지 않으면 선할 수 없고,
종은 치지 않으면 소리를 낼 수가 없다."

「路不鏟不平, 事不爲不成.
人不勸不善, 鐘不敲不鳴.」

【鏟】 삽질을 하여 고르게 다져 길을 만듦.

735

"돈이 없어서야 술을 끊고,
늙음에 이르러서야 비로소 경서經書를 보네."

「無錢方斷酒, 臨老始看經.」

736

"당상의 두 늙은이가 살아 있는 부처인데
어찌 영산靈山에서 세존世尊을 뵈려 하는가?"

「堂上二老是活佛, 何用靈山朝世尊.」

【靈山】 靈鷲山을 말함. 釋迦如來가 영취산에서 법화경을 설법할 때 迦葉이
참가하여 拈花微笑로 깨달은 일을 뜻함.

737

"노인을 속일지언정 어린애는 속이지 말라.
  어린애를 속임은 그 밝지 못한 마음을 속이는 것이니라."

「欺老莫欺少, 欺少心不明.」

【欺老·欺少】 노인은 힘이 없다고 속이고 어린이는 앎이 없다고 속임.

738

"분수에 따라 농사지어 땅이 주는 이익을 거두어들이고,
  배부르고 따뜻함을 누림에는 푸른 하늘에 감사하라."

「隨分耕鋤收地利, 他時飽暖謝蒼天.」

739

"사람을 죽인 죄는 용서받을 수 있어도,
 정리에 어긋나는 일은 용서받을 수 없다."

「殺人可恕, 情理難容.」

참고 및 관련 자료

1. 《水滸傳》(제10회)에 「潑賊! 我自來又和你無什麼冤仇, 你如何這等害我? 正是‘殺人可恕, 情理難容’」이라 하였다.
2. 그 외에 《續傳燈錄》 8과 元曲 《蝴蝶夢》(2), 《豫讓吞炭》(4) 등에도 인용되어 있으며, 일부는 「殺人可恕, 無禮難容」으로 되어 있기도 하다.
3. 《太平廣記》(133)에는 「法或可恕, 情在難容」이라 하였다.

740

"일찍이 소년시절 함께 죽마竹馬를 타던 기억이 새로운데,
 보아하니 모두가 흰머리 노인일세."

「曾記少年騎竹馬, 看看又是白頭翁.」

◉ 본 《賢文》(697)에는 「黑髮不知勤學早, 轉眼便是白頭翁」이라 하였으며, 145에는 「白髮不隨人老去, 轉眼又是白頭翁」이라 하여 표현이 다르다.

741

"예의는 부유하고 풍족한데서 생겨나고,
 도적은 노름 때문에 생겨난다."

「禮義生於富足, 盜賊出於賭博.」

◉《管子》牧民篇에 「倉廩實則知禮節, 衣食足則知榮辱」이라 하였다.

管夷吾(管仲)《三才圖會》

742

"부부가 서로 화목하고 좋은 모습,
금슬琴瑟에 생황笙簧이 어울린 듯하네."

「夫妻相和好, 琴瑟與笙簧.」

【琴瑟】 거문고와 아쟁 현악기. 부부간의 정을 뜻하는 말로 쓰임.
【笙簧】 대나무로 만든 피리류의 관악기. 음악에서 좋은 화음을 이룸을 뜻함.

참고 및 관련 자료

◉《詩經》小雅 常棣에 「妻子好合, 如鼓瑟琴. 兄弟既翕, 和樂且湛」이라 하였다.

743

"용이 굴로 들어간 뒤에도 구름은 그 습기를 가지고 있고,
사향이 봄 산을 지나간 뒤에도 초목은 향기를 머금고 있다."

「龍歸晚洞雲猶濕, 麝過春山草木香.」

744

"사람은 궁해지면 의지가 짧아지고,
 말은 마르면 털이 길어진다."

「人窮志短, 馬瘦毛長.」

참고 및 관련 자료

1. 《警世通言》(25)에는 「鳥瘦毛長, 人貧志短」이라 하였다.
2. 《古今小說》(2), 《石點頭》(2), 《平妖傳》(20), 《二十年目睹之怪現狀》(41) 등
에도 실려 있다.
3. 《事林廣記》(9)와 《續傳燈錄》(20) 등에는 「人窮計拙, 馬瘦毛長」으로 되어
있다.

745

"자신의 마음이 급하니
 남의 바쁜 것 모른다."

「自家心裏急, 他人不知忙.」

746

"맑고 맑은 물도 흙에 의해 흐름이 막히듯이,
훌륭한 선비들도 술에 의해 상하고 마네."

「淸淸之水爲土所防, 濟濟之士爲酒所傷.」

747

"취하고 나니 하늘과 땅이 크고,
술병 속에는 해와 달이 무궁하다."

「醉後乾坤大, 壺中日月長.」

참고 및 관련 자료

1. 吉林文史出版社 본에 《列仙傳》에 실려 있다 하였으나 찾을 수 없다.

748

"찬장 위의 밥그릇 돌고 돌아 쓰고 나니,
　며느리 어느 덧 시어미가 되었네."

「架上碗兒輪流轉, 媳婦自有做婆時.」

749

"천 가지 경經과 만 가지 책에 그 많은 말 쓰여 있어도
　결국은 효제孝弟가 우선이다."

「千經萬典, 孝弟爲先.」

【孝弟】 '孝悌'와 같음. 어버이에게 잘하는 것을 孝라 하고
동기간에 정성을 다하는 것을 弟(悌)라 함.

（ 참고 및 관련 자료 ）

◉《景行錄》에 인용되었던 말이며, 《明心寶鑑》 繼善篇에도
「千經萬典, 孝義爲先. 天上人間, 方便第一」이라 하였다.

〈欽定四庫全書〉

750

"사람이 고금에 통달하지 못하면,
 소나 말에게 사람 옷 입힌 것과 같다."

「人不通古今, 馬牛而襟裾.」

참고 및 관련 자료

1. 韓愈의 〈符讀書城南〉에 「人不通古今, 馬牛而襟裾.
行身陷不義, 況望多名譽? 時秋積雨霽, 新涼入郊墟.
燈火稍可親, 簡編可卷舒」라 하였다.
2. 본 《賢文》(227)에는 「學不尙實行, 馬牛而襟裾」라
하여 표현이 다르다.
3. 《明心寶鑑》 勤學篇에도 「韓文公曰: "人不通古今,
馬牛而襟裾."」라 하였다.

韓愈(768~824)

751

"집안에 글 읽는 아이가 없다면
 관직이 어디로부터 오겠는가?"

「家無讀書子, 官從何處來.」

752

"성현의 언어는
 신도 흠모하고 귀신도 감복한다."

「聖賢言語, 神欽鬼服.」

참고 및 관련 사료

◎《明心寶鑑》繼善篇에「一毫之善, 與人方便; 一毫之惡, 勸人莫作. 衣食隨緣,
自然快樂. 算甚麼命? 問甚麼卜? 欺人是禍, 饒人是福. 天網恢恢, 報應甚速.
諦聽吾言, 神欽鬼伏」이라 하였다.

753

"날카로운 칼로 벤 상처는 그래도 꿰매어 낫게 할 수 있지만,
 악한 말로 남을 상처 나게 한 것은 그 한이 사라지지 않는다."

「利刀割體瘡猶合, 惡語傷人恨不消.」

754

"사람 생긴 것이 남보다 낫다 해도,
 옷이 없으면 문을 나서기 어렵다."

「有人堪出衆, 無衣懶出門.」

755

"관직을 할 바에야 모름지기 재상이 되고,
 과거 급제에는 반드시 장원을 해야 한다."

「爲官須作相, 及第必爭先.」

756

"관에 공법이 있다면
 민간에는 사사로운 약속이 있다."

「官有公法, 民有私約.」

757

"다행히 태평무사한 시절에 태어났지만,
  두렵기는 늙어 살 날 많지 않음이로다."

「幸生太平無事日, 恐逢年老不多時.」

758

"배움이란 한 사람의 아래,
  만인의 위에서 써먹는 것이다."

「學在一人之下, 用在萬人之上.」

참고 및 관련 자료

◉《六韜》에「一人之下, 萬人之上」이라 하여 재상을 뜻한다.

759

"은혜를 망각하고 의를 저버림은
금수의 무리나 할 짓이다."

「忘恩負義, 禽獸之徒.」

760

"그대에게 권하노니 채소 볶는데 기름을 다 쓰지 말고,
남겨두었다가 아이들 밤에 책 읽는 데 쓰게 하라."

「勸君莫將油炒菜, 留與兒孫夜讀書.」

참고 및 관련 자료

◉ 옛날에는 모든 기름을 등잔 기름으로도 썼다.

761

"글 속에는 저절로 천종千鍾의 봉록이 있고,
　책 속에는 저절로 옥 같은 신부감이 있느니라."

「書中自有千鍾粟, 書中自有顔如玉.」

참고 및 관련 사료

1. 宋 眞宗皇帝(趙恒)의 〈勸學文〉에「富家不用買良田,
書中自有千鍾粟. 安居不用架高堂, 書中自有黃金屋.
出文莫恨無人隨, 書中車馬多如簇. 娶妻莫恨無良媒,
書中有女顔如玉. 男兒欲遂平生志, 六經勤向窗前讀」
이라 하였다.

2. 元曲《薦福碑》(1)에 인용되어 있다.

3. 《永樂大全》(21)에는「讀書何用覓良媒, 書中有女
顔如玉」으로 되어 있다.

宋 眞宗《三才圖會》

762

"하늘이 내려준 것에 대하여 노하지 말고 사람에게도 화내지 말라.
　오행과 팔자의 운명에서 생겨난 것이로다."

【五行】金木水火土의 5가지 우주 만물의 기본 재료와 원리. 서로 生剋과
生成, 相成이 있어 순환함을 뜻함.

【八字】四柱八字를 뜻함. 길흉화복 등이 이미 결정되어 나타난다는 운명론.

763

"자신이 궁하다고 원망하지 말라.
궁하면 궁한 대로 깨끗함을 지키면 된다.
남의 부유함을 부러워하지 말라.
부유함에는 부유한 만큼 청고淸高함이 있느니라."

「莫怨自己窮, 窮要窮得乾淨.
莫羨他人富, 富要富得淸高.」

764

"남이 말을 타면 나는 나귀를 타면 되니,
자세히 생각해보면 내가 그만 못하기 때문이다."

「別人騎馬我騎驢, 仔細思量我不如.」

참고 및 관련 자료

◉《全唐詩外編》王梵志 시에「他人騎犬馬, 我獨跨驢子」라 하였다.

765

"나 정도면 된다고 여기며 고개를 돌려 보라.
 그래도 맨발에 짐을 멘 또 다른 사내가 있다."

「等我回頭看, 還有挑脚漢.」

766

"길에는 배고픈 사람이 있는가 하면,
　집안에는 남은 밥이 있는 이도 있다."

「路上有饑人, 家中有剩飯.」

767

"덕을 쌓아 자손에게 물려주어
　널리 베풀어 실행할 수 있게 해주어라."

「積德與兒孫, 要廣行方便.」

〈流民圖〉(明) 周臣 미 하와이 호놀룰루 미술대학 소장

768

"선善을 지으면 귀신도 탄복하고,
　악惡을 지으면 하늘의 견책을 만난다."

「作善鬼神欽, 作惡遭天譴.」

참고 및 관련 자료

◉《明心寶鑑》繼善篇에「一毫之善, 與人方便; 一毫之惡, 勸人莫作. 衣食隨緣,
自然快樂. 算甚麼命? 問甚麼卜? 欺人是禍, 饒人是福. 天網恢恢, 報應甚速.
諦聽吾言, 神欽鬼伏」이라 하였다.

769

"돈을 쌓고 곡식을 쌓아둠은 덕을 쌓음만 못하며,
　농토를 사고 땅을 사는 것은 책을 사느니만 못하다."

「積錢積穀不如積德, 買田買地不如買書.」

770

"봄날 하루 힘들여 일하면 열흘 치의 양식이 모이고,
봄날 열흘 힘들여 일하면 반년의 식량이 마련된다."

「一日春工十日糧, 十日春工半年糧.」

771

"게으름은 사람에게 먹을 것을 없게 하고,
부지런함과 검약함은 곡식이 창고에 가득하게 한다."

「疎懶人沒吃, 勤儉糧滿倉.」

772

"사람을 친하되 재물은 친하지 말라.
재물과 이익을 나눔은 분명하게 처리하라."

「人親財不親, 財利要分淸.」

참고 및 관련 자료

◉ 본 《賢文》(624)에 「人親財不親, 人熟禮不熟」이라 하여 표현이 다르다.

773

"아주 영리해도 칠할七分만 쓰고
 삼할三分은 자손을 위해 남겨두어라.
 만약 10할十分을 남김없이 다 썼다가는
 멀리는 자손에게, 가까이는 자신에게 더 쓸 것이 없게 된다."

「十分伶俐使七分, 常留三分與兒孫.
  若要十分都使盡, 遠在兒孫近在身.」

774

"군자는 즐겨 스스로 군자가 되고자 하고,
 소인은 거리낌 없이 잘못을 저질러 스스로 소인이 되고자 한다."

「君子樂得做君子, 小人枉自做小人」

775

"배움을 좋아하게 되면 서민의 자식이라도 공경公卿이 될 수 있고,
배움을 좋아하지 않으면 공경의 자식이라도 서민이 되고 만다."

「好學者則庶民之子爲公卿,
　不好學者則公卿之子爲庶民.」

참고 및 관련 자료

◉ 柳永(柳屯田)의 〈勸學文〉의 구절이다. 「養子必敎, 敎則必嚴, 嚴則必勤, 勤則
必成. 學則庶人之子爲公卿, 不學則公卿之子爲庶人」이라 하였다.

776

"옛사람의 문자를 외워
　새로운 과거에 급제하는 자가 되라."

「記得舊文章, 便是新擧子.」

777

"사람이 집안에 앉아 나가지 않아도
화는 하늘로부터 떨어진다."

「人在家中坐, 禍從天上落.」

778

"오직 마음에 부끄러움만 없게 해두면,
뒤에 재앙이 온다 해도 두려울 것이 없게 된다."

「但求心無愧, 不怕有後災.」

779

"오직 온화한 기분으로 사람을 맞으면 되지,
 어디 이 태평시대에 서로 싸우고 할 겨를이 있겠는가?"

「只有和氣去迎人, 那有相打得太平.」

780

"충후忠厚에는 저절로 충후한 응보가 있으나,
 호강豪强하게 굴면 틀림없이 관官의 형벌을 받으리라."

「忠厚自有忠厚報, 豪强一定受官刑.」

【豪强】 호기를 부리고 강박하게 하여 남을 괴롭힘.

781

"사람이 관직에 들면 바르게 일을 처리하고,
 약간의 음덕이라도 쌓아 뒷날을 위해 남겨두어라."

「人到公門正好修, 留些陰德在後頭.」

782

"사람됨에 하필 높고 낮음을 다투리오?
하루아침에 명命이 끝나면 만사가 그만인 것을."

「爲人何必爭高下, 一旦無命萬事休.」

【萬事休】 모든 일이 끝남을 뜻함.(前出)

783

"산이 아무리 높아도 높다고 할 수 없으니
사람의 마음은 하늘보다 높기 때문이다.
맑은 물을 술이라 속여 파는 못된 짓을 하면서
자신에게는 돼지 먹일 등겨조차 없다고 투덜댄다."

「山高不算高, 人心比天高;
  白水變酒賣, 還嫌猪無糠.」

784

"빈한할지라도 원망하지 말 것이며, 부귀하다 해도 교만해서는 안 된다.
선악이란 사람이 짓기 나름이요, 화복은 스스로가 불러오는 것이다."

「貧寒休要怨, 富貴不須驕;
　善惡隨人作, 禍福自己招.」

785

"군자들에게 받들어 권하노니 각자 의당 자신을 지켜라.
　다만 이상으로써 보여주노니 만에 하나 놓치는 일이 없도록 하라."

「奉勸君子, 各宜守己;
　只此呈示, 萬無一失.」

参고 및 관련 자료

◉ 본 《賢文》 끝 부분(671)에는 「聖賢言語, 雅俗幷集, 人能體此, 萬無一失」
이라 하였으며, 여기서의 문장도 역시 《增廣賢文》의 결론에 해당하는 마무리
말이었으나 그 뒤 다시 《重訂增廣昔時賢文》의 최종 集成本에 671의 말로 바뀐
것으로 보인다.

임동석(茁浦 林東錫)

慶北 榮州 上茁에서 출생. 忠北 丹陽 德尙골에서 성장. 丹陽初中 졸업. 京東高 서울
敎大 國際大 建國大 대학원 졸업. 雨田 辛鎬烈 선생에게 漢學 배움. 臺灣 國立臺灣師範
大學 國文硏究所(大學院) 博士班 졸업. 中華民國 國家文學博士(1983). 建國大學校
敎授. 文科大學長 역임. 成均館大 延世大 高麗大 外國語大 서울대 등 大學院 강의.
韓國中國言語學會 中國語文學硏究會 韓國中語中文學會 會長 역임. 저서에《朝鮮
譯學考》(中文)《中國學術槪論》《中韓對比語文論》. 편역서에《수레를 밀기 위해 내린
사람들》《栗谷先生詩文選》. 역서에《漢語音韻學講義》《廣開土王碑硏究》《東北
民族源流》《龍鳳文化源流》《論語心得》〈漢語雙聲疊韻硏究〉등 학술 논문 50여 편.

임동석중국사상100

석시현문 昔時賢文

作者未詳 / 林東錫 譯註
1판 1쇄 발행/2010년 11월 11일
2쇄 발행/2013년 9월 1일
발행인 고정일
발행처 동서문화사
창업 1956. 12. 12. 등록 16-3799
서울강남구신사동563-10 ☎546-0331~6 (FAX)545-0331
www.dongsuhbook.com
잘못 만들어진 책은 바꾸어 드립니다.

*

*

사업자등록번호 211-87-75330
ISBN 978-89-497-0630-6 04080
ISBN 978-89-497-0542-2 (세트)